INOVAÇÃO
para o
CRESCIMENTO

HARVARD BUSINESS REVIEW PRESS

INOVAÇÃO para o CRESCIMENTO

Guia Prático e Funcional
Ferramentas para Incentivar e Administrar a Inovação

| Scott D. Anthony | Mark W. Johnson |
| Joseph V. Sinfield | Elizabeth J. Altman |

*m.*Books

M.Books do Brasil Editora Ltda.

Rua Jorge Americano, 61 - Alto da Lapa
05083-130 - São Paulo - SP - Telefones: (11) 3645-0409/(11) 3645-0410
Fax: (11) 3832-0335 - e-mail: vendas@mbooks.com.br
www.mbooks.com.br

Dados de Catalogação na Publicação

ANTHONY, Scott D.; JOHNSON, Mark W.; SINFIELD, Joseph V.; ALTMAN, Elizabeth J.
Inovação para o Crescimento - Ferramentas para incentivar e administrar a inovação

2011 – São Paulo – M.Books do Brasil Editora Ltda.

1. Marketing   2. Estratégia nos Negócios   3. Criatividade

ISBN: 978-85-7680-110-8

Do original: The Innovator's Guide to Growth – Putting Disruptive Innovation to Work
ISBN original: 978-1-59139-846-2

© 2008 Innosight LLC.
© 2011 M.Books do Brasil Editora Ltda. Todos os direitos reservados. Proibida a reprodução total ou parcial. Os infratores serão punidos na forma da lei.

Editor
Milton Mira de Assumpção Filho

Tradução
Ariovaldo Griesi

Produção Editorial
Beatriz Simões Araújo

Coordenação Gráfica
Silas Camargo

Editoração e Capa
Crontec

2010
M.Books do Brasil Editora Ltda.
Todos os direitos reservados.
Proibida a reprodução total ou parcial.
Os infratores serão punidos na forma da lei.

Sumário

PREFÁCIO
Reflexões sobre a Disrupção 13
    1º Paradigma Falso: Sempre Ouça seus Melhores Clientes 14
    2º Paradigma Falso: Segmentação de Mercado 15
    3º Paradigma Falso: Custos Perdidos 16
    4º Paradigma Falso: Competências Básicas 18
    Como Estimular a Transformação 18
        Linguagem Comum 19
        Um Processo Diferente 20
        Projetos de Demonstração 21

AGRADECIMENTOS 23

INTRODUÇÃO
Guia para o Crescimento 31
    Inovação Disruptiva como Importante Alavanca do Crescimento 34
    Inovação Disruptiva 34
    Princípio da Inovação Disruptiva 36
        Princípio 1: A Saciação Cria Condições para a Disrupção 36
        Princípio 2: A Disrupção Provém da Quebra de Regras 37
        Princípio 3: A Inovação do Modelo de Negócios Normalmente
        Propulsiona a Disrupção 39
    Escorregadelas Comuns 40
        Confundindo um Grande Avanço com Disrupção 40
        Presumir que Diferente para Nós É Disruptivo para o Mercado ... 41
    Histórias de Sucesso 42

6 Inovação para o Crescimento

    Visão Geral deste Livro 46

CAPÍTULO 1
Precursores da Inovação 51

    1. Controle sobre os Ativos Existentes 52
    2. Criar uma Estratégia de Crescimento 54
        Cálculo do Gap de Crescimento 54
    Planejamento de um Portfólio de Inovação Equilibrado 57
        Criação de um Horário de Trens 58
        Identificação de Metas e Limitações 60
        Escolha de Domínios de Crescimento 64
    3. Domínio do Processo de Alocação de Recursos 66
        Que Volume de Recursos? 67
        Tempo é o Ativo mais Escasso 68
        Trate os Investimentos como Decisões de Alocação de Capital 70
    Conselhos para Gerentes de Linha 71
    Conselho para Executivos: Administre as Expectativas 72
    Resumo 74
    Exercícios de Aplicação 75
    Dicas e Truques 75

PARTE UM   IDENTIFICAÇÃO DE OPORTUNIDADES

CAPÍTULO 2
Identificação de Não Consumidores 79

    Definição de Não Consumo 80
    Quatro Tipos de Restrições 82
        Restrições Relacionadas com Habilidades 82
            Deficiências de habilidades relacionadas à produção 83
            Identificação de restrições relacionadas com habilidades 85
        Restrições Relacionadas com a Riqueza 86
            Identificação de restrições relacionadas com a riqueza 89
        Restrições Relacionadas com o Acesso 90
            Identificação de restrições relacionadas com o acesso 91
        Restrições Relacionadas com o Tempo 93
            Identificação de restrições relacionadas com o tempo. 94

Implicações de Identificar Restrições ao Consumo 97
Princípio 1: Torne Simples Aquilo que é Complicado 98
Princípio 2: Não Deixe que Problemas Convencionais o Tirem
do Caminho 98
Princípio 3: Inove, Não Imponha 100
Resumo 100
Exercícios de Aplicação 101
Dicas e Truques 102

CAPÍTULO 3
Identificação de Clientes Saciados 103

O Que É e o Que Não É Saciação 104
    Definição do Grupo de Clientes 105
    Identificação das Dimensões de Desempenho Corretas 106
Como Identificar a Saciação 107
    Interação Direta com Clientes 109
    Análise de Participação no Mercado, Margens e Preços 110
        Análise específica: Curvas de substituição 112
    Análise de Lançamentos de Novos Produtos 113
Estudo de Caso: Insulin 117
Implicações da Saciação 120
    Investimento em Dimensões de Desempenho Diferentes 121
    Fusões 122
    Mudança de Estratégia por Meio da Inovação do Modelo de Negócios 124
Resumo 125
Exercícios de Aplicação 126
Dicas e Truques 126

CAPÍTULO 4
Identificação de Tarefas a Serem Realizadas 127

A Visão de Mercados Baseada em Tarefas 132
    1. Que Problema Fundamental o Cliente Está Tentando Resolver? 132
    2. Que Objetivos os Clientes Usam para Avaliar Soluções? 133
    3. Que Barreiras Limitam a Solução? 134
    4. Que Soluções os Clientes Consideram? 134
    5. Que Oportunidades Existem para Soluções Inovadoras? 135
    Exemplo de Caso: Compartilhamento de Experiências 135

Criação de uma Árvore de Tarefas 137
Realizando a Tarefa de Encontrar a Tarefa 138
Sessões de Brainstorming em Equipe 140
Grupos de Discussão / Leve Interatividade com os Clientes 141
Observações de Clientes 144
Análise de Comportamentos Compensadores 145
Pesquisa de Estudos de Caso de Clientes 146
Segredos para o Sucesso 147
Priorização de Tarefas: Verificações Rápidas e Pesquisa Quantitativa
Detalhada 148
Utilização do Pensamento em Tarefas para Dominar o Ciclo de
Vida da Inovação 151
Estágio 1: Identificação da Demanda 152
Estágio 2: Otimização de Soluções 154
Estágio 3: Captação do Valor 155
Estágio 4: Defendendo sua Fatia de Mercado 156
Estágio 5: Revitalização do Crescimento 156
Resumo 159
Exercícios de Aplicação 160
Dicas e Truques 161

PARTE DOIS   FORMULAÇÃO E FORMAÇÃO DE IDEIAS

CAPÍTULO 5
Desenvolvimento de Ideias Disruptivas 165

Padrões e Princípios do Sucesso Disruptivo 166
Princípio 1: Começar Visando Clientes Saciados ou o Não Consumo 166
Princípio 2: Razoável Pode Significar Excelente 168
Princípio 3: Faça Aquilo que os Concorrentes Não Fariam 170
Três Passos para Ideias Disruptivas 173
Passo 1: Concentre seus Esforços 174
Passo 2: Determine o seu Objetivo Estratégico 177
Passo 3: Decida como Atingir o seu Objetivo Estratégico 180
Dicas para Geração de Ideias 187
Recorra a Analogias 188

Realize Sessões de Ideação Focadas 188
Procure por "Anjos Caídos do Céu" 189
Busque Sugestões Internas e Externas 189
Resumo 191
Exercícios de Aplicação 191
Dicas e Truques 192

CAPÍTULO 6
Avaliação da Adequação de uma Estratégia a um Padrão 193
Elaboração de uma Lista de Verificação 194
   Não se Esqueça das Circunstâncias de Mercado 200
   A Importância de Condições de Contorno Internas 201
Três Abordagens para Avaliar Ideias 201
   Realização de uma Avaliação Simples da Adequação 202
   Determinação de Riscos e Fatores Desconhecidos 206
   Comparação de Várias Estratégias 210
Três Importantes Lições 212
   Lição 1: Toda Avaliação é uma Oportunidade de Formar uma Ideia 213
   Lição 2: Evitar Intencionalmente as Cifras Pode ser Liberador 213
   Lição 3: Pense Tanto a Curto Quanto a Longo Prazo 215
Resumo 216
Exercícios de Aplicação 217
Dicas e Truques 217

PARTE TRÊS   CONSTRUÇÃO DO NEGÓCIO

CAPÍTULO 7
Domínio de Estratégias Emergentes 221
Passo 1: Identificar Áreas de Incerteza Críticas 224
   Aplicando Engenharia Reversa nas Cifras Financeiras 227
   Priorizando Hipóteses e Riscos 228
Passo 2: Realizar Experimentos Engenhosos 232
   A Chave para o Sucesso: Investir Pouco, Ganhar Muito 238
Passo 3: Ajustamento e Redirecionamento 241
Estratégia Emergente como Acelerador da Inovação 244

O Poder da Escassez: Dois Estudos de Caso 245
Armadilhas a Serem Evitadas 249
Resumo 250
Exercícios de Aplicação 250
Dicas e Truques 251

CAPÍTULO 8
Formação e Coordenação de Equipes de Projeto 253

Desafio 1: Formar uma Equipe Bem-Sucedida 254
    Estabelecimento de Objetivos e Graus de Liberdade 254
    Formando Equipes para o Sucesso 257
Desafio 2: Gerenciamento das Interfaces entre a Equipe e a Organização 262
    Gerenciamento da Interface entre o Alto Escalão e a Equipe 262
    Gerenciamento da Interface entre a Equipe e a Organização 266
Resumo 277
Exercícios de Aplicação 278
Dicas e Truques 279

PARTE QUATRO   CONSTRUÇÃO DE CAPACIDADES

CAPÍTULO 9
Organizando-se para a Inovação 283

Criação de Estruturas Propícias à Inovação 284
    Unidades de Treinamento e um Conselho Consultivo para Estimular a
    Inovação 285
    Conselhos de Crescimento e Fundos para Empreendedorismo para
    Conduzir a Inovação 288
    Incubadoras e Grupos de Crescimento para Liderar a Inovação 291
    Empreendimentos Corporativos e Grupos de Desenvolvimento de
    Negócios para Fortalecer a Inovação 293
    Procter & Gamble: Múltiplas Estruturas em Ação 297
    Avaliar o Ambiente de Inovação para Determinar a Intensidade de Ação ... 298
    Segredos para a Criação de Estruturas de Tomada de Decisão 301
Outros Sistemas de Apoio e Modos de Pensar 303
    Ferramentas Apropriadas 303

Uma Linguagem Comum 304
Busque Amplo Insight Externo 306
Resumo 308
Exercícios de Aplicação 308
Dicas e Truques 309

CAPÍTULO 10
Métricas da Inovação 311

Armadilhas da Medição 312
   Armadilha da Medição nº 1: Uma Variedade Muito Reduzida de Métricas ... 312
   Armadilha da Medição nº 2: Encorajar Comportamento Sustentador 313
   Armadilha da Medição nº 3: Focar nos Insumos em Detrimento
   dos Resultados 314
   Métricas Sugeridas 314
   Medidas Relacionadas com Insumos 315
   Métricas Relacionadas com Processos e a Supervisão 316
   Métricas Relacionadas com o Produto [resultado(s) do processo] 318
Conselhos para Executivos Experientes 319
Modelo de Aplicação: O Futuro das Empresas Jornalísticas 321
Resumo 325
Exercícios de Aplicação 325
Dicas e Truques 326

CAPÍTULO 11
Conclusão 327

Por Onde Passamos 328
Principais Armadilhas da Inovação 329
   Armadilhas Relacionadas a Projetos 332
   Armadilhas Relacionadas à Empresa 333
Lições da Procter & Gamble 334
   Lição 1: A Disrupção Tem de Ser uma Escolha Consciente 334
   Lição 2: Ferramentas Estabelecidas Precisam Mudar — ou Serem
   Usadas de Formas Diferentes 335
   Lição 3: A Estrutura e o Gerenciamento da Equipe São uma Barreira
   Invisível para a Disrupção 335
   Lição 4: É Preciso Mudar o Modo de Pensar 337
Conselhos Finais 337

A Era do Reconhecimento de Padrões..339

APÊNDICE
Perguntas Frequentes..341

   1. Disrupção não é apenas uma palavra da moda? Será que ela não irá cair no esquecimento daqui alguns anos?...341
   2. Não sou criativo. Como posso ser inovador?..341
   3. O exemplo X é disruptivo?...342
   4. Qual o significado para mim da abordagem "tarefas a serem realizadas" se o meu trabalho não está relacionado ao contato direto com os clientes?.........342
   5. Como posso dirigir-me à diretoria e dizer que não sei qual é a resposta? Que não possuo dados concretos para defender minha ideia?....................343
   6. Devemos simplesmente "baixar o nível" de nossos produtos existentes para serem "apenas suficientes"? Usar conceitos disruptivos significa fabricar produtos ruins? Isso fará com que deixemos de atingir a meta?....................343
   7. Posso tornar os clientes mais exigentes?..344
   8. Certas vezes algo pode parecer ser disruptivo para uma empresa, mas sustentador para outra. Por que isso acontece?..345
   9. Minha empresa deveria despender 100% de seu tempo em disrupção?...345
   10. A disrupção não irá arruinar minha marca?..346
   11. Dar um caráter disruptivo ao meu próprio negócio criará uma profecia que se concretiza por si só?..346
   12. Nossos acionistas irão se revoltar se fizermos isso?................................347
   13. É possível ganhar dinheiro com inovações disruptivas?..........................347
   14. Por que não deveria eu simplesmente "seguir o mercado logo"?..............348
   15. "Investir pouco, ganhar muito" significa que estamos buscando pequenos negócios?...349
   16. O modelo disruptivo é uma excelente ferramenta em termos de avaliação histórica, mas podemos usá-la realmente em termos de perspectivas futuras?..349
   17. Não estou envolvido diretamente em um projeto disruptivo. Mesmo assim esses conceitos ainda podem ser úteis?..349
   18. Estamos na liderança de nosso mercado e, portanto, não temos que nos preocupar com isso agora, não é mesmo?...350

Notas..351
Índice Remissivo...361

PREFÁCIO

Reflexões sobre a Disrupção

Clayton M. Christensen

São passados mais de dez anos desde a publicação das descobertas de minha pesquisa indicando que exatamente os princípios da boa gestão poderiam inibir as empresas que buscavam dominar com êxito as mudanças disruptivas. Segmento após segmento, minha pesquisa mostrou que inovações simples, convenientes e economicamente viáveis podem perturbar e intimidar até mesmo os líderes de mercado aparentemente inexpugnáveis.

Ao longo da última década, minha pesquisa acadêmica foi acrescida do trabalho de campo da Innosight, uma empresa de consultoria e treinamento de executivos da qual fui cofundador no ano 2000. Eu e meus colegas da Innosight trabalhamos para ajudar dezenas de empresas inovadoras e empreendedores criativos a maximizar sua capacidade de criar negócios de crescimento vertiginoso. Além disso, nos filiamos a pesquisadores e profissionais que pensam do mesmo modo como Jeffrey Dyer, da Marriot School of Management da Brigham Young University; Vijay Govindarajan, da Amos Tuck School of Business; o ex-CEO da Merck, Ray Gilmartin; Richard Foster, cujos trabalhos iniciais sobre inovação e descobertas seminais relacionadas com as curvas-S e os efeitos competitivos das descontinuidades tecnológicas influenciaram grandemente meu próprio trabalho; o ex-CEO da Arrow Electronics, Steve Kaufma; Michael Masuboussin, da Legg Mason Capital, e Willy Shih, que dirigiu a unidade de negócios digital da Eastman Kodak por vários anos.[1]

Sou grato por todo o trabalho da Innosight nos últimos anos. Constituí a Innosight, pois reconhecia uma limitação no meu próprio intelecto. Pelo fato de os padrões da inovação disruptiva serem tão evidentes para mim, sou capaz de subestimar a real dificuldade de criar efetivamente novos negócios que gerem crescimento, especialmente em grandes empresas. A capacidade da Innosight de tornar as teorias da disrupção mais fáceis de serem digeridas foi um grande ativo para o conjunto de conhecimentos relacionado à inovação disruptiva. Este livro, escrito por três dos meus colegas da Innosight e um executivo que compartilha o mesmo pensamento, tem como objetivo tornar as teorias disruptivas ainda mais acessíveis aos dirigentes empresariais e empreendedores.

Antes de passar a "caneta" aos meus colegas, gostaria de sintetizar quatro paradigmas fundamentais que inibem a criação de novos negócios geradores de crescimento e descrever algumas considerações pessoais sobre os ingredientes-chave da transformação.

1º Paradigma Falso: Sempre Ouça seus Melhores Clientes

Na essência da pesquisa sintetizada em *The Innovator's Dilemma* encontra-se a noção de que as empresas absorvidas em ouvir seus melhores clientes frequentemente perdem oportunidades de criar novos negócios que gerem crescimento. Há um tremendo valor em ouvir as solicitações dos clientes. O *feedback* de clientes exigentes ajuda a mapear uma trajetória que permite às empresas continuar a cobrar preços mais elevados, obter margens atraentes e derrotar seus concorrentes. Entretanto, a propensão das empresas estabelecidas em responder às necessidades de seus melhores clientes dificulta a visão do impacto futuro de disrupções em suas atividades principais.[2]

Empresas que se *concentram* apenas em seus melhores clientes acabam criando produtos e serviços que são bons para os clientes existentes. Essa saciação cria oportunidades para disruptores armados com modelos de negócios simples e baratos. Reagir ao disruptor nos níveis mais baixos do mercado nunca parece ser tão atraente quanto atender clientes dos nichos mais elevados e, portanto, empresas que maximizam os lucros fogem para o mercado de alto nível. Setor após setor, esse padrão resultou em líderes de mercado que, finalmente, tendo ficado "presos" ao nível alto de seu setor, acabaram perdendo o crescimento criado por disrupções. Além disso, um foco exclusivo em clientes leva as empresas a perderem oportunidades que surgem nos níveis mais baixos de seus mercados ou em aparentes mercados marginais de "não consumidores".

Seguir esse falso paradigma conduziu a muitos casos clássicos de inovação disruptiva, como a disrupção causada pelas miniusinas às siderúrgicas integradas, a disrupção de lojas de departamentos no varejo por lojas de desconto e a disrupção de fabricantes de minicomputadores por fabricantes de computadores pessoais.

2º Paradigma Falso: Segmentação de Mercado

Cheguei à conclusão de que a maioria das empresas segmenta mercados de forma errada, fazendo com que fique difícil para elas identificar oportunidades reais para inovação. O conceito de tarefas a serem cumpridas, que considera que clientes não compram produtos ou serviços, mas que os alugam para terem suas tarefas realizadas, nos oferece uma alternativa melhor do que aquela dos métodos de segmentação tradicionais.[3]

Em termos gerais, a maneira através da qual uma empresa opta por definir segmentos de mercado influencia quais produtos ela desenvolverá, orienta as características incorporadas nesses produtos e molda como a empresa levará esses produtos ao mercado.[4] Os métodos de segmentação definem quem será considerado concorrente e o quão grande se acredita serem as oportunidades de mercado específicas. A maioria das empresas segmenta segundo linhas definidas pelas características de seus produtos (categoria ou preço) ou clientes (idade, sexo, estado civil, localização geográfica ou nível de renda). Algumas empresas B2B fatiam seus mercados por setores; outras o fazem de acordo com o tamanho da empresa. O problema com tais métodos de segmentação é o fato de eles serem estáticos. O comportamento de compra dos clientes muda com muito maior frequência do que seus dados demográficos e psicográficos ou suas atitudes. Os dados demográficos da faixa etária 18-34 que normalmente são usados no marketing de consumo, por exemplo, dura 17 anos. O nível de escolaridade geralmente é fixado pela idade de 30 anos. A renda de um indivíduo poderia variar com maior frequência, mas geralmente é estável por anos. Os dados demográficos não conseguem explicar por que uma pessoa marca um encontro para ir ao cinema em uma noite, mas pede uma pizza para assistir a um DVD do Netflix na noite seguinte.

As características de produtos e clientes são indicadores deficientes do comportamento dos clientes, pois, segundo a perspectiva do cliente, não é assim que os mercados são estruturados. As decisões de compra dos clientes não se conformam necessariamente com aquelas do cliente "médio" em seus dados demográficos nem restringem a busca por soluções a uma categoria de produto.

Quando os clientes entendem que precisam ter realizada uma determinada tarefa, eles "alugam" produtos ou serviços para fazer isso. As empresas precisam, portanto, entender as tarefas que surgem nas vidas dos clientes para as quais seus produtos talvez sejam alugados. Em outras palavras, é a tarefa, e não o cliente ou o produto, que deve ser a unidade fundamental da análise e segmentação do mercado.

A maior parte dos "gols de placa" da história do marketing foram marcados por profissionais que intuíram a tarefa fundamental que os clientes estavam tentando realizar — e então encontraram uma maneira de ajudar um número maior de pessoas a ter essa tarefa realizada de forma mais efetiva, conveniente e economicamente viável. Por outro lado, os "gols contra" da história do marketing geralmente foram o resultado do desenvolvimento de produtos com melhores características e funções do que outros produtos da mesma categoria ou o resultado da tentativa de decifrar o que o cliente médio em uma amostra demográfica queria. Trabalhar para compreender a tarefa a ser realizada vale a pena.

3º Paradigma Falso: Custos Perdidos

O terceiro paradigma é a doutrina que diz que custos fixos ou perdidos não devem ser considerados ao se avaliarem futuros investimentos. Essa doutrina confere uma vantagem a favor das firmas atacantes. Ela aprisiona as empresas com posição de predomínio no mercado, impedindo-as de reagir a um ataque disruptivo.

O argumento básico é que os administradores devem comparar apenas os desembolsos de caixa marginais ou futuros (seja de capital, seja de despesas) necessários a um investimento inovador, subtrair aqueles desembolsos do caixa marginal que provavelmente irão entrar e descontar o fluxo de caixa líquido resultante até o presente. Apesar da lógica subjacente a esse princípio, essa abordagem pode fazer com que o mesmo investimento pareça atrativo para uma empresa atacante, mas pouco atraente para o líder estabelecido que está sendo atacado. Ela exacerba o dilema do inovador.

Por exemplo, siderúrgicas integradas tentando reagir a miniusinas disruptivas tinham uma escolha: construir miniusinas competitivas ou tentar preencher a capacidade ociosa em plantas existentes com produtos competitivos em termos de custo. A opção por maximizar a rentabilidade marginal sempre faz com que uma empresa tenda a se concentrar primeiramente na capacidade ociosa. Fiéis a esse pensamento, as siderúrgicas integradas decidiram contra a construção de novas plantas para reduzir seus custos médios a longo prazo. Essa decisão aparentemente sensata facilitou a habilidade das miniusinas no estímulo à disrupção.[5]

Portanto, quando um atacante bem-sucedido está ganhando terreno, os executivos das empresas que estão sendo atacadas precisam realizar suas análises de investimento da mesma forma que os atacantes as fazem. Essa é a única maneira de eles verem o mundo como os atacantes veem e a única forma de eles poderem prever as consequências de não investir para frustrar os planos de crescimento dos atacantes.

Empresas que estão buscando liberar o poder da inovação disruptiva precisam certificar-se de não permitir que esse e outros falsos paradigmas de administração financeira as levem a caminhos improdutivos. Por exemplo, é importante considerar cenários alternativos ao realizar análises de valor presente líquido e repensar esquemas de incentivo financeiro que desviem recursos dos investimentos criticamente estratégicos cujo benefício vai além do horizonte de incentivos a curto prazo.[6]

4º Paradigma Falso: Competências Básicas

As empresas tomam um monte de decisões baseadas naquilo que elas percebem ser suas competências básicas. Há mais de 40 anos, Theodore Levitt salientou como percepções errôneas de suas competências básicas por parte de uma empresa geralmente fariam com que ela perdesse oportunidades de crescimento.[7] Quarenta anos depois, infelizmente percebo que as empresas ainda cometem erros baseadas nessas falsas percepções.

Esses erros se apresentam sob diversas formas. Processos que facilitem inovações bem-sucedidas que compõem os produtos básicos de uma firma normalmente constituem incapacidades quando é exigido inovação da arquitetura.[8] Empresas que terceirizam aquilo que nesse ponto pode parecer uma atividade de valor agregado periférico normalmente descobrem seus parceiros terceirizados construindo suas próprias oportunidades para desenvolverem competências necessárias para ter êxito no futuro.[9] Finalmente, muitas vezes as empresas não conseguem entender as verdadeiras competências de seus executivos. Executivos experientes em cuja competência aprendemos a confiar no que diz respeito a resultados necessários em nossas atividades principais talvez não estejam equipados efetivamente para criar novos negócios.[10]

Como Estimular a Transformação

O administrador que está procurando criar crescimento através da inovação se depara com uma série de obstáculos. A visão convencional geralmente aceita funciona em circunstâncias convencionais, mas ela induz ao erro quando as circunstâncias mudam. Essa diferença passa a favorecer as empresas que estão entrando no mercado e força as empresas com posição de predomínio a trabalhar arduamente para criar o espaço organizacional necessário para terem êxito através da disrupção.

A pletora de barreiras corrobora uma das recomendações fundamentais apresentadas em *The Innovator's Dilemma*: as empresas com posição de predomínio no mercado, na esperança de lançarem inovações disruptivas, devem dar substancial autonomia aos empreendimentos disruptivos.[11] Colocar um projeto disruptivo diretamente no meio das operações principais pode levá-las ao fracasso.

Entretanto, ter êxito na criação de uma *capacidade* envolvendo inovação disruptiva exige mais que isso. Acredito que as empresas que estão procurando liberar o poder transformacional da disrupção precisem de uma linguagem comum, um processo que trate diferentes tipos de projetos de inovação de forma diversa e projetos de demonstração que mostrem o valor das diversas abordagens.

Linguagem Comum

Uma das melhores histórias da literatura sobre disrupção — como na década de 1990 a Intel reconheceu e reagiu às ameaças que surgiam no nicho de baixo custo do mercado de microprocessadores — apresentava um componente de linguagem comum enorme. No final dos anos 1990, estive na Intel por cerca de vinte vezes, treinando cerca de uma centena de executivos de uma só vez sobre os princípios e a linguagem da inovação disruptiva. Algum tempo depois de passar pelas sessões, a Intel lançou aquilo que hoje em dia é conhecido como processador Celeron, um chip enxuto e de baixo custo para competir nas camadas menos exigentes de seu mercado. O processador Celeron arrefeceu os avanços de atacantes disruptivos como Advanced Micro Devices (AMD) e Cyrix, bem como se tornou um negócio importante para a Intel.

A instrução desempenhou um papel importante para ajudar a Intel a formular e executar a estratégia do Celeron. Após o Celeron ter tido êxito na entrada no mercado, Andy Grove, então CEO da Intel, me disse: "Sabe, o modelo disruptivo não nos dá nenhuma resposta a qualquer de nossos problemas, mas ele nos oferece uma linguagem comum e uma maneira comum de cercar o problema de modo a podermos chegar a um consenso em torno de medidas contraintuitivas".

Mas Grove abandonou as atividades do dia a dia na Intel em meados de 2000, e vários dos executivos com os quais eu interagia saíram da empresa nos anos seguintes. À medida que os executivos mais experientes que eu havia instruído deixavam a Intel, a habilidade da companhia de criar continuamente mudança disruptiva foi atrofiando. O sistema de linguagem não havia penetrado o bastante na organização. Empresas que realmente querem criar uma capacidade para mudança disruptiva a longo prazo precisam investir na construção da linguagem comum que pode estimular o sucesso por prazos mais longos.

Fiquei muito animado com o fato de que algumas empresas optaram por desenvolver programas de treinamento corporativo para incorporar os princípios fundamentais da inovação disruptiva na contextura da organização.

Um Processo Diferente

O processo de alocação de recursos se encontra na raiz do dilema do inovador. Sem administração ativa, esse processo implícito, muitas vezes invisível, irá direcionar dinheiro e recursos humanos para iniciativas que reforçam o negócio atual de uma empresa. O processo irá desviar dinheiro e recursos humanos das inovações disruptivas que propelem o crescimento futuro.

As empresas devem ter o controle do processo de alocação de recursos, certificando-se de que recursos econômicos e humanos fluam no sentido da inovação disruptiva. Além disso, elas precisam se certificar de tratar diferentes tipos de oportunidades de inovação de forma diversa. Embora os administradores rotineiramente abordem diferentes tipos de dados de problemas de forma diversa, de acordo com a minha experiência as empresas agrupam e tratam de forma indistinta os elementos relacionados ao crescimento e os administram por meio de um único conjunto de métricas. Isso não faz muito sentido. Uma melhoria incremental em um mercado existente não pode apenas ser medida, monitorada e gerida como se fosse uma estratégia nova e vigorosa em um mercado emergente. Fundamentalmente, buscar diferentes oportunidades da mesma maneira garante que uma das oportunidades será subotimizada.

Em termos gerais, as abordagens de novo crescimento precisam passar por um processo de desenvolvimento mais iterativo, onde o foco está em identificar e lidar com os principais riscos e suposições. As métricas apropriadas que orientam uma idéia para novo crescimento não devem ser medidas como valor presente líquido ou retorno sobre o investimento, que fornecem *insights* na execução da atividade principal; ao contrário, as empresas precisam usar medidas qualitativas relacionadas ao êxito no mercado-alvo.

Projetos de Demonstração

Apesar de significantes pesquisas acadêmicas e evidências de campo respaldando o poder da inovação disruptiva, muitos dos princípios necessários para gerir com sucesso a inovação disruptiva ainda parecem, para administradores em empresas estabelecidas, na melhor das hipóteses, ser contraintuitivos e, na pior das hipóteses, ameaçadores. Ter uma série de projetos de demonstração pode mostrar aos céticos o poder de seguir uma abordagem diferente. Algumas das empresas detalhadas neste livro, e que fizeram um ótimo trabalho em serem bem-sucedidas com a disrupção, começaram com um ou um punhado de histórias de sucesso evidentes antes de procurar expandir seus esforços.

Creio que você achará que o livro *The Innovator's Guide to Growth* contém uma profusão de métodos práticos para construir uma linguagem comum, seguir processos diferentes e criar projetos de demonstração bem-sucedidos. Uma das coisas que eu mais apreciei de minha própria jornada ao longo da última década foi o aprendizado com inovadores que são partidários das mesmas ideias. Por favor, informe a mim e a meus colegas o que você aprendeu de modo a podermos consolidar nosso entendimento coletivo de como liberar o poder da inovação.

AGRADECIMENTOS

A ideia de escrever este livro remonta ao ano 2000, quando Clayton Christensen e Mark Johnson fundaram juntos a Innosight para ajudar as empresas a usar as descobertas da pesquisa que Christensen havia sintetizado em seu *best-seller*, *The Innovator's Dilemma*.

Inicialmente, grande parte de nosso trabalho na Innosight envolvia doses maciças de experimentação por tentativa e erro. Experimentos repetidos juntamente a clientes com ideias avançadas resultaram em padrões claros e abordagens definidas. Este livro sintetiza esse trabalho de campo de uma forma que esperamos ajudar os profissionais alocados dentro de empresas a aumentar sua capacidade de gerar crescimento através da inovação. Trata-se de um trabalho adicional e complementar aos livros anteriores de Christensen. Enquanto *The Innovator's Dilemma* cercava o problema básico, *The Innovator's Solution* fornecia a resposta conceitual de alto nível e *Seeing What's Next* explicava como pessoas de fora da organização poderiam analisar um setor de atividade, o *Inovação para o Crescimento* mostra *àqueles pertencentes a uma organização* como construir de forma mais segura negócios geradores de crescimento e como gerar oportunidades de inovação.

Escrever pode ser uma busca solitária, mas preparar o *Inovação para o Crescimento* foi tudo, menos isso. Um monte de colegas, amigos e colaboradores tornaram a jornada uma busca interessante e agradável.

Cada um dos meus coautores contribuiu com este livro de forma única: Liz Altman, ao trazer a voz da experiência prática; Mark Johnson, ao buscar a simplicidade e as implicações estratégicas; e Joe Sinfield, ao trazer ordem a problemas caóticos.

Uma das melhores coisas em relação à Innosight é ela ser um laboratório do mundo real repleto de cientistas extraordinários. As estruturas e ferramentas descritas neste livro não foram criadas em uma sala de reuniões; elas foram criadas, em grande parte, pelas equipes da Innosight trabalhando em campo para solucionar os problemas que tornam a inovação e o crescimento tão frustrantes. Quatro anos atrás, eu seria capaz de dar os nomes da meia dúzia de pessoas da Innosight. Agora que a equipe da Innosight aumentou para quase cinquenta pessoas, tudo que posso dizer é que sou extremamente grato a cada membro da família Innosight. Agradecimentos especiais ao Clay, cujo apoio, orientação e atuação como mentor têm sido inestimáveis ao longo de todos esses anos.

Sou particularmente grato aos clientes e profissionais com ideias afins com quem tive o privilégio de interagir ao longo dos últimos anos. Aprendi algo com cada um deles. Há um número muito grande deles, o que torna impossível citar todos aqui, porém um particular agradecimento a Bob Benz, Ken Bronfin, Sue Clark-Johnson, Stephanie Connaughton, Mark Contreras, Channing Dawson, Drew Davis, Bob Dewar, Jennifer Dorian, Matt Eyring, Ron Feinbaum, Greg Foster, Richard Foster, Karen Gallagher, Brad Gambill, Lib Gibson, Clark Gilbert, George Glackin, Dave Goulait, Steve Grey, Trish Grushkin, Beth Higbee, John Incledon, Steve Krauss, Nancy Lane, John Lansing, Michael Maness, Judy Miller, Bryant Moore, Karen Morris, Adam Peterson, James Pratt, Michael Putz, Michael Raynor, David Rudolph, Tara Donovan Young, Steve Wunker e Amy Zehfuss.

Aos meus pais (ambos médicos) e meus irmãos (Michelle e Tricia, ambas com doutorado em Psicologia clínica; Michael, formado em Veterinária; e Peter, que está estudando Direito), obrigado por continuarem a dar respaldo à ovelha negra da família, com formação em Economia e Administração.

A Harvard Business Press, como sempre, deu seu excepcional apoio. Em sua maneira inimitável, Hollis Heimbouch foi capaz de transformar problemas em formas convincentes e passíveis de solução. Jacque Murphy, Jane Gebhart e Stephani Finks ajudaram a levar o manuscrito para dentro do gol.

Agradecimentos

Os agradecimentos finais vão para minha esposa e filhos. Não apenas não teria conseguido fazê-lo sem o seu amor e dedicação, como também sem esse amor e dedicação nada disso teria valido a pena. Joanne, palavras não são suficientes para expressar o quanto sua ajuda, aconselhamento, amizade, amor e apoio incondicional significam para mim. Charlie, seu sorriso radiante me atinge profundamente nas horas mais difíceis. Holly — que chegou quase literalmente no momento em que essas palavras eram escritas —, seus lindos olhos azuis fizeram derreter nossos corações. Dedico este livro a vocês, Charlie e Joanne.

— *Scott D. Anthony*
Chestnut Hill, Massachusetts

Sou grato pela oportunidade de trabalhar com Scott, Liz e Joe para levar aos administradores um guia prático para a inovação e o crescimento. Nesses oitos anos, após ter fundado a Innosight juntamente com Clayton Christensen, vi nossa empresa crescer, iniciando com apenas alguns importantes colegas até chegar a quase cinquenta associados nos Estados Unidos e Ásia. Vi nossos clientes e outros aplicarem os princípios da inovação disruptiva ao novo crescimento em níveis que superaram nossas expectativas mais otimistas. Da mesma forma, observei nossa própria empresa praticar esses princípios e obter um sucesso que jamais poderíamos ter imaginado. Atribuo grande parte desse sucesso à aplicação dos princípios para o crescimento inovador expostos neste livro. Podemos dizer que verdadeiramente fizemos uma bela caminhada! E, por isso, agradeço especialmente a todos os excepcionais colegas da Innosight, do passado e do presente. Foi um verdadeiro prazer trabalhar com vocês e nosso amigo Clay enquanto batalhávamos para eliminar a aleatoriedade da inovação e tornar essa área mais previsível.

Além disso, quero expressar minha gratidão aos excepcionais administradores, empreendedores, estudiosos e colegas de área com os quais tive oportunidade de trabalhar. Particularmente, gostaria de agradecer a Peter Blackman, Rick Braddy, Cheryl Catton, Clement Chen, Stacy Comes, Crawford Del Prete, Ken Disken, Matt Eyring, Brad Gambill, Clark Gilbert, George Glackin, David Goulait, Ka Huat Tan, C. C. Hang, Henning Kagermann, John Leikham, Steve Milunovich, Dan Pantaleo, Ed Peper, Michael Richtberg, Willy Shih, S. C. Tien, Jim Wrightson e Steve Wunker.

Recentemente, vim a conhecer outra faceta de Dick Foster como destacado pensador da inovação. Muito obrigado, Dick, por ser um elemento precioso para nossa empresa, bem como para o pensamento da inovação. E, obviamente, agradecimentos especiais ao Clay, amigo íntimo e colega, pela sua orientação consistente pelos meandros do crescimento da Innosight.

Minha maior dívida é com minha esposa e filhos. Sou abençoado por ter o amor e o apoio inquebrantável de Jane. Ela tem sido paciente e solidária na minha tentativa de equilibrar as exigências de crescimento da equipe da Innosight — incluindo escrever este livro — com nossa família e vida pessoal. Ela é minha mais confiável conselheira e melhor amiga. Obrigado também aos meus filhos, por serem tão bons e solidários com o seu pai. Kristina, Mark, Kathryn, Ella e William: não sou absolutamente nada sem vocês.

—*Mark W. Johnson*
Belmont, Massachusetts

Este livro representa a coroação de vários anos de exercício intelectual e experimentação de campo iterativa, tudo para tornar mais previsível a *tarefa* de administrar o crescimento através da inovação — trazer ordem e método àquilo que tradicionalmente foi resignado à esperança e ao acaso. A pletora de princípios e métodos descritos neste livro reflete os *insights* — alguns rigorosamente procurados, outros descobertos espontaneamente — de uma grande quantidade de indivíduos com os quais tive o privilégio de colaborar.

Primeiramente, entre eles estão meus três coautores. Scott e Mark têm sido parceiros de pensamento constantes. Eles têm tido um papel decisivo na criação do ambiente, competência e reputação da Innosight, que possibilitaram a riqueza de interações sobre as quais este livro se baseia. Liz, através de sua estreita colaboração e reflexo de seus anos de experiência no setor empresarial, nos forneceu "lentes" com uma visão crítica e objetiva através das quais avaliamos e refinamos nossas ideias.

Além disso, devo muito a Clayton Christensen, cujos conceitos originais geraram grande parte do campo da inovação no qual nós da Innosight operamos, e cuja generosidade possibilitou a muitos usar como base o seu trabalho.

Muitas das ideias deste livro provavelmente jamais teriam se concretizado se não fosse pela oportunidade de avaliar e replicar os conceitos com clientes e colegas. Devo muito aos membros da grande equipe da Innosight, que contribuíram enormemente, em especial Dave Duncan, Matt Eyring, Brad Gambill, Steve Wunker e Tara Donovan Young. Minha gratidão também se estende aos profissionais dispostos a abraçar e refutar ideias por mérito próprio e a trabalhar juntos para solucionar os desafios enfrentados em suas funções do dia a dia. Em particular, as seguintes pessoas generosamente ajudaram a formar meu pensamento: Peter Blackman, Cheryl Catton, Steve Colson, Jochen Dauth, Uri Hess, Klaus Höfelmann, John Incledon, Shaun Kennedy, Bill Knowles, Ed Peper e David Thomson.

Finalmente, devo um muitíssimo obrigado à minha família. Agradeço a meus pais, Arthur e Gae Sinfield, cujo amor, atenção e educação infundiram em mim os valores e trabalho éticos necessários para perseguir meus objetivos. Sou eternamente grato à minha esposa (e amiga) Marika, cuja disposição permanente para ouvir minhas ideias e dar conselhos, ou simplesmente encorajamento, incrível paciência, amor e crença inquebrantáveis em minhas habilidades tornaram possível minha participação na redação e no trabalho de campo para este livro. Finalmente, gostaria de agradecer a minha filha Victoria, de seis anos, que mais do que ninguém provavelmente deve ter tido a maior dificuldade em racionalizar o investimento de tempo necessário pelo seu pai para escrever este manuscrito.

À Marika e Victoria.

—Joseph V Sinfield
West Lafayette, Indiana

Por vários anos, o professor da Harvard Business School, Kent Bowen, e eu conversamos a respeito de meu desejo de continuar envolvida no mundo acadêmico e, ao mesmo tempo, trabalhar no setor empresarial. Em 2002, Kent sugeriu-me conversar com Clayton Christensen para ver se poderíamos colaborar de uma maneira que fosse mutuamente benéfica. Clay graciosamente ofereceu-se a trabalhar comigo e empreendemos uma série de conversações referentes à inovação e à aplicação da pesquisa ao "mundo real". Essas discussões levaram ao meu envolvimento com a equipe que estava escrevendo este livro.

Sou grata ao Kent por sua persistência em manter-me envolvida com o mundo acadêmico, ao Clay por sua boa vontade de trabalhar comigo e apresentar inúmeros *insights,* e a Scott, Mark e Joe por permitirem que me juntasse a eles nessa jornada. Sinto-me honrada e privilegiada em ser inclusa como coautora. Ao Scott, o principal editor dessa obra, meus agradecimentos específicos: aprendi muito com ele e continuo impressionada com sua experiência e habilidade de aprender, adaptar e integrar. Ele é capaz de aplicar criativamente conceitos abstratos e pesquisas à caótica complexidade do mundo dos negócios.

Foi maravilhoso acompanhar o crescimento da Innosight, passando de uma pequena firma que aplicava pesquisas acadêmicas a um grupo consultivo de nível internacional ao longo dos últimos anos.

Embora o número deles seja muito grande para serem mencionados individualmente, gostaria de agradecer a meus colegas da Motorola. Aprendo com eles todos os dias. Eles são inteligentes, perspicazes, compreensivos e dispostos a tentar novas ideias e abordagens. Eles trabalham arduamente e viajam para os lugares mais remotos do mundo (certas vezes, literalmente) para atingir o sucesso. Não poderia querer um grupo de colegas tão bom quanto esse. Em particular, gostaria de agradecer a John Cipolla, Todd DeYoung, Rob Shaddock e Terry Vega, que especificamente me apoiaram no empreendimento deste projeto.

Aos meus enteados Adam e Erica: entramos um na vida do outro enquanto eles estavam acabando de entrar na puberdade e eu fazia malabarismos para adaptar-me a uma série de tarefas totalmente novas para mim. Agradeço a eles por terem me aceitado em sua família e por terem dado uma perspectiva inteiramente nova à minha vida. Não poderia sentir-me mais orgulhosa dos excelentes jovens adultos em que ambos se transformaram.

Ao meu irmão, Michael: sua natureza carinhosa e seu senso de humor estão sempre presentes. Agradeço a ele por suas ligações regulares apenas para saber como eu estava e por sempre estar presente como meu irmãozinho.

Agradecimentos

Ao meu marido, Mitch: ele é inteligente, sagaz, engraçado, carinhoso, paciente ao extremo e a pessoa mais amável que jamais encontrei. Ele torna o meu mundo um mundo melhor. Eu o amo de todo o coração e agradeço a ele por seu constante apoio em meus empreendimentos e, particularmente, ao longo deste projeto.

Ao meu pai: ele me ajuda a repercutir minhas ideias e é um grande amigo. Ensinou-me desde tenra idade a concentrar-me naquilo que realmente interessava e a não perder de vista o verdadeiro sentido da vida. Aprendi com ele como abordar problemas e a pensar estrategicamente. Agradeço a ele por tudo.

À minha mãe: ela faleceu enquanto trabalhávamos neste livro. Minha mãe era uma inspiração, minha melhor amiga e confidente, bem como minha maior incentivadora. Falamos muito em escrevermos um livro juntas, mas, de alguma forma, jamais tivemos a oportunidade para tal. Quem sabe algum dia escreverei o nosso. Por enquanto, meu trabalho neste livro é dedicado a ela e ao meu pai.

—Elizabeth J. Altman
Framingham, Massachusetts

INTRODUÇÃO

Guia para o Crescimento

"AS ÁRVORES NÃO CRESCEM desmesuradamente para sempre." Com esta sentença, o CEO de uma empresa de mídia multibilionária exortou um grupo multidisciplinar de executivos a desenvolver ideias inovadoras. Eram os idos de 2005. Muito embora a atividade principal da empresa estivesse saudável, o CEO sabia que gerar novo crescimento seria fundamental para o sucesso a longo prazo.

À medida que as placas tectônicas do setor de mídia foram se deslocando de forma acentuada ao longo dos vinte e quatro meses seguintes, as palavras do CEO ganhavam um caráter profético. Na época em que este livro era escrito, o mercado se encontrava no meio de uma transformação que tinha todas as características de uma mudança disruptiva: rivais emergentes oferecendo menor desempenho em dimensões como precisão e qualidade da produção que afetaram por gerações empresas como New York Times, Time Warner e NBC Universal; rivais ganhando através da simplicidade, acessibilidade e viabilidade econômica para o consumidor; novos modelos como o sistema de buscas da Google, financiado por anúncios, minando modelos econômicos que prosperaram por décadas. Os primeiros a sentir os efeitos da mudança foram as gravadoras, em seguida os jornais, depois o rádio e a televisão. A capacidade dos líderes de mercado de passar para o outro lado ainda está muito em questão.

Obviamente, aquilo que se constitui em má notícia para um conjunto de empresas trata-se de boa notícia para outro grupo. Os empreendedores estão agarrando as oportunidades para criar negócios de crescimento vertiginoso. A última década viu o surgimento da Google, DoubleClick, LinkedIn, Facebook, MySpace, YouTube, bebo, Rhapsody e, logicamente, da linha de produtos iPod da Apple. E as empresas com posição de predomínio no mercado não são impotentes. Rupert Murdoch, da News Corporation, adquiriu a empresa que deu origem à MySpace em 2005 por US$ 580 milhões — um preço final que parece cada vez mais uma barganha. Uma *troika* de empresas jornalísticas lançou a CareerBuilder.com. A Hearst Interactive Media realizou uma pletora de investimentos proféticos em tecnologias emergentes como a Slingbox. A Time Warner criou propriedades na Web de rápida expansão como a CNN.com e a TMZ.com. A Gannett, empresa jornalística líder, reformulou suas redações transformando-as em "centros de informação", criou empresas *on-line* locais em torno de comunidades como a de mães e a de esportes colegiais, modificando seu modelo de conteúdo para envolver comunidades locais de novas maneiras.

Apesar das oportunidades neste e em outros setores, as circunstâncias são desfavoráveis ao inovador em busca de crescimento, seja ele um empreendedor ou um executivo pertencente a uma empresa dominante com os bolsos cheios. A maioria das empresas de recente criação — até mesmo aquelas suportadas pelas melhores companhias de capital de risco — falha. A maior parte das iniciativas internas de inovação gera retornos decepcionantes[1].

Se as chances de dar certo uma vez são tão reduzidas, pobre do presidente da empresa que tem de reforçar e ampliar o negócio principal da empresa, e ao mesmo tempo criar um fluxo contínuo de novos negócios que gerem crescimento. Dominar esse duplo desafio é extremamente complexo. O que torna o desafio ainda maior é que *atender* às expectativas não é uma receita para criar aumento das cotações[2] acima da média. Afinal de contas, o mercado acionário já "cotou" suas expectativas em relação ao futuro de uma empresa no preço de suas ações. Querer embutir um aumento no preço das ações significa gerar expectativas de crescimento que o mercado *não* antevê.

Em muitos casos, as empresas honestas em relação às suas estratégias se dão conta de que seus portfólios de inovações são insuficientes para atender às expectativas, o que dirá superá-las. Elas até podem ter um excelente plano para expandir sua atividade principal em novas áreas geográficas, novos segmentos de clientes ou mercados. Elas até podem ter serviços e produtos fantásticos em desenvolvimento que gerarão um crescimento significativo nos próximos três a cinco anos. Porém as empresas que executam cálculos de forma exaustiva normalmente descobrem que suas estimativas realistas do potencial de seus portfólios sugerem um *gap* significativo entre onde elas gostariam de se encontrar e onde suas projeções as informam que elas estarão. Chamamos isso de "*gap* de crescimento".

Muito frequentemente, as empresas fazem figas e aguardam que em algum lugar em seus laboratórios ocorra um milagre que irá eliminar esse *gap* de crescimento. Milagres são difíceis de acontecer. Quase todos os estudos já realizados até hoje sugerem que falta às empresas a capacidade de criar padrões contínuos de crescimento à medida que investidores e analistas os exigem.

Quando confrontados com essa realidade, geralmente os executivos irão culpar a frustrante imprevisibilidade do processo de inovação. De fato, há um consenso geral de que uma névoa envolve o mundo da inovação, impedindo de ver claramente oportunidades de grande potencial e tornando o sucesso um fenômeno efêmero. Essa névoa significa que o processo de inovação leva um tempo indeterminado, produz inovações de qualidade variável e pode ser dispendioso.

Uma razão para a existência dessa névoa é o fato das ferramentas e abordagens que funcionam tão bem na atividade principal de uma determinada empresa talvez não serem úteis — podendo até prejudicar — ao se tentar criar novos negócios que gerem crescimento. Embora este livro não contenha nenhum milagre, ele fornece ferramentas e abordagens práticas e amplamente testadas pelo mercado para romper a névoa da inovação. Várias das ferramentas práticas e planilhas apresentadas no presente livro se encontram disponíveis *on-line* em www.innosight.com/resources.

Nosso principal público-alvo são os executivos de alto escalão, bem como os gerentes de médio escalão de empresas já existentes buscando criar novos negócios que gerem crescimento. Muitos dos conceitos e ferramentas deste livro também podem ser úteis para empreendedores, capitalistas de risco, investidores, funcionários do governo, estrategistas, consultores ou outros indivíduos com interesse legítimo em inovação. Embora o foco seja em crescimento novo, as ferramentas e abordagens também fornecem maneiras diversas de reforçar e expandir negócios existentes. Os leitores que levarem em conta os conselhos deste livro aumentarão de forma significativa sua habilidade de identificar e aproveitar oportunidades de crescimento, além de construir habilidades para tornar mais previsível a busca do crescimento através de inovação.

Inovação Disruptiva como Importante Alavanca do Crescimento

Em nossa opinião, apoiada por pesquisas relevantes, a inovação disruptiva é a chave para a eliminação de *gaps* de crescimento e rotineiramente surpreender o mercado. De acordo com pesquisa seminal do professor Clayton Christensen, da Harvard Business School, realizada no segmento de discos rígidos, as empresas de recente criação desse setor que adotaram uma abordagem disruptiva aumentaram suas chances de sucesso em seis vezes.[3] Nossa avaliação da pesquisa em *Blueprint to a Billion* constatou que 50% das empresas que tinham um valor de mercado elevado ao quebrarem a barreira de US$ 1 bilhão em receitas eram disruptoras.[4] A pesquisa da Innosight mostrou que um terço das 175 empresas que figuravam na lista Global da *Fortune* em 2005, mas que lá não se encontravam em 1994, tiveram suas origens na disrupção. Quando Richard Forster analisou as empresas que oferecem o melhor retorno total a seus acionistas em qualquer período de quinze anos entre 1970 e 2001, ele constatou que sete das dez primeiras da lista eram disruptoras.[5]

Os leitores de *The Innovator's Dilemma*, *The Innovator's Solution* ou *Seeing What's Next* se sentirão familiarizados com o modelo disruptivo básico.[6] O quadro no final deste capítulo, "Modelo de Inovação Disruptiva", descreve o modelo para aqueles que não estiverem familiarizados com ele.

Inovação Disruptiva

O conceito surgiu no momento em que a pesquisa de Christensen sobre o mercado de discos rígidos ilustrou um interessante padrão. Toda vez que uma inovação envolvesse fabricar um disco rígido melhor que seria avaliado pelos clientes atuais, as empresas com posição de predomínio no mercado ganhavam. Christensen chamou-as de inovações *sustentadoras*, pois elas sustentavam trajetórias de melhoria de desempenho oferecendo aos clientes que assim exigiam um melhor desempenho. Entretanto, novas empresas entrando no mercado venceriam quando uma inovação envolvesse fabricar um disco rígido que os atuais clientes *não poderiam* usar, pois ele parecia ter um desempenho adicional muito pequeno, mesmo sendo menor e mais flexível. As estreantes buscariam mercados não tradicionais que avaliariam de forma única a inovação, apesar das limitações que a tornariam pouco atraente para o mercado tradicional. Christensen chamou esse fenômeno de inovações *disruptivas*. Em suma, as empresas dominantes tinham uma tendência para vencer batalhas sustentadoras; as novas empresas ganhavam aquelas disruptivas.

Pesquisas ulteriores demonstraram que esse padrão não era exclusivo dos discos rígidos. Mais de 130 anos atrás, a Western Union negligenciou a oportunidade do telefone porque a tecnologia era capaz de enviar um sinal apenas a algumas milhas de distância. Em 1880, a câmera Brownie da Kodak transformou o mercado da fotografia simplificando e facilitando a tarefa de tirar fotos ("Aperte um botão, que nós fazemos o resto"). Nos anos 1950, a Sony introduziu a tecnologia dos transistores em seus pequenos rádios portáteis. Os gigantes da era da válvula viram a tecnologia dos transistores, investiram nela e fracassaram. No final dos anos 1950, o primeiro carro da Toyota a chegar ao mercado americano, o quadrangular, porém barato Corona, foi amplamente rejeitado pelos fabricantes de automóvel de Detroit. Na década de 1960, a Walmart abriu suas primeiras lojas de varejo, fornecendo mercadorias a preços bem baratos. Na década de 1970, os computadores pessoais eram usados como brinquedos. Nos anos 1980, a Cisco introduziu dispositivos que permitiam a departamentos diversos se interconectarem, começando modestamente a transformação do que viria a ser o setor de redes de comunicação. Na década de 1990, a eBay começou a vender artigos colecionáveis simples que eram difíceis de ser comercializados antes da chegada da World Wide Web.

Em todos esses casos, os disruptores geraram crescimento através da redefinição de desempenho, seja trazendo para a faixa de baixo custo de um mercado estabelecido uma solução simples e barata, seja ajudando "não consumidores" a solucionar problemas com os quais estavam se deparando no dia a dia.

Entre alguns exemplos recentes de inovação disruptiva podemos citar o serviço de telefonia da Skype, o serviço de vídeo *on-line* do YouTube, o modelo de quiosque de diagnóstico da MinuteClinic, as linhas de produto da Procter & Gamble e da Febreze, o serviço de hospedagem de software da Salesforce.com, o sistema de *games* Wii da Nintendo e o jornal diário gratuito da Metro. Acreditamos que, caso alguém queira *influenciar* ou *moldar* um mercado no qual participa, as estratégias sustentadoras sejam a chave para atingir tal objetivo. Mas, caso se queira *redefinir* um mercado, *criar* um novo ou *defender-se* de golpes vindos de baixo, as estratégias disruptivas são essenciais para o sucesso da ação.

Princípio da Inovação Disruptiva

Com Christensen estudamos empresas disruptivas em mais de sessenta segmentos diversos. Observamos a disrupção em empresas de produtos e de serviços, empresas reguladas, empresas que vendem diretamente ao consumidor, empresas que vendem produtos acabados para outras empresas, fornecedores de componentes e fornecedores de matéria-prima. O estudo dessas disrupções históricas e o trabalho em conjunto com empresas com o intuito de criar negócios disruptivos trouxeram à luz princípios, processos e padrões simples que podem ajudar os inovadores a fazer com que a disrupção dê certo. Melhor ainda, muitos desses padrões e princípios são igualmente aplicáveis também a oportunidades sustentadoras. Trata-se de uma boa notícia para empresas estabelecidas que precisam dominar a habilidade de manterem seus negócios atuais e, ao mesmo tempo, lançarem negócios que gerem crescimento disruptivo.

Embora o restante do livro explore esses padrões e princípios com grande profundidade, introduziremos aqui três princípios essenciais: a saciação, a quebra de regras e o poder dos modelos de negócios. São esses os elementos fundamentais para o sucesso do processo de disrupção.

Princípio 1: A Saciação Cria Condições para a Disrupção

Um dos componentes fundamentais do modelo disruptivo é o fato de as empresas inovarem mais rapidamente do que as mudanças que podem ocorrer na vida das pessoas. Isso significa que, em busca de lucros atrativos, as empresas estabelecidas quase sempre irão acabar "saciando" níveis progressivos de um determinado mercado (a saciação é descrita de forma mais aprofundada no Capítulo 3). Elas irão, essencialmente, fornecer produtos que embutem desempenho em excesso para o usuário mediano. Pense em um software de planilha eletrônica. A menos que você seja um especialista em investimentos, são grandes as chances de você usar apenas uma fração dos recursos do software. As empresas *têm de* fazer esse tipo de jogo. As inovações sustentadoras que movem uma trajetória de melhoria estabelecida são a alma de qualquer firma estabelecida. Entretanto, as empresas que *somente* mantêm seus negócios atuais criam circunstâncias que favorecem os disruptores ou perdem oportunidades de grande crescimento bem de baixo de seus narizes.

Do outro lado da moeda, os disruptores reconhecem que razoável pode significar excelente. Diminuindo o desempenho em uma dimensão, os inovadores podem aumentá-lo em dimensões despercebidas como simplicidade e conveniência, permitindo a eles a ligação com grupos de clientes insatisfeitos com as ofertas existentes.

Princípio 2: A Disrupção Provém da Quebra de Regras

O fundador da Intuit, Scott Cook, entende muito de disrupção. O primeiro pacote de software da Intuit, o Quicken, facilitou a vida das pessoas na administração de suas finanças. O QuickBooks ajudou os proprietários de pequenos negócios que careciam de conhecimentos contábeis para administrarem suas empresas. Em 1993, a Intuit gastou cerca de US$ 250 milhões para adquirir a ChipSoft, cujo software permitia aos clientes arquivar documentos tributários eletronicamente. A combinação desse software com a capacidade de a empresa simplificar as complexidades da contabilidade resultam na poderosa marca TurboTax. Hoje em dia, o software QuickBase da Intuit (que possibilita a pequenas empresas usufruírem os benefícios de software de ponta para planejamento de recursos usado em grandes empresas) e o software de folha de pagamento (destinado a empresas que não podem comprar soluções de fornecedores de ponta) possuem potencial disruptivo significativo.

Em uma entrevista de 2007, Cook compartilhou seus pontos de vista sobre a disrupção:

Em sua essência, disrupções são mudanças no modo de pensar. Muitas vezes, várias mudanças no modo de pensar de uma só vez. Essa é a razão para elas não terem sido realizadas por todos os concorrentes, pois há alguns elementos, provavelmente muitos elementos, que são completamente diferentes daquilo que as pessoas esperariam ou daquilo que tenha sido feito anteriormente... Quando desenvolvemos o QuickBooks, o grande problema era que compreendíamos totalmente o mercado, ou assim achávamos. Foi apenas quando nos surpreendemos com nossos clientes e, em seguida, passamos a observá-los trabalhando, que descobrimos que nosso entendimento estava errado. E não apenas nosso entendimento, mas todas as empresas participantes do mercado não haviam entendido isso. Foi apenas experimentando a surpresa e observando os prováveis clientes trabalhando que vimos isso. E isso nos fez desenvolver o primeiro software contábil sem conter nenhuma contabilidade em si. E ele se tornou o líder de mercado em um mês. [Tivemos] resultados inacreditáveis, pois ele se baseava em um modo de pensar totalmente diferente daquele que todo o mercado tinha.[7]

Antes do QuickBooks, a crença dominante era que software para pequenas empresas tinha de ter recursos contábeis. Mas os donos das pequenas empresas não se importavam, nem compreendiam, com a maior parte desses recursos. Eles buscavam ter certeza de não ficar sem dinheiro em caixa. A Intuit desafiou o modo de pensar dominante — e criou um negócio gerador de crescimento extraordinário.

Quase toda história de sucesso disruptivo envolve um inovador transformando a opinião ortodoxa em sua mente. Consideremos os seguintes exemplos:

- Todo mundo na categoria de esfregões sabia que um esfregão era uma compra única até a Procter & Gamble ter introduzido a Swiffer, cujos panos descartáveis agora produzem cerca de US$ 1 bilhão em termos de receita anual.

- Todo mundo da área médica sabia que os consultórios tinham de tratar *todo* tipo de enfermidade, até que os quiosques demonstraram como criar um negócio através do tratamento de um número limitado de enfermidades que poderiam ser diagnosticadas de forma inequívoca por meio de testes baseados em regras.

- Todo mundo na Dow Corning sabia que a empresa não seria capaz de competir no segmento de *commodities* de sua área de atividade, até seu canal de distribuição Xiameter ter se tornado um negócio de crescimento vertiginoso.
- Todos da área de videogames sabiam que ser bem-sucedido no setor era uma questão de introduzir melhor qualidade gráfica e de jogo, até o Wii da Nintendo mostrar que um videogame simples e intuitivo poderia ser o caminho para o sucesso.
- Todos na indústria fonográfica sabiam que as pessoas que tinham acesso a música pirateada não pagariam nada por arquivos MP3, até o iTunes da Apple demonstrar como um modelo bem projetado, com preço razoável e que fosse estreitamente integrado ao *music player* iPod da Apple poderia prosperar.

Os inovadores disruptivos bem-sucedidos dominam a arte dos *trade-offs*. Suas ofertas tipicamente não são melhores em dimensões de desempenho tradicionais. De fato, tipicamente elas são apenas suficientes em dimensões que historicamente importam em um mercado tradicional. Os disruptores redefinem a noção de desempenho acionando alavancas de inovação desprezadas. Simplicidade. Conveniência. Acessibilidade. Capacidade de compra. Todas essas são características da inovação disruptiva.

Princípio 3: A Inovação do Modelo de Negócios Normalmente Propulsiona a Disrupção

Frequentemente, a verdadeira força disruptiva de uma inovação não reside nas características e funcionalidades da oferta, mas no modelo de negócios que envolve o produto ou serviço. Os disruptores bem-sucedidos têm como características modelos de lucros ou novas receitas. Eles possuem a habilidade de fazer dinheiro com preços reduzidos no varejo ou atender um pequeno mercado de forma rentável. Ou então eles concorrem em uma cadeia de valor (bem diferente, com novos parceiros, fornecedores e canais para o mercado). São essas diferenças de modelos de negócios, e não grande capacidade tecnológica, que tão frequentemente fazem com que as empresas com posição de predomínio no mercado percam o equilíbrio. Imagine o seguinte: "Por que uma empresa bem estabelecida e administrada iria querer introduzir produtos com margem de lucro reduzida que seus clientes usuais não poderiam usar e que empregaria um canal de distribuição desconhecido?".

Escorregadelas Comuns

O apelo do conceito de inovação disruptiva é óbvio. Na própria palavra está implícito algo poderoso e fascinante. Acrescente-se a isso a descoberta de que as firmas que estão entrando em novos mercados possuem maiores chances de serem bem-sucedidas quando usam uma abordagem disruptiva e fica fácil entender o apelo do conceito.

Mas a língua pode ser algo curioso. Pois, vejamos, a palavra disrupção em si é cheia de significados e conotações alternativos, muitos dos quais vão contra o padrão preciso identificado por Christensen em sua linha original de pesquisa. À medida que o conceito foi se popularizando, esta "disjunção" de linguagem acabou gerando confusão, interpretações errôneas e, ocasionalmente, a alocação incorreta de recursos.

Empresas e investidores que não compreenderem precisamente o que é disrupção podem acabar promovendo confusão estratégica e, finalmente, injetar e desperdiçar recursos exatamente nos projetos errados.

As duas aplicações incorretas mais comuns do modelo são: (1) confundir um grande avanço com disrupção e (2) analisar apenas o impacto interno de uma inovação.

Confundindo um Grande Avanço com Disrupção

O erro que as pessoas mais cometem é pressupor que um grande salto avante em termos de desempenho seja sinônimo de disrupção. Consideremos a Airbus construindo o enorme jato A380 com capacidade para 550 passageiros; o setor de telefonia móvel introduzindo uma tecnologia de próxima geração com taxas de transferência de dados absurdamente rápidas; a Gillette adicionando de forma intricada mais uma lâmina a um aparelho de barbear; a UPS investindo milhões para otimizar sua estrutura de rotas para obter a máxima velocidade com o mínimo consumo de combustível (uma dica: reduza ao máximo as conversões à esquerda!) ou, então, a Microsoft lançando o Office 2007, dotado de software de planilha eletrônica, processador de texto e de apresentação radicalmente redesenhados.

Esses tipos de inovação constituem grandes avanços nas linhas de produtos de cada uma dessas empresas, prometendo melhorias significativas em termos de desempenho quando comparadas com produtos existentes. Elas talvez exijam centenas de milhões de dólares em investimentos e poderão gerar um valor enorme se administradas adequadamente. Porém elas não são disruptivas.

As inovações disruptivas são nada mais que realizar um conjunto de *trade-offs* diferente: oferecer menos desempenho em uma dimensão em troca de novos benefícios relacionados com simplicidade, conveniência e preços baixos. Imaginemos microjatos de dez assentos usados como táxis-aéreos, celulares "sem frescuras" e processadores de texto acessados via internet que "deem para o gasto".

Empresas que pensam que são capazes de penetrar em um mercado desbancando concorrentes existentes e vendendo para as camadas mais sofisticadas do mercado normalmente acabam se desapontando muito.

Presumir que Diferente para Nós *É Disruptivo para o Mercado*

Todas as empresas têm suas tendências: aquelas que estão entre os fortes grupos de engenharia tendem a avaliar todas as oportunidades segundo as dimensões tecnológicas; aquelas com forte identidade com a marca observam o mundo segundo uma ótica de marketing. Esses tipos de tendência levam as empresas a cometer o erro fundamental de presumir que pelo fato de elas nunca terem empreendido uma determinada tarefa antes, caso o façam, necessariamente tem de ser de forma disruptiva.

Entretanto, um conceito que é disruptivo para uma empresa pode simplesmente ser sustentador para outra. Consequentemente, entender verdadeiramente o impacto de uma inovação requer avaliar aquela oportunidade sob o ponto de vista do mercado. Há vezes em que uma abordagem pode "dar a sensação de ser" disruptiva para os indivíduos de uma empresa, mas parecer altamente sustentadora para clientes existentes ou concorrentes, conferindo ao projeto uma reduzida probabilidade de êxito.

As falhas cometidas na era da internet servem como potentes lembretes desse princípio. Muitos planos de negócios alegavam ser algo certo devido à natureza disruptiva da internet. Na realidade, a internet era simplesmente uma infraestrutura tecnológica que se provou disruptiva para algumas empresas, mas sustentadora para outras. A Web sustentou a maioria das instituições financeiras dando a elas uma forma melhor de atender seus clientes através da verificação de saldo, do pagamento de contas e das transferências de fundos, etc., tudo *on-line*. Mas ela teve um caráter disruptivo para as empresas jornalísticas, permitindo a criação de novas ofertas como eBay, Monster.com e Match.com, que "roubaram" um bom naco do lucrativo negócio de anúncios classificados, outrora considerado um baluarte dos jornais.

Para compreender essas tendências, as empresas devem adotar uma perspectiva *externa* e avaliar uma oportunidade específica segundo a visão dos concorrentes e dos clientes desejados. Se os clientes desejados vissem a solução como uma melhoria marginal em relação ao que eles já têm e os concorrentes em potencial ficassem altamente motivados a competir, investimentos pesados na esperança de criar crescimento disruptivo muito provavelmente seriam frustrantes.

Histórias de Sucesso

É possível dominar de forma efetiva as mudanças disruptivas. Na década passada, assistimos e ajudamos diversas empresas a usar de forma proativa conceitos disruptivos para criar negócios de crescimento vertiginoso — como, por exemplo, Barclays, Bell Canada Enterprises, Cisco, Citrix, Dow Corning, eBay, E.W. Scripps, Infineum, Intel, Johnson & Johnson, Lockheed Martin, Motorola, Nokia, Procter & Gamble, SAP, Salesforce.com, Skype, Spot Runner, Teradyne e Turner Broadcasting. Embora você lerá mais a respeito de muitos desses estudos de caso ao longo deste livro, os casos da Dow Corning e da P&G merecem ser descritos de forma mais aprofundada neste ponto.

A Dow Corning é uma *joint venture* multibilionária entre o gigante da indústria química, Dow Chemical, e o fabricante de vidros, Corning. Os dois titãs formaram a *joint venture* em 1943 para explorar o então emergente campo dos plásticos e o mercado em potencial dos silicones. Hoje em dia, a Dow Corning é o principal fornecedor de produtos à base de silicone. Ela oferece serviços de projeto de ponta, suporte de vendas personalizado e flexibilidade para seus compradores ao redor do mundo.

No início dos anos 2000, a empresa reconheceu que sua excelência na verdade saciou um grupo de clientes que tinham se tornado *experts* por seus próprios méritos em relação aos produtos de silicone que necessitavam; eles começaram então a simplesmente procurar o silicone mais barato no mercado.

Em vista disso, o CEO Gary Anderson instruiu um de seus executivos mais experientes a criar uma pequena equipe para formar uma empresa que ganhasse esse espaço de mercado. Para ganhar na faixa de baixos preços do mercado, a empresa, batizada Xiameter, tinha de criar um modelo de baixo custo correspondente. A Xiameter rompeu com o modelo tradicional de vendas orientadas a serviços da Dow Corning, em vez de minimizar o custo para a expedição de um pedido e implementar restrições rígidas no grau de flexibilidade oferecido. Para conseguir um modelo de baixo custo, a equipe da Xiameter desenvolveu um sistema de emissão de pedidos *on-line* que ditava um estrito conjunto de regras comerciais a serem seguidas caso fossem concedidos preços baixos aos clientes. Qualquer afastamento das regras, incluindo tempo de entrega, grandes quantidades, serviço de assistência ao cliente e qualquer tratamento personalizado do pedido, incorreria em taxas adicionais. Os preços eram estabelecidos tomando-se como base preços à vista no mercado, com um desconto médio de 10% a 15% sobre o produto tradicional.

Em apenas seis meses, a Xiameter passou da idealização para o mercado-teste. Três meses depois, a Dow Corning havia recuperado inteiramente o investimento. Portanto, no prazo de um ano, a Dow Corning percorreu todo o caminho, da ideia até o lançamento bem-sucedido de uma empresa. Em 2006, as vendas *on-line* foram responsáveis por 30% das vendas da Dow Corning.

Melhor ainda, a atividade principal da empresa não foi canibalizada nem menos comprometida — grande parte dos negócios da Xiameter vem de novos clientes que anteriormente não tinham acesso aos produtos da empresa por questões de preço. O estrondoso sucesso do empreendimento infundiu em toda a organização Dow Corning um espírito renovado de empreendedorismo e desencadeou um número cada vez maior de iniciativas de inovação.

A Dow Corning complementou essa iniciativa com cursos de treinamento sobre inovação disruptiva e concentrou esforços para criar um negócio disruptivo em uma incubadora de empresas e tecnologia. Em 2005, Scott Fuson, então diretor de marketing, disse: "A inovação disruptiva mudou completamente o panorama interno na Dow Corning".

A Procter & Gamble é a maior empresa do mundo de produtos de consumo. Marcas como Always, Bounty, Crest, Dawn, Folgers, Gillette, Ivory, Mr. Clean, Olay, Pampers, Pantene, Swiffer e Tide têm renome mundial. A empresa está perto dos dois bilhões de consumidores e vende US$ 200 milhões em produtos por dia.

A disrupção não é um conceito estranho para a P&G. De fato, muitas de suas poderosas marcas hoje em dia têm suas origens na inovação disruptiva. Nos anos 1940, a Tide facilitou e tornou acessível às pessoas lavar suas roupas sem ter que ir a lavanderias ou gastar horas lavando roupas à mão. Na década de 1950, a pasta de dentes da Crest à base de flúor mudou o enfoque da higiene oral, que passou do tratamento para a prevenção. Nos anos 1960, a Pampers revolucionou o setor de cuidados com os bebês através de suas fraldas descartáveis.

Algumas das recentes histórias de sucesso da P&G vêm diretamente do caderno de estratégias disruptivas. A Crest Whitestrips permite às pessoas branquear seus dentes de forma simples e fácil em suas próprias casas. É uma marca que vale US$ 250 milhões. Os panos descartáveis da Swiffer, que facilitam a limpeza rápida, geraram receitas próximas a US$ 1 bilhão. A Febreze possibilita que os consumidores revitalizem tecidos de formas que costumavam ser impossíveis. Trata-se também de uma marca de US$ 1 bilhão.

Disrupção é o fenômeno que interliga essas histórias de sucesso recentes e passadas. Em cada um dos casos, a P&G pegou uma tarefa difícil e complicada e a tornou simples e economicamente possível.

Em 2004, a P&G decidiu que era preciso adotar uma abordagem mais sistemática à disrupção caso quisesse alcançar suas metas de crescimento. Como disse o presidente de uma das unidades de negócios a um dos autores: "Será impossível atingirmos nossas metas de resultado líquido sem a disrupção representar uma porcentagem muito maior de nosso portfólio global". Em 2004, a Innosight realizou um workshop-piloto com sete equipes de projeto. Uma das equipes lançou um produto para purificação do ar em 2006 e que veio a se tornar um dos mais bem-sucedidos lançamentos do ano em sua categoria. Outra equipe introduziu recentemente, na China, um produto para cuidados com o bebê capaz de mudar as características desse setor. Uma terceira encontrou uma maneira criativa de testar no mercado um produto disruptivo para tratamento médico usando propaganda boca a boca e a Web. O aprendizado obtido durante a atuação nesse mercado ajudou essa equipe a processar várias mudanças-chave em sua estratégia. No final de 2007, a equipe estimou que o produto, que possibilitava aos clientes controlar de forma conveniente um problema de saúde preocupante, tinha um potencial para ser uma marca de US$ 500 milhões.

A P&G estava convencida de que desenvolver competência na área de inovação disruptiva seria fundamental para que ela fosse capaz de "entregar" a "década do crescimento" que ela estava vendendo para a Wall Street. Em 2005, a empresa trabalhou com a Innosight para criar uma pequena equipe de "guias" para ajudar os principais executivos e as equipes de projeto a dominar a disrupção. Esses guias desenvolveram uma grande capacidade em inovação disruptiva e começaram a trabalhar com uma série de equipes de projeto-piloto. Após se remeter ao próprio passado para determinar o padrão específico que distinguia suas iniciativas disruptivas bem-sucedidas ("belas") das malsucedidas ("feras"), a empresa começou a adotar esse padrão para determinar prioridades para uma gama de iniciativas disruptivas. Ela criou ferramentas e gabaritos para ajudar as equipes de projeto a trabalhar em ideias disruptivas, além de formar e avaliar diferentes estratégias. Foram necessárias diversas ferramentas, já que as ferramentas usuais da P&G — tão boas na orientação de atividades em mercados conhecidos — se mostravam insuficientes para novos mercados difíceis de serem mensurados.

No final de 2006, o CEO A. G. Lafley disse que sua expectativa era que, em última instância, cada unidade de negócios focasse 10% a 20% de seus portfólios de inovação em inovação disruptiva. A equipe de guias interna trabalhou na busca de um processo previsível para ajudar as unidades de negócios a elaborar uma estratégia disruptiva coerente e, em seguida, montar um portfólio de inovações disruptivas de grande potencial. A empresa criou uma série de cursos de treinamento para ajudar os líderes a aprender novos modos de pensar e técnicas para dominar mudanças disruptivas.

Algumas de suas iniciativas não deram frutos por anos. Mas, ao criar uma consciência amplamente disseminada, vender a ideia para a alta cúpula, desenvolver ferramentas e processos específicos e criar um portfólio que alocava tempo e dinheiro para projetos disruptivos, a P&G está bem encaminhada para desenvolver uma capacidade que a manterá anos à frente da concorrência.

Visão Geral deste Livro

A premissa fundamental deste livro é que seguir as etapas certas e implementar as estruturas corretas pode permitir que administradores e empreendedores aumentem significativamente suas chances de criar negócios lucrativos e geradores de crescimento. Essa visão contrasta com um pensamento corrente em que a inovação é casual e requer gênio criativo. Acreditamos que, baseado em evidências do mercado, seguir as etapas corretas pode permitir que qualquer administrador seja bem-sucedido na criação de novos negócios geradores de crescimento. Além disso, os executivos de alto escalão que implementam as estruturas e sistemas corretos podem liberar inovadores internos dos grilhões de processos e políticas que não levam à inovação.

A Figura I-1 apresenta um diagrama esquemático do livro.

O Capítulo 1 descreve três precursores fundamentais da inovação: uma atividade principal que está sob controle, uma estratégia para o crescimento e o domínio do processo de alocação de recursos.

Os sete capítulos seguintes percorrem um processo de três etapas para identificar e aproveitar uma *única* oportunidade. A primeira etapa consiste em *identificar* oportunidades de inovação. O Capítulo 2 descreve como identificar barreiras que restringem o consumo. O Capítulo 3 sugere uma série de análises para identificar precisamente a saciação. O Capítulo 4 fornece dicas e truques para identificar tarefas importantes e ainda não atendidas a serem realizadas. As ferramentas e técnicas nesses capítulos devem ajudá-lo a determinar se você tem efetivamente uma oportunidade para criar um negócio gerador de crescimento inovador.

FIGURA I-1

Visão Geral do Livro *Inovação para o Crescimento*

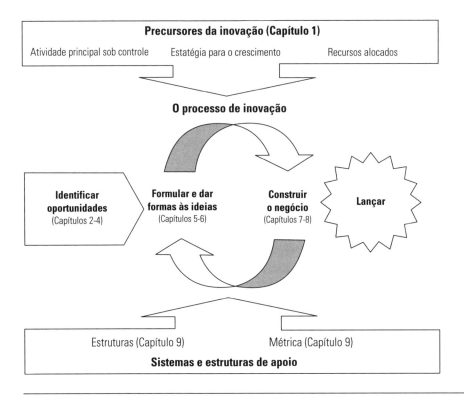

A segunda etapa consiste em *formular e formar* uma estratégia para aproveitar oportunidades identificadas. O Capítulo 5 apresenta algumas reflexões sobre como elaborar uma ideia disruptiva. O Capítulo 6 introduz várias técnicas analíticas para ajudar na avaliação e formação de estratégias iniciais e altamente incertas.

A etapa final consiste em *construir* o negócio. O Capítulo 7 explica como levar adiante ideias que sejam consistentes com o que chamamos de "estratégia emergente". O Capítulo 8 demonstra como formar e gerenciar equipes cuja prerrogativa é criar crescimento disruptivo. Como mostra a Figura I-1, o processo de formulação de ideias e criação de estratégias é iterativo, com novos *insights*, fazendo com que as equipes reconsiderem oportunidades de mercado e concebam soluções diferentes.

Os Capítulos 9 e 10 descrevem como as organizações podem tornar mais sistemática a busca pelo crescimento baseado em inovações. O Capítulo 9 mostra como se estruturar para a inovação. O Capítulo 10 apresenta métricas e medidas para ajudar a acompanhar o progresso das atividades de inovação.

Apesar da crença de que a inovação disruptiva seja o melhor mecanismo para gerar novo crescimento, este livro não é realmente sobre inovação disruptiva, mas sim sobre técnicas e ferramentas práticas que permitem aos inovadores enxergar e realizar as coisas de uma forma diferente. Quando o objetivo é o crescimento, é sempre bom compreender o mundo sob a perspectiva do cliente, perceber quando se está fornecendo desempenho em demasia, entender que qualidade é um termo relativo, desmembrar um plano para isolar as principais suposições e criar o conjunto correto de métricas de inovação. Os padrões, princípios e práticas da inovação disruptiva podem dar informações sobre todas as iniciativas de inovação.

Quando ainda não se está no ponto onde a inovação é previsível por números mais concretos, padrões de êxito e falha são usados para afunilar o processo gradativamente. As listas de verificação, os guias de perguntas, os gabaritos e as atividades dispersos ao longo deste livro ajudarão os inovadores a fazer o seguinte:

- Identificar oportunidades que outros provavelmente deixarão passar.
- Elaborar soluções que gerem novo crescimento e, ao mesmo tempo, desorientar líderes de mercado aparentemente inexpugnáveis.
- Administrar o risco de projetos embrionários.
- Implementar estruturas e sistemas para criar negócios de sucesso repetidamente.

Este guia irá ajudá-lo a juntar-se à comunidade de profissionais que estão começando a mudar o mundo da inovação, que passará de um mundo de inconsistência frustrante para um de padrões ordenados. Enquanto existirem aqueles que não são capazes de enxergar tais padrões, existirão aqueles que podem ganhar uma poderosa fonte de vantagem competitiva. Boa sorte e feliz inovação!

Modelo de Inovação Disruptiva

A Figura I-2 apresenta o modelo básico de inovação disruptiva, mostrando o desempenho no eixo vertical e o tempo no horizontal. O modelo compreende três componentes básicos. Primeiramente, temos a linha reta tracejada que representa o desempenho exigido por um dado grupo de clientes. Essa linha é relativamente horizontal, indicando que o problema que um dado grupo de clientes está tentando resolver na verdade muda apenas ligeiramente ao longo do tempo. A linha simples representa os clientes atuais em um mercado; a curva em forma de sino do lado direito do modelo ilustra como qualquer mercado contém um mix de clientes, variando daqueles muito exigentes na faixa de alto custo aos menos exigentes na faixa de baixo custo.

FIGURA I-2
Modelo de inovação disruptiva

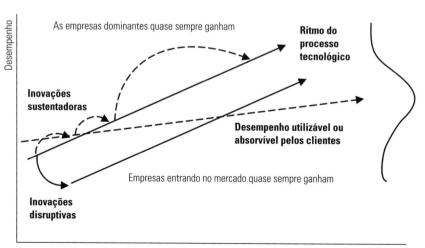

A segunda parte fundamental do modelo são as linhas cheias que medem o desempenho fornecido pelas empresas. Essas linhas têm uma inclinação um pouco mais forte do que a linha reta tracejada, indicando que as empresas quase sempre inovam mais rapidamente do que as mudanças que podem ocorrer na vida das pessoas para fazer pleno uso desses avanços. A busca de lucros motiva as empresas a se deslocarem ao longo dessas trajetórias; quanto mais exigentes forem os clientes, maior a probabilidade de eles pagarem preços mais caros por melhores produtos e serviços.

A terceira parte do modelo faz a distinção entre dois tipos diversos de inovação. O primeiro tipo de inovação (indicado pelas setas curvas tracejadas que se movem ao longo de uma dada linha reta) *sustenta* uma trajetória de melhoria estabelecida. As empresas são sustentadoras quando elas pegam um bom produto ou serviço e os tornam ainda melhores de modo a poderem cobrar mais de seus melhores clientes. Entre alguns exemplos de inovações sustentadoras temos: o aparelho de barbear Fusion, de cinco lâminas, da Gillette, o super-jumbo A380 da Airbus e o PlayStation 3 da Sony. Pesquisas acadêmicas sugerem que as empresas com posição de predomínio no mercado quase sempre vencem essas batalhas. O segundo tipo de inovação (indicado pela seta curva cheia com inclinação para baixo que leva à criação de uma nova linha reta) ocorre quando uma empresa *rompe* e redefine essa trajetória. Uma inovação disruptiva consiste em oferecer *menor* desempenho, pelo menos ao longo de dimensões que historicamente importam em um mercado tradicional. Em troca, ela oferece benefícios em outras dimensões como simplicidade, capacidade de compra ou personalização. Exemplos de inovação disruptiva são os microjatos com preços mais acessíveis, o leilão *on-line* da eBay, o videogame Wii da Nintendo e o modelo de propaganda da Google. Pesquisas sugerem que as empresas com posição de predomínio no mercado quase sempre *perdem* essas batalhas.

CAPÍTULO 1

Precursores da Inovação

QUALQUER EXECUTIVO SABE, INTUITIVAMENTE, o quão difícil é dominar as forças da inovação. Pesquisas com grandes amostras corroboram essas conclusões intuitivas. A maioria das ideias jamais "pega". Empresas que atingem a celebridade decaem. Grandes empresas que sobrevivem, tendem a ter um desempenho inferior em relação ao mercado.[1] Conglomerados que procuram diversificar para gerar melhores retornos tendem a valer menos do que a soma de suas partes.

O argumento central deste livro é que de fato existem maneiras de se opor a essas tendências. Empresas que atuam de forma apropriada podem seguir uma abordagem diferente que lhes permita criar crescimento repetidamente.

A tendência natural de empresas que estão buscando implementar as ideias contidas neste livro é a de lançar imediatamente uma série de iniciativas de inovação ou então de criar um grupo de crescimento para desenvolver soluções. Embora essas ações possam algumas vezes ser necessárias, avançar muito rápido pode levar à frustração e ao insucesso. Empresas realmente empenhadas em criar sucessos sistemáticos precisam certificar-se de ter as premissas corretas para suas iniciativas de inovação. O presente capítulo sugere três premissas fundamentais:

1. Controle sobre os ativos existentes
2. Uma estratégia de crescimento
3. Domínio do processo de alocação de recursos

Não há nenhuma fórmula mágica para empresas interessadas em melhorar a habilidade de organização para inovação. Mas reunir esses três pontos pode dar às empresas uma chance muito maior de concretizarem o potencial de inovação existente em suas firmas.

1. Controle sobre os Ativos Existentes

Um executivo que conhecemos é um alto dirigente em uma unidade de negócios multibilionária. Ele lançou com êxito uma série de empreendimentos disruptivos geradores de crescimento dentro de sua unidade de negócios. A empresa o leva para cima e para baixo para dar conselhos a outras unidades de negócios em busca de geração de crescimento disruptivo. Qual foi sua primeira recomendação? "Não tente criar negócios disruptivos."

O executivo dá essa recomendação contraintuitiva para relembrar seu público-alvo que a primeira questão a ser abordada pela unidade de negócios é se ela tem ou não o "direito" de inovar. Em sua opinião, uma atividade principal sob controle é uma premissa da inovação.[2] Uma atividade principal fora de controle quase sempre irá — apropriadamente — absorver tempo e atenção que deveriam ser direcionados às iniciativas de inovação.

Consideremos o caso da Delta. Como seu principal negócio deteriorou em 2005, a companhia aérea incorporou sua empresa de baixo custo, a Song, à sua empresa principal e vendeu sua divisão em crescimento, a companhia aérea regional Atlantic Southeast Airlines, para a SkyWest, a fim de, desesperadamente, levantar os fundos necessários. Infelizmente, o negócio principal não estava apoiado sobre bases suficientemente sólidas para suportar iniciativas de crescimento.

Compreender se o negócio principal está ou não sob controle requer mais do que simplesmente analisar as taxas de crescimento. Um bom ponto de partida é comparar as taxas de crescimento de lucros e receitas ano a ano com a média do setor em que a empresa atua. Se a empresa não estiver com um desempenho pelo menos igual à média do setor, é indicativo de que a atividade principal não está sob controle. Nada se pode fazer se o setor em questão se encontrar em fase de declínio estrutural, porém se deve gerir esse declínio para que ele seja pelo menos igual ou inferior aos concorrentes do setor.

À medida que se procura ganhar controle sobre a atividade principal, é possível também chegar à decisão de desfazer-se de alguns ativos cujo desempenho está abaixo do esperado. Vender em mercados mais específicos ou comercializar de forma mais genérica é um fator fundamental para empresas em busca de crescimento.

Como observa Richard Foster em seu livro de 2001, *Creative Destruction*, se as empresas quiserem suplantar o desempenho do mercado, elas têm de mudar no ritmo do mercado, sem perder o controle sobre as atividades principais. Especificamente, Foster argumenta que as empresas devem desenvolver a capacidade de *criar* novos negócios que gerem crescimento, *operar* os negócios existentes e *vender* negócios em declínio.[3]

Um exemplo clássico e bem conhecido de uma empresa que precisava abandonar um negócio para liberar seu potencial de inovação é a Intel. No início dos anos 1980, a Intel ainda despendia bilhões de dólares em pesquisa e desenvolvimento em sua divisão de DRAMs (memórias de acesso aleatório). Entretanto, as características de *commodity* dessa atividade significavam que ela, na realidade, contribuía muito modestamente com os lucros gerais da Intel. O carro-chefe dos lucros da Intel era a linha de microprocessadores. A Intel não pretendia que isso acontecesse, mas aconteceu. Andy Groove e Gordon Moore "mandaram embora" a si mesmos dos cargos de CEO que ocupavam na divisão de DRAMs e "se recontrataram" como CEOs de uma linha de microprocessadores. Ao abandonarem a divisão de DRAMs, eles prepararam o terreno para duas décadas de crescimento fenomenal.[4]

De forma similar, consideremos o ocorrido com a Duracell após ela ter sido adquirida pelo "rei" da aquisição alavancada, Kohlberg Kravis Roberts (KKR), por US$ 1,8 bilhão em 1988. A KKR ajudou a Duracell a liquidar as divisões com baixo desempenho e consolidar a produção. Quando sua atividade principal se firmou, a Duracell diversificou, com novas linhas de produtos. Como consequência, após anos de crescimento estagnado ou inexistente, o fluxo de caixa aumentou em mais de 15% ao ano, no período de 1989 a 1995. A empresa introduziu diversas inovações como baterias recarregáveis e várias pilhas acondicionadas em uma mesma embalagem, permitindo a ela conquistar o posto de líder de mercado. A empresa passou a ter suas ações negociadas em bolsa em 1991 e foi adquirida pela Gillette em 1996, por US$ 2,8 bilhões. Incluindo o fluxo de caixa de operações, a KKR obteve quase 40% de retorno composto sobre o investimento. Foster observa: "A Duracell teve que destruir para criar".[5]

Os conceitos disruptivos descritos nos próximos três capítulos podem ser uma maneira útil de identificar ativos específicos que devem ser comercializados. Ao perceber claros sinais de que existem outros ativos que podem ser bases mais sólidas a partir das quais poderemos atingir não consumidores (Capítulo 2), que o nível de saciação está prestes a ser atingido ou já está estabelecido (Capítulo 3), ou que existem ativos que podem ajudar clientes a ter tarefas fundamentais realizadas (Capítulo 4), deve ser considerada a liquidação dessa parte da empresa.

2. Criar uma Estratégia de Crescimento

Assim que as atividades principais estiverem sob controle, a próxima tarefa é criar uma estratégia de crescimento. Criar uma estratégia convincente consiste em estimar os resultados pretendidos das iniciativas de inovação da organização, definir um portfólio de inovações desejadas, desenvolver um "horário de trens" para inovação, determinar as metas e limitações para a inovação e identificar domínios de crescimento.

Cálculo do Gap de Crescimento

É difícil criar uma estratégia caso não se saiba com o que se pareceria um bom resultado. As empresas precisam, primeiramente, entender completamente o *gap* existente entre as aspirações de crescimento da organização e os seus suprimentos de inovações.

Em primeiro lugar, articule o resultado desejado das iniciativas de inovação e onde espera encontrar crescimento. Em termos gerais, o crescimento provém de iniciativas orgânicas ou aquisições que expandam o principal negócio, transfiram-no para mercados adjacentes ou partam do princípio para criar negócios inteiramente novos. As empresas devem ter uma estimativa geral de suas metas financeiras e que nível de crescimento esperam obter de cada uma dessas categorias.

Em seguida, aproximar, partindo da base, que potencial há em seu suprimento de inovações em cada categoria. Após completar a análise, verifique a diferença entre aquilo que se espera e onde se estará de acordo com as projeções atuais. Certifique-se de fazer ajustes de risco para as projeções de estratégias de crescimento incertas.

Calcular o *gap* de crescimento não é uma tarefa fácil (veja a Ferramenta 1-1 para algumas sugestões). É necessário fazer uma série de suposições, muitas das quais certamente estarão erradas. Entretanto, mesmo descobertas que nos deem uma indicação, obtidas do exercício, podem ser reveladoras. Um sinal de alerta imediato: definir sucesso como sendo equivalente a uma exigência de que *todo* projeto de inovação atenda ou exceda suas projeções atuais.

Consideremos a experiência de uma grande empresa de produtos de consumo. Essa empresa gastou cerca de um mês no desenvolvimento de estimativas detalhadas do nível de crescimento esperado de sua atividade principal e de produtos existentes em sua linha de desenvolvimento. Foi chocante descobrir que — mesmo nos cenários mais otimistas — ela ainda teria de arrumar quase US$ 1 bilhão adicionais para atender suas metas estratégicas para dez anos. Antes do exercício, os executivos tinham percebido que a inovação era importante. Após o exercício, a inovação passou a ser o item número um na agenda da empresa. O *insight* ajudou a ampliar o desafio de inovação da empresa e a unir administradores-chave em torno da necessidade de abordar a inovação de outra forma.

Técnicas analíticas avançadas que levam a uma distribuição de resultados potenciais pode ajudar a ter um *insight* melhor sobre o *gap* de crescimento. Por exemplo, uma empresa avaliada em US$ 5 bilhões criou vários cenários "apocalípticos" que descreviam situações futuras negativas. Foi criado um consenso entre os executivos sobre o que poderia acontecer às variáveis econômicas mais importantes em cada cenário. Foi usado então o software de simulação Crystal Ball para emular centenas de cenários, com cada um desses indicadores mudando aleatoriamente de acordo com um conjunto predefinido de parâmetros. A análise levou a empresa a acreditar que havia uma chance razoável de ela poder iniciar com um *gap* de US$ 500 milhões de lucro (representando 20% dos lucros) em cinco anos. Obviamente, as projeções poderiam estar erradas, mas as chances de que o *gap* poderia ser significativo ajudou a motivar os líderes da empresa a agir. Como nota marginal, a empresa descobriu que um benefício dessa abordagem é o fato de ser mais fácil alinhar pessoas em torno de *possíveis* resultados para uma determinada variável que represente um consenso sobre o resultado *mais prová-*

56   Inovação para o Crescimento

FERRAMENTA 1-1
Exercício de aplicação: Calcular o seu gap de crescimento
Instruções

Receitas correntes: Receitas do ano fiscal em curso

Taxa de crescimento para os próximos cinco anos: Taxa de crescimento anual projetada para operações existentes (sem incluir transferências adjacentes e novas iniciativas).

Receitas provenientes da atividade principal projetadas no quinto ano: Receitas correntes x (1 + taxa de crescimento)^5.

Adjacências-alvo: Descrição dos novos clientes, regiões ou canais que estendem a atividade principal.

Receitas adjacentes projetadas no quinto ano: Receitas esperadas de transferências adjacentes.

Número lançado nesse ano: Número estimado de novas iniciativas geradoras de crescimento lançadas em um dado ano.

Receitas/Iniciativa no 5º ano: Receita média esperada no quinto ano gerada por iniciativas lançadas em um dado ano (por exemplo, o terceiro ano de receitas para iniciativas lançadas no segundo ano).

Taxa de êxito projetada: A taxa de êxito esperada de iniciativas lançadas em um particular ano.

Receitas projetadas no 5º ano geradas por novas iniciativas: Número lançado x receita / iniciativa x taxa de êxito

Receitas almejadas no 5º ano: A meta estratégica de receitas no quinto ano.

Operações Correntes	Transferências adjacentes	Novas iniciativas geradoras de crescimento	Ano 1	Ano 2	Ano 3	Ano 4	Ano 5
Receitas correntes	Adjacências-alvo	Número lançado					
Taxa de crescimento em cinco anos		Receita Esperada/ Iniciativa no 5º ano					
Receitas provenientes da atividade principal projetadas no quinto ano	Receitas adjacentes projetadas no 5º ano	Taxa de êxito projetada					
Observações:	Observações:	Receitas projetadas no 5º ano geradas por novas iniciativas					
		Observações:					

Meta de Receitas no 5º ano _____

Receitas projetadas no 5º ano _____

Gap de crescimento _____

Nota: Esta e muitas outras ferramentas mostradas neste livro se encontram disponíveis em www.innosight.com/resources

vel para essa variável, ou pedir para as pessoas acrescentarem suas assinaturas a uma resposta precisa. Assim que os dirigentes concordarem sobre os *inputs* para o modelo de simulação, os resultados são apenas uma questão matemática. Parece simples, porém esse método pode ajudar as equipes gerenciais a fugir do consenso de grupo e verem o *gap* de crescimento com maior clareza.

Planejamento de um Portfólio de Inovação Equilibrado

A análise do *gap* de crescimento muitas vezes indica um portfólio de inovações desequilibrado. Todos os investidores sabem o valor de alinharem seus portfólios com seus objetivos de investimento. Caso quiséssemos perseguir uma estratégia de crescimento agressiva, poderíamos alocar 50% dos fundos em ações de empresas de pequeno e médio porte, 40% em grandes empresas e 10% em renda fixa. Em qualquer dado ano, o portfólio poderia perder dinheiro, mas a longo prazo ele poderia gerar crescimento sustentado. Caso quiséssemos correr menor risco, o portfólio poderia ser formado por 50% em ações de grandes empresas, 30% em renda fixa e 20% em operações à vista. Embora seu ganho possa ser menor, as chances de perder dinheiro em um dado ano também serão menores.

As empresas deveriam pensar muito bem sobre o mix de projetos por elas selecionado para satisfazer os objetivos de crescimento. Organizações que examinam atentamente seus portfólios de inovações normalmente descobrem que suas alocações de investimentos não são compatíveis com suas estratégias pretendidas. Frequentemente, a grande maioria de seus investimentos acaba indo para melhorias incrementais sem se afastar muito da atividade principal com uma única iniciativa de alto risco com grandes chances de insucesso. Embora esse portfólio possa parecer "seguro", a teoria dos portfólios sugere que aumentar a diversidade é uma forma crucial de diminuir os riscos.

Tente alcançar um equilíbrio mais consistente entre as melhorias incrementais necessárias para sustentar a atividade principal, adjacências lógicas que alavanquem uma parte fundamental da atividade principal e iniciativas inteiramente novas e de crescimento inovador. Os resultados da análise de *gap* de crescimento acima devem fornecer diretivas em relação a quanto investir em cada categoria.

É importante notar que é pouco provável atingir o mesmo equilíbrio em todas as unidades de uma grande organização. Atingir o mix desejado por toda a organização talvez requeira investimentos desproporcionais em uma unidade da organização em relação à outra.

Criação de um Horário de Trens

O portfólio de inovações pode ajudar as empresas a criar um "horário de trens" que as auxilia a administrar a série de oportunidades com as quais estão lidando em um dado momento.

O conceito de "horário de trens" origina-se de um *case* da Harvard Business School sobre a Medtronic, uma empresa fabricante de equipamentos médicos sediada em Minnesota que criou grande parte do mercado de marca-passos.[6]

Ao longo da década de 1970 e no início dos anos 1980, a empresa, juntamente com seu mercado, cresceu e se tornou mais complexa. Esperando livrar-se da burocracia crescente da Medtronic, os gerentes começaram a deixar a Medtronic e a formar empresas concorrentes menores e mais ágeis. Essas novas empresas foram capazes de introduzir mais rapidamente no mercado produtos concorrentes. Ao mesmo tempo, as iniciativas de desenvolvimento de produtos da Medtronic caminhavam a passos de tartaruga.

A Medtronic começou a encontrar repetidamente um problema no desenvolvimento de produtos. Ela estava pronta para lançar um novo produto quando — eis que — um concorrente mais focado se antecipava com um produto similar que possuía uma característica particular que a Medtronic não havia incorporado ao novo produto ofertado. O pessoal de vendas da empresa então protestava, dizendo: "Não podemos lançar esse produto sem esse novo recurso e mais esse outro... Voltemos atrás e reavaliemos nossa iniciativa de desenvolvimento de produto".

Quando a Medtronic estava finalmente pronta para lançar esse novo produto reformulado, outro concorrente se antecipava com um produto similar e um outro novo recurso. E a equipe de vendas da Medtronic mais uma vez iria exigir que a empresa retardasse o lançamento de seu produto até que eles pudessem concorrer de forma mais efetiva no mercado.

Consequentemente, chegou a um ponto onde a Medtronic ficou sem lançar nenhum produto substancialmente novo em sua linha de marca-passos por quase uma década, mesmo investindo agressivamente nessa arena de produtos. A fatia de mercado da empresa caiu de 70% para 30%.

Para enfrentar esse desafio, a Medtronic contratou um novo executivo para administrar o processo de desenvolvimento de produto. Juntamente com uma série de mudanças importantes, o executivo instituiu um "horário de trens" para inovação, planificando períodos de tempo detalhados para o desenvolvimento de cada uma das linhas de produto da empresa ao longo dos próximos dez anos. O cronograma estipulava tanto a data em que a Medtronic iniciaria o desenvolvimento de cada produto quanto a data em que a empresa entregaria a primeira geração daquele produto. A Medtronic reservou recursos em sua organização de desenvolvimento para ter certeza de que seria capaz de atender ao cronograma e lançar cada produto novo a tempo.

O cronograma não especificava exatamente *qual* seria a inovação. Entretanto, ele diferenciava tipos de inovação. Em intervalos de poucos anos, a Medtronic teria de lançar uma plataforma principal nova, que seria seguida de extensões da linha e produtos derivados.

O "horário de trens" teve um efeito esclarecedor sobre toda a organização. Agora todo mundo sabia o dia preciso em que a empresa iria iniciar o desenvolvimento de uma nova plataforma ou uma extensão da linha de produtos. Seis meses antes, os administradores sabiam que precisariam preparar um livro de compromissos que especificasse o que seria incluso na nova plataforma, já que nada poderia entrar no "trem" de desenvolvimento caso houvesse qualquer incerteza tecnológica. Desta forma, ideias que não fossem factíveis em um dado momento seriam rapidamente refutadas e separadas daquelas que eram.

O efeito sobre o pessoal de vendas foi particularmente agudo. Quando os concorrentes revelavam um novo recurso e o pessoal de vendas reclamava, os gerentes poderiam dizer: "O trem já deixou a estação. Mas tudo bem. Há um novo trem prestes a partir. Vamos pegar essa ideia, escrevê-la em uma nota autoadesiva e fixar este lembrete no horário de trens. Dessa forma poderemos ter certeza de considerar essa ideia no momento certo".

Agora que a Medtronic estava lançando produtos nesse ritmo, os concorrentes ficaram desconcertados. Eles começaram a encontrar os mesmos problemas que a Medtronic tinha no passado. A fatia de mercado da Medtronic pulou novamente para quase 60%.

Um horário de trens pode ajudar as empresas a evitar o problema básico que confundia a Medtronic: uma falta de foco resultante de ter um número excessivo de projetos caminhando ao mesmo tempo de forma indisciplinada. Um cronograma desses ajuda as empresas a gerenciar seus recursos e garante que elas iniciem novos projetos com suficiente antecipação para obter o impacto apropriado no momento apropriado.

Um horário de trens com planejamento de produtos com várias gerações também pode ajudar a garantir que as empresas atinjam suas metas de crescimento futuras. Se os administradores puderem compreender o tamanho esperado, a taxa de êxito e os recursos necessários para cada um dos diferentes tipos de trem que deixa a estação, poderão prever precisamente o número de iniciativas em que precisarão trabalhar em qualquer dado momento, de modo a atingirem suas metas de crescimento.

Lembre-se, apesar de nossos melhores esforços, a inovação ainda permanece arriscada e imprevisível. Uma excelente maneira de começar a estimar quantas atividades devemos colocar no horário de trens é observar iniciativas de inovação passadas dentro de sua própria empresa. Muitas organizações se surpreendem em descobrir que suas taxas de insucesso são muito maiores do que imaginavam, significando que elas têm de introduzir mais iniciativas, bem como encontrar maneiras de aumentar suas taxas de êxito em inovações. Embora acreditemos que a adoção das ferramentas apresentadas neste livro possa ajudar a diminuir a taxa de insucesso, as empresas ainda precisam certificar-se de levar em conta a natureza estocástica da inovação ao criarem seus horários de trens.

Identificação de Metas e Limitações

Muitas empresas aderem ao conceito de que a forma de liberar a inovação é permitir que reine o caos. De acordo com essa teoria, as empresas deveriam procurar evitar a restrição da inovação em vez de buscar formas de encorajar os executivos a "pensar fora de seus limites" para bolarem as melhores novas ideias que puderem.

Existem várias razões para acreditar que deixar reinar o caos pode ser uma má ideia. Primeiramente, administradores que não têm restrições podem gastar um tempo significativo na busca de, em última instância, caminhos infrutíferos. Por exemplo, uma equipe para a qual a Innosight prestou serviços de consultoria perdeu três meses avaliando uma possível aquisição. A empresa-alvo estava seguindo uma estratégia classicamente disruptiva e, enquanto pequena, crescia rapidamente. Porém a empresa decidiu, no final das contas, não fazer a aquisição. Por quê? O alvo era uma empresa de serviços, a qual nosso cliente — um fabricante de bens de consumo de baixo custo voltado para o mercado de massa — finalmente decidiu que era perigosamente diferente. A equipe de projeto desperdiçou tempo e esforço significativos prosseguindo em algo que provou ser um beco sem saída.

Por outro lado, os administradores podem deixar passar boas ideias pelo fato de presumirem que suas empresas não fariam nada quando não é o caso. Em qualquer empresa, a gerência de médio escalão desempenha o papel vital de examinar cuidadosamente e filtrar ideias inovadoras. Quando os executivos perguntam "Por que vocês nunca têm boas ideias?", uma provável resposta é que os gerentes de médio escalão estão eliminando ou descartando ideias que eles *imaginam* estar extrapolando. A propensão natural desses gerentes intermediários é rejeitar algo que não se encaixa naquilo que a empresa faz hoje em dia. Em outras palavras, gerentes de linha podem impor restrições mentais muito mais estritas do que a alta administração pretende.

Finalmente, quando as empresas se ressentem da falta de uma boa definição daquilo que elas querem ou não fazer, normalmente elas tendem a "apostar todas as fichas" em qualquer ideia que pareça se afastar do negócio principal. Em seguida, elas vão apostando cada vez mais em uma ideia até que ela tenha pouquíssimas chances de dar certo. Embora as empresas devam evitar ser restringidas pela atual definição do negócio principal, desviar muito dele pode ser perigoso também: uma pesquisa realizada por Chris Zook, que dirige a Divisão de Estratégia Global da Bain & Company, sugere que as empresas têm poucas chances de sucesso quando tentam galgar além de suas atividades principais em várias dimensões ao mesmo tempo.[7]

Para se livrarem dessas armadilhas, as empresas devem definir claramente o que está ou não em jogo em dimensões-chave de seus negócios, respondendo a perguntas como as seguintes:

- ***Que grupo de clientes podemos visar?*** Se somos uma empresa focada no consumidor, poderíamos considerar ter empresas como nossos

clientes? Se somos uma empresa focada em empresas, poderíamos considerar ter como alvo consumidores diretos?
- ***Que canal de distribuição podemos usar?*** Se tipicamente usamos um canal de varejo, poderíamos considerar o emprego de vendas diretas? Se geralmente usamos canais de massa, poderíamos considerar o uso de canais de nichos?
- ***Que receita deveríamos ter para chegar a uma situação estável?*** São US$ 100 milhões? US$ 50 milhões? O que constitui uma situação estável?
- ***Que tipo de margens precisamos obter nessa situação estável?*** Acima de nossas margens atuais? No mesmo nível de nossas margens atuais? Abaixo de nossas margens atuais?
- ***Que oferta iremos fornecer?*** Se tipicamente vendemos serviços, poderíamos vender produtos?
- ***Quais áreas geográficas iremos visar?*** Se tipicamente fazemos lançamentos locais, poderíamos fazer lançamentos globais? Se tipicamente fazemos lançamentos globais, poderíamos fazer lançamentos locais? Poderíamos considerar grandes áreas geográficas ou pequenas?
- ***Que marca iremos usar?*** Poderíamos considerar a criação de uma nova marca?
- ***Como iremos gerar receita?*** Poderíamos considerar novas fontes de receita? Quais delas estão ou não disponíveis?
- ***Quais fornecedores e parceiros iremos usar?*** Poderíamos considerar o uso de novos fornecedores? Poderíamos considerar terceirizar tarefas que normalmente nós mesmos fazemos? Poderíamos considerar passar a fazer tarefas internamente e que normalmente terceirizamos?
- ***Que tática adotaremos?*** Poderíamos considerar aquisições e parcerias?
- ***Que abordagem de entrada no mercado adotaremos?*** Poderíamos considerar testar produtos no mercado com protótipos preliminares que não são perfeitos?

Outras dimensões poderiam ser importantes em determinados setores. As indústrias farmacêuticas poderiam querer incorporar perspectivas sobre alegações de eficácia médica (por exemplo, indo do benefício percebido à prova clínica). As indústrias químicas poderiam considerar o impacto ambiental permitido (por exemplo, nenhum, administrável, grave). As empresas de mídia poderiam querer considerar alcance da propaganda (por exemplo, local, nacional, internacional).

Para qualquer empresa, o segredo é identificar o que é desejável (aquilo que se quer), discutível (que pode ser levado em consideração) e inimaginável (fora dos limites). Deixar esses parâmetros bem claros desde o princípio — e estar disposto a considerar possíveis modificações à medida que chegam novas informações — pode ajudar a garantir que as equipes concentrem-se nas atividades corretas. A Figura 1-1 usa um diagrama simples para expressar as metas e os limites de uma empresa.

FIGURA 1-1
Metas e limitações

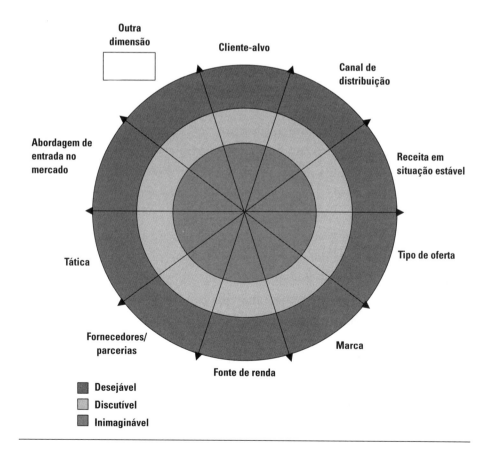

Escolha de Domínios de Crescimento

O componente final de uma estratégia de crescimento é uma breve lista dos "domínios" que possuem alto potencial para inovação. Selecionar alguns domínios prioritários é um mecanismo importante para ajudar os inovadores a concentrarem seus primeiros esforços. Um negócio de grande crescimento pode se originar de um domínio que não se encontra na lista inicial, mas concentrar-se em áreas prioritárias quase sempre é benéfico.

O caminho para espaços de oportunidades não exploradas e de grande potencial nem sempre é óbvio. Um truque seria imaginar mercados adjacentes familiares com os quais se tem uma relação, mas em que não se participa ativamente. Procure um mercado suficientemente próximo de sua atividade principal possibilitando que suas capacidades, ativos ou conhecimentos formem a base de uma nova oferta de crescimento, mas também suficientemente afastada da atividade principal para que concorrentes tradicionais fiquem perplexos ao ouvirem falar sobre o espaço de oportunidade. Por exemplo, uma empresa de transportes indiana decidiu visar o mercado de cadeiras de rodas como uma maneira de despistar o desenvolvimento de tecnologias para automóveis.

O conceito de não consumo (descrito no Capítulo 2) também pode ser uma ferramenta útil. Até que ponto fatores como custo do produto, complexidade ou inconveniência restringem o consumo? Por exemplo, nos Estados Unidos existem mais de 47 milhões de pessoas sem assistência médica. Esse mercado, obviamente, tem potencial para crescimento disruptivo.

Geralmente, o discernimento tem um papel fundamental em separar espaços de oportunidade que realmente representem terreno fértil daqueles já bem explorados e que dificilmente levarão a novos mercados frutíferos. De forma ideal, empresas que estão procurando ir além das oportunidades "normais" que caracterizam seus mercados devem combinar a sabedoria e o discernimento da alta cúpula com uma dose de pareceres externos. Uma importante parte desse processo pode ser fazer com que os executivos se dirijam à periferia de seus mercados. Por exemplo, quando a Johnson & Johnson estava tentando imaginar novas possibilidades de crescimento no final da década de 1990, ficou claro que a China poderia ser uma grande oportunidade. Executivos viajaram para a China para se reunir por vários dias de modo a poderem ver oportunidades locais com seus próprios olhos. Ir até a fonte da oportunidade permitiu aos executivos visualizarem oportunidades em novas formas.[8]

Selecionar domínios requer atingir um equilíbrio delicado. Howard Stevenson, da Harvard Business School, define empreendedorismo como a busca da oportunidade sem levar em consideração os recursos controlados. Por outro lado, as empresas têm de efetivamente ter (ou devem ser capazes de criar) algum tipo de direito para ganhar um mercado. Identificar espaços de oportunidade requer a gestão desse equilíbrio, lembrando ao mesmo tempo que as capacidades de amanhã talvez possam parecer bem diferentes das de hoje em dia.

Vai aqui um conselho final. A definição do negócio de hoje desempenha um papel essencial em destacar oportunidades futuras de crescimento. Há mais de quarenta anos, o professor Theodore Levitt, da Harvard Business School, admoestava as empresas por nem sempre entenderem corretamente em que setor se encontravam.[9] Ele citava empresas que pensavam estar no setor *ferroviário* e que não se davam conta de que, na verdade, estavam no setor de *transportes*; consequentemente, elas perdiam oportunidades de se expandir em áreas como aviação e logística. As empresas normalmente pensam que sua atividade principal é definida por categoria de produto ou pelos principais atributos de seus produtos ou serviços. Mas perguntar *por que* os clientes adquirem seu produto ou serviço pode dar uma resposta mais precisa e mais abrangente para a pergunta: "Em que ramo estamos?".

Peguemos como exemplo a marca Crest da Procter & Gamble. Durante o início dos anos 1990, a marca se definia essencialmente como uma pasta de dentes à base de flúor em um tubo. Essa definição levou a empresa a focar exclusivamente na criação de novos sabores e características que poderiam ser embutidas em um tubo. Entretanto, em meados dos anos 1990, a equipe da marca se deu conta de que os consumidores compravam seus produtos para terem "dentes saudáveis e sorrisos bonitos". O conjunto de concorrentes — e de oportunidades — expandiu-se, incluindo agora enxaguante bucal, fio dental, escovas de dentes manuais e elétricas, procedimentos para branqueamento dos dentes recomendados por dentistas e outros procedimentos estéticos. Determinar por que os clientes contratam sua oferta pode revelar novos caminhos para o crescimento (os conceitos apresentados no Capítulo 4 ajudam a delinear essa meta).

Além deste, consideremos o caso da Legal Sea Foods. Para aficionados por frutos do mar presentes ou em torno de Boston, os restaurantes Legal Sea Foods há muito tempo são o lugar indicado para uma excelente refeição. Nos últimos anos, a empresa expandiu seus negócios pela costa leste dos EUA em mais de trinta pontos. Se você fosse pedir para a maioria das pessoas que já jantaram em um restaurante Legal Sea Foods que descrevesse o negócio, muito provavelmente elas o chamariam de "uma rede de restaurantes".

Entretanto, a direção do Legal imaginava a empresa como um negócio de frutos do mar. Restaurantes, por acaso, eram o principal canal de distribuição do Legal.

Esse enquadramento ajuda o Legal a identificar novos tipos de oportunidades de distribuição e ideias para expansão além de simplesmente construir mais restaurantes. Entre elas, poderíamos ter a venda de produtos alimentícios com sua marca em supermercados ou a distribuição de frutos do mar em mercados europeus.

3. Domínio do Processo de Alocação de Recursos

No âmago do dilema do inovador temos o processo de alocação, um processo difuso e difícil de dominar que está entremeado na contextura de grandes empresas. Assumir o controle desse processo é difícil, mas vital para o sucesso.

A ação mais importante que empresas buscando dominar o processo de alocação de recursos devem tomar é criar uma fonte de recursos separados — de pessoal e financeiros — para iniciativas de crescimento. Afinal de contas, *dizer* que seu portfólio de inovações é equilibrado não tem sentido. É preciso alocar recursos de forma apropriada para os diferentes tipos de inovação. Lembre-se, não é uma estratégia que determina como alocar recursos, mas a forma de alocar os recursos é que determina uma estratégia. Ou seja, a maneira pela qual se gastam tempo e dinheiro reflete nossas prioridades. Afirmar que a inovação é importante não faz sentido caso você e sua organização não aloquem os recursos apropriados para esse fim.[10]

Criar — defender com unhas e dentes — fontes de recursos separadas é importantíssimo. Empresas que colocam todos os seus recursos de inovação em um único empreendimento muitas vezes descobrem que iniciativas de baixo risco no negócio principal (mas de pequeno retorno) afastam investimentos de maior risco com potencial de crescimento maior.

Que Volume de Recursos?

A análise que leva à formulação do plano de crescimento descrita acima deveria sugerir o volume de recursos necessário para ser alocado em iniciativas de crescimento. Os quatro fatores indicados a seguir também podem ajudar a determinar uma alocação apropriada:

- *A taxa de crescimento do negócio principal.* Uma taxa de crescimento decrescente exige que a empresa direcione mais recursos para novas iniciativas.
- *Mudanças na intensidade competitiva do negócio principal.* Quando a concorrência esquenta no negócio principal (ou a empresa identifica sinais de que a concorrência *irá* esquentar), mais recursos devem ser alocados em novas iniciativas, particularmente se o negócio principal estiver maduro.
- *A expertise da empresa na criação de novos negócios geradores de crescimento.* Se uma empresa nunca criou anteriormente um negócio desses com sucesso, ela precisa alocar comparativamente mais recursos para tais iniciativas, pois inevitavelmente ela cometerá mais erros à medida que navega por território desconhecido.
- *A razão da intensidade de capital de novos negócios potenciais comparada com outros mais antigos.* Iniciativas com uma intensidade de ativos relativamente elevada requerem mais recursos.

Exceto em raras situações — por exemplo, quando uma empresa é recém-aberta ou encontra-se em declínio irrevogável e, consequentemente, sendo gerida simplesmente por dinheiro —, as empresas reservam pelo menos parte de seus recursos para novas iniciativas de negócio.

Entretanto, ao mesmo tempo, uma empresa precisa ser cuidadosa em relação à alocação de muitos recursos para novas iniciativas geradoras de crescimento. As empresas têm que ter equilíbrio entre sustentar a atividade principal e criar a nova. Pender muito para qualquer um dos lados pode provocar danos irreparáveis à companhia. Ênfase insuficiente em novas iniciativas é sinônimo de problema vários anos depois, ao passo que muito pouca ênfase nas iniciativas relativas ao negócio principal é sinônimo de problema em um futuro próximo.

Entretanto, aplicar demasiados recursos em iniciativas de crescimento pode fazer elas irem por água abaixo. Quando partimos em uma nova trajetória, a única certeza é que talvez possamos estar indo na direção errada (um problema discutido com maiores detalhes no Capítulo 7). Uma equipe com demasiados recursos pode vagar na direção errada por muito tempo, ao passo que uma equipe com recursos limitados é compelida a testar rapidamente as suposições principais, experimentar e adaptar correspondentemente.

Em suma, há boas notícias para empresas conscientes em termos de custos e que acabam de iniciar sua jornada de inovação. Logo no início, o maior investimento que as empresas precisam fazer é tempo, não dinheiro. Investir apenas alguns milhões de dólares logo no início pode ser suficiente — se os gerentes forem especificamente incumbidos de encontrar e nutrir novos negócios que gerem crescimento.

Tempo é o Ativo mais Escasso

Ao destinar recursos para inovação, certifique-se de alocar recursos humanos bem como financeiros. De fato, em muitas empresas o tempo é um ativo muito mais escasso do que dinheiro.

Steve Silberman é o editor-executivo do *Desert Sun*, uma empresa jornalística em Palm Springs, Califórnia, propriedade de Gannett. Em 2006, o *Desert Sun* decidiu tornar a inovação uma de suas prioridades estratégicas. Silberman e o editor do *Desert Sun*, Michelle Krans, decidiram que toda a equipe de gerência reservasse um dia inteiro por semana, durante quatro meses, para se concentrar em inovação. A equipe reformulou produtos existentes, lançou um novo website baseado em cupons, visando restaurantes locais e jovens consumidores, e estabeleceu estruturas internas para tornar a inovação possível de ser repetida.[11]

Ao final do processo de quatro meses, Silberman refletiu sobre a experiência: "As atividades principais tomam tanto tempo que se não for alocado tempo para inovação, ela não acontece. Recordo-me que, em um certo ponto, tínhamos um recesso e dissemos que poderíamos pegar algum tempo de nossas atividades principais sem elas sofrerem com isso... E dissemos: 'O que aconteceria se não reservássemos tempo para inovação? Sofreríamos com isso?'. E a resposta foi sim".

Quando as empresas pensam em alocar capital humano para inovação, elas se deparam com uma escolha fundamental. Devemos solicitar a todos de um departamento ou unidade de negócios para dedicarem parte de seu tempo para inovação (à la 3M e Google) ou devemos separar um pequeno grupo de pessoas para concentrarem todo seu tempo em inovação?

Como sempre, a questão não é qual sistema é objetivamente superior, mas qual deles é o mais apropriado dadas as condições da empresa. Ter um grande grupo de pessoas no qual cada uma delas dedica uma pequena parte de seu tempo (o "plano dos 10%") funciona melhor quando os indivíduos têm a habilidade de formular e começar a desenvolver ideias inovadoras. Esse esquema também é útil caso a organização tenha um histórico de inovação, de modo que os indivíduos e seus colegas sejam capazes de desenvolver uma percepção coletiva sobre o que é ou não uma boa ideia.

Dedicar um grupo de pessoas à inovação normalmente é apropriado quando a empresa se encontra nos estágios iniciais de sua jornada de inovação e precisa criar novas normas (Capítulo 9). Esse método também é útil quando a meta é desenvolver ideias que sejam desvios significativos do negócio principal. Se criar novos produtos for uma tarefa em segundo plano, a maioria dos gerentes provavelmente cairá em conceitos que funcionaram anteriormente, em vez de tentar legitimamente abordagens diferentes. Sugerir que as pessoas gastem parte de seu tempo em inovação quase sempre faz com que a urgência da atividade principal — racionalmente — exclua a importante atividade de inovação.

Em suma, nossa percepção é que o plano dos 10% frequentemente funciona como algo que transmite segurança, ajudando os gerentes a se sentirem bem (estamos alocando recursos para inovação!), mas que raramente contribui com resultados significativos. Caso todos os demais fatores permaneçam iguais, somos favoráveis a dedicar 100% de cinco recursos à inovação do que dedicar 10% de cem recursos para esse fim.[12]

Tirar gerentes da atividade principal pode ser uma das decisões mais difíceis para a alta administração. Afinal de contas, os gerentes que poderiam ser os mais capazes de lançar com êxito novos negócios que gerem crescimento normalmente (embora nem sempre — vide Capítulo 8) desempenham papéis essenciais dentro da atividade principal. Entretanto, empresas que querem incrementar suas iniciativas para inovação precisam desenvolver a habilidade de fazer cortes de forma inteligente em sua organização principal, ou então preencher novamente os cargos principais conforme o necessário.

Trate os Investimentos como Decisões de Alocação de Capital

É preciso muita disciplina para manter reservas separadas para financiamento e pessoas para diferentes tipos de iniciativa. Se o negócio principal começa a enfrentar problemas, existe uma tentação irresistível de usar parte dos recursos alocados para empreendimentos de prazo mais longo para salvar a empresa. No curto prazo, tais medidas quase sempre parecem fazer sentido; no longo prazo, podem ser desastrosas.

Ao destinar uma fonte de recursos separada, os executivos da empresa devem considerar tratar a despesa como uma despesa de capital, e não como uma despesa operacional. Incluir iniciativas de crescimento no ciclo orçamentário pode levar a um comportamento perverso, por meio do qual as pessoas gastam dinheiro de modo a usar toda a alocação orçamentária e, portanto, garantir que elas recebam a mesma quantia no ano seguinte. Trata-se de um problema presente em todas as situações orçamentárias em que há uma corrida pelos recursos, pois impera a situação "use-os agora ou perca-os", mas ele pode ser particularmente grave para grupos de crescimento operando em território desconhecido. Nenhum grupo focado em crescimento deveria aspirar gastos desenfreados. Uma estratégia muito melhor é gastar dinheiro de forma prudente à medida que as oportunidades evoluem.

Reconhecemos que é muito grande a tentação de reduzir despesas em novas iniciativas quando as coisas estão apertadas. Entretanto, as empresas que tratam o investimento em novos negócios geradores de crescimento como despesas completamente alocadas facilitam a continuidade de seu próprio funcionamento, mesmo em tempos difíceis.

Conselhos para Gerentes de Linha

Muitas das questões aqui abordadas são de natureza altamente estratégica, exigindo grande envolvimento — e liderança — da alta gerência. Se você é capaz de ver que sua empresa não tem os precursores necessários, mas não tem autoridade suficiente para realizar essas mudanças, considere adotar as seguintes etapas:

- Tenha uma reunião de meio dia com a alta gerência para discutir crescimento e inovação. Peça ao grupo para responder às seguintes perguntas:
  — Qual é a nossa meta de crescimento para os próximos cinco anos?
  — Quão autoconfiantes nos sentimos em nossa capacidade de concretizar essa meta?
  — Quão bem inovamos quando comparados a nossos pares?
  — Quão bem inovamos quando comparados a inovadores de alto nível de outros segmentos?
  — Existem razões para acreditarmos que nosso mercado irá passar por mudanças inovadoras e influentes nos próximos cinco anos? Podemos dizer que nos sentimos adequadamente preparados para afrontar essa mudança?
  — Que condições deveriam existir para que nosso negócio declinasse 20% ao longo dos próximos cinco anos? Existem sinais de que tais condições são possíveis?
  — Que porcentagem de nosso portfólio de inovações é alocada para inovações próximas de nossa atividade principal?

- Crie grupos de discussão com gerentes que pensam do mesmo modo. Tente criar uma coalizão mais ampla capaz de iniciar uma "campanha na surdina" relativa à inovação.
- Forme uma pequena equipe para trabalhar à noite e nos fins de semana em um projeto disruptivo. Embora essa abordagem funcione menos em setores que exigem grandes investimentos, na maioria das circunstâncias uma equipe pequena é capaz de alcançar progressos incríveis em um tempo estabelecido. O valor demonstrado em uma abordagem diferenciada pode estimular outras iniciativas.

Conselho para Executivos: Administre as Expectativas

Uma empresa que acaba de dar partida em suas iniciativas de inovação tem pouca probabilidade de obter um resultado imediato. De fato, *The Innovator's Solution* descreve como empresas que procuram criar novos negócios que gerem crescimento devem ser pacientes com o crescimento, mas impacientes com os lucros.[13] É uma recomendação difícil de ser seguida pelas empresas, particularmente por aquelas que sentem uma necessidade de ter um sucesso estrondoso.

Os executivos, particularmente os CEOs ou os responsáveis por unidades de negócio, desempenham um papel decisivo para ajudar a empresa a aderir efetivamente a esse mantra. Os executivos precisam administrar com cuidado as expectativas internas e externas para fornecer o espaço necessário às iniciativas de crescimento.

O papel do executivo é comunicar à exaustão a inovação imperativa e, ao mesmo tempo, reforçar consistentemente que as iniciativas de novo crescimento precisarão ser cultivadas para render frutos. Obviamente, essas afirmações têm de ser traduzidas em ações.

Phil Kent é o CEO da Turner Broadcasting, líder em TV a cabo e subsidiária multibilionária da Time Warner, cujas marcas são, entre outras, TNT, TBS, CNN, Cartoon Network, truTV e Turner Classic Movies. Quando Kent e sua equipe decidiram que a inovação tinha de ser um imperativo estratégico da divisão, ele visitou cada um dos escritórios da empresa para fazer uma apresentação intitulada "Turner 2.0". Ela descrevia como a história da Turner se baseava em inovações audazes e como ela teve de inovar para ser bem-sucedida no ambiente extremamente dinâmico da mídia.

Suas iniciativas e decisões para financiar a criação de um grupo de novos produtos, além de um grupo de desenvolvimento e pesquisa de plataformas, tornaram claro para a organização que a inovação não era apenas uma palavra da moda inútil. Além disso, Kent deixou claro em suas apresentações que nem todas as iniciativas dariam certo e que levaria tempo para elas darem resultados.

Convencer investidores externos do valor das iniciativas de inovação é um desafio incrivelmente difícil, particularmente quando as inovações possuem características de margens diversas daquelas do principal negócio. Mais uma razão do por que começar pequeno pode ser prudente é o fato de ser mais fácil blindar pequenos investimentos do olhar penetrante dos mercados públicos. Investimentos maiores exigem um exame mais rigoroso, o que pode aumentar gradativamente as expectativas a ponto de o êxito não poder ser alcançado. Uma ferramenta que as empresas podem adotar é fazer uma aquisição modesta para dar cobertura a iniciativas de crescimento. Elas também podem criar subsidiárias separadas para tais fins.

É essencial para a alta administração expor com riqueza de detalhes um argumento convincente sobre crescimento para analistas e acionistas. Enquanto a Innosight trabalhava com o American Press Institute no período 2005-2006, para auxiliar o setor jornalístico norte-americano a afrontar a disrupção, muitos executivos de jornais reclamavam de forma discreta que a pressão dos investidores e analistas tornava impossível para eles, executivos, fazerem aquilo que eles *sabiam* ser o correto. Mais especificamente, os executivos disseram que a pressão externa tornou insustentável a criação de negócios com crescimento e margens diluídas. Já que nenhuma iniciativa nova oferecia margens capazes de competir com as elevadas margens operacionais do modelo de mídia impressa utilizado no passado, os executivos achavam que sua única alternativa seria administrar um negócio principal em declínio sistêmico. Ainda em conversas com os analistas, a maior reclamação que a equipe de projetos ouvia era que as empresas jornalísticas não tinham uma explicação convincente de como elas iriam frear os declínios em seus negócios. Dado que os analistas são treinados para serem céticos, uma empresa jornalística com um plano coerente para crescimento teria muito mais chance de ganhar seu apoio.

Resumo

Antes de passar para iniciativas de inovação individuais ou estruturas específicas de inovação, as empresas precisam certificar-se de que têm as premissas apropriadas para a inovação. Este capítulo descreveu três premissas essenciais (sintetizadas visualmente na Figura 1-2):

FIGURA 1-2
Premissas da inovação

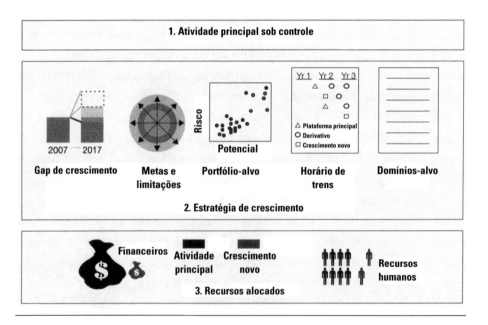

1. Uma atividade principal que está sob controle.
2. Uma estratégia de crescimento que inclua um objetivo geral, um portfólio de inovação desejado, um horário de trens de inovação, metas e limitações para a inovação, e domínios de crescimento almejados.

3. Um processo de alocação de recursos destina — e defende com unhas e dentes — recursos humanos e financeiros.

Administradores que estão buscando uma conscientização sobre os *gaps* iniciais devem considerar a obtenção de apoio das bases, realizando uma reunião com a alta cúpula ou conduzindo trabalho "paralelo" sobre projetos disruptivos. Os executivos devem comunicar de forma clara e frequente para alinhar recursos internos e externos.

Exercícios de Aplicação

- Examine o plano estratégico de sua empresa de cinco anos atrás. Quais eram as metas de crescimento? Elas foram atingidas? Como?

- Nomeie um pequeno grupo para recomendar dez áreas que poderiam conviver com menos recursos. Perceba que estes não são recursos a serem eliminados; são recursos que podem ser reempregados em inovação.

- Solicite à sua equipe administrativa para manter um diário de como ela gasta seu tempo ao longo de um mês ou analise o calendário da equipe. Observe que porcentagem de tempo é alocada para crescimento e inovação. Lembre-se, onde você despende o seu tempo é reflexo de suas prioridades.

Dicas e Truques

- Capacidade ociosa quase sempre é preenchida por alguma coisa. A menos que se captem novos recursos, o êxito na alocação de recursos para inovação exigirá paralisar algumas atividades internas.

- Ao procurar visualizar os *gaps* de crescimento, crie cenários "apocalípticos" plausíveis para ter clara a magnitude provável do problema.
- Comunicação em excesso é algo que não existe. Os executivos precisam comunicar de forma clara e frequente seu comprometimento com a inovação.

PARTE UM

Identificação de Oportunidades

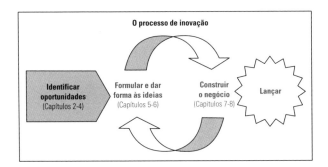

Tendo já determinado os precursores da inovação, os próximos sete capítulos do livro descrevem um processo em três etapas para criar empreendimento disruptivo em domínios de crescimento já identificados. A primeira etapa é identificar oportunidades para criar empreendimentos com crescimento inovador. Identificar essas oportunidades requer pensar e agir de um novo modo. Em vez de visar clientes exigentes, pense em clientes que por um motivo ou outro *não têm condições de* consumir (Capítulo 2) ou considere os clientes *menos* exigentes que talvez estejam em busca de uma solução diferente (Capítulo 3). Em vez de apenas perguntar que soluções os clientes desejam ardentemente, tente entender os problemas que eles não são capazes de resolver adequadamente hoje em dia — suas "tarefas a serem realizadas" (Capítulo 4). No final desse estágio do processo, você já deve ter identificado clientes em potencial, chegado a compreender bem suas frustrações e começado a formular hipóteses em relação a possíveis soluções. Tente evitar queimar etapas para chegar mais rápido à resposta. Meditar sobre clientes em potencial e compreender os seus problemas pode evidenciar caminhos para o crescimento não identificados anteriormente.

Em minha empresa, as teorias da disrupção me ajudaram a escolher os mercados em que deveríamos nos concentrar, o conjunto de características que procurávamos criar e o próximo degrau que almejávamos conquistar. Quando as empresas com posição de predomínio no mercado dizem que seu produto não é razoável, essa é uma oportunidade de ir atrás daqueles clientes deles que acreditam que a solução por eles oferecida é demasiada. Interpretamos como positivo quando os concorrentes veem nosso produto como não sendo razoável, pois isso revela os nichos que deveríamos correr atrás.

— Vanu Bose, fundador e CEO da Vanu Inc.

CAPÍTULO 2

Identificação de Não Consumidores

A NOÇÃO DE QUE alguém que *não* consome pode ser um possível alvo para um negócio de crescimento acelerado certamente parece contraintuitiva. Entretanto, uma das forças da inovação disruptiva é que ela pode expandir enormemente mercados, deixando as portas escancaradas para aqueles que, historicamente, enfrentavam algum tipo de "restrição" para consumir.

De fato, encontrar maneiras de se conectar com não consumidores é um dos melhores métodos para inovadores internos encararem a disrupção como uma oportunidade e não uma ameaça. Em vez de exprimirmo-nos através de uma linguagem apocalíptica sobre como a disrupção irá destruir uma lucrativa linha de produtos ou serviços, podemos falar em uma linguagem de esperança e triunfo sobre como a disrupção pode ser o bilhete de ingresso para *criar* o próximo mercado de crescimento lucrativo. Muitos administradores associam implicitamente a disrupção às explosões de "destruição criativa" de Joseph Schumpeter. Todavia, concorrer contra o não consumo pode levar a uma *construção criativa significativa*. Esta abordagem é poderosa, pois possibilita que um estreante marque posição em um mercado e, ao mesmo tempo, minimiza as chances de uma resposta devastadora por parte da concorrência. Afinal de contas, se uma empresa entrando no mercado atinge clientes que não estavam sendo atendidos por um líder de mercado, este não sofrerá com isso.

Os relatórios de pesquisa de mercado tendem a não identificar o volume de não consumo em um dado nicho de mercado. Portanto, identificar não consumidores requer certa dose de raciocínio estruturado aliado a um pouco de arte. Este capítulo define não consumidores, destaca como identificar restrições específicas no consumo e mostra para as empresas como começar a conceber ideias de modo a chegar aos não consumidores.

Definição de Não Consumo

O glossário de *Seeing What's Next* define não consumo como: "Uma ausência de consumo. Refere-se tipicamente a pessoas (não consumidores) ou então a contextos (contextos de não consumo) onde o consumo é inibido por certas barreiras".[1] Em outras palavras, os não consumidores enfrentam uma *barreira* que *restringe* sua capacidade de resolver um importante problema. Ou eles prescindem disso ou então tentam resolver o problema da melhor maneira possível usando os produtos e serviços existentes. Essas opções normalmente resultam em uma solução inadequada que deixa os não consumidores frustrados.

Quase sempre, quando uma empresa começa a pensar em não consumidores, o mercado potencial total começa a parecer significativamente maior e a fatia de mercado já ocupada pela empresa parece significativamente menor.

Consideremos como pensar em não consumo levou Reid Ashe, vice-presidente executivo e diretor de operações da Media General (uma empresa de mídia diversificada), a reconsiderar o mercado em Richmond, Virginia. Esse mercado tem cerca de 16.000 empresas em contato com o público que talvez quisessem anunciar em um dos produtos da Media General. Entretanto, em 2006, a Media General atendeu apenas cerca de 3.500 delas. O melhor que as outras 12.500 empresas poderiam fazer era colocar um anúncio nas Páginas Amarelas, o que não solucionaria de forma adequada muitos dos problemas-chave enfrentados por elas ao administrarem seus negócios.

Por que essas empresas não usam os produtos da Media General? Muitas delas, em particular as pequenas empresas, achavam que os produtos da Media General eram muito caros, não atingiam seu público-alvo ou eram muito complicados ou difíceis de serem utilizados. Encontrar maneiras de atender esses não consumidores abriria grandes oportunidades para crescimento.

A identificação de não consumidores pode ajudar empresas que parecem ter atingido uma saturação em seus mercados a localizar novas oportunidades de crescimento. Por exemplo, quando um dos autores descreveu o conceito de não consumo durante uma apresentação para uma grande empresa de TV a cabo em 2005, um dos presentes levantou a mão e disse: "Mais de 90% dos lares americanos têm assinatura de TV a cabo. Não vejo como esse conceito se aplica a nós". O palestrante respondeu: "Com que frequência as pessoas assistem a seus programas quando elas *não se encontram* em casa em frente à TV?". Silêncio geral. O participante havia definido o consumo de seu produto de forma muito limitada.

Ao longo dos últimos anos, surgiu uma infinidade de soluções que levam a transmissão de imagens para novos contextos, como o computador pessoal ou o telefone celular. Levar imagens a esses, até então, não consumidores poderia possibilitar a criação de crescimento pela empresa em um mercado aparentemente estagnado.

Antes de explicarmos como identificar barreiras que restringem o consumo, descreveremos dois erros que as empresas cometem comumente ao buscarem identificar o não consumo.

O primeiro erro é pressupor que alguém que não consome *queira* consumir. Algumas vezes, clientes desinteressados são nada mais que isso. Alguns clientes optam por não consumir, porque solucionar um determinado problema ou cumprir certa tarefa simplesmente não é algo prioritário para eles. Confundir falta de interesse com consumo restrito pode levar uma empresa à caça do alvo errado.

Consideremos o caso de empresas que procuraram introduzir computadores de baixo custo em meados dos anos 1990 para parte da população americana que ainda precisava adquirir um computador.[2] Os fabricantes desses computadores presumiram que esses indivíduos não haviam comprado computador ainda porque as soluções existentes eram muito caras. Entretanto, algumas pessoas simplesmente não tinham nenhum tipo de problema para o qual um computador seria uma solução desejável. Eles não usariam um computador, não importando o quão pouco ele custasse (um autor se lembra do computador comprado para seu avô que acabou sendo usado como um excelente peso para papéis).

O segundo erro cometido pelas empresas é pressupor que um não consumidor de *seus* produtos não consome *nenhum* produto. Por exemplo, durante a realização de sessões de *brainstorm* com empresas jornalísticas, muitos empresários irão reconhecer imediatamente adolescentes como não consumidores. Pesquisas evidenciam que, hoje em dia, um número menor de adolescentes lê jornais do que liam uma década atrás. Isso significa que esses adolescentes não encontraram soluções adequadas para os problemas relacionados com informação e entretenimento que eles enfrentam em seu dia a dia? Em muitos mercados, a resposta é não. Os adolescentes possuem uma enormidade de opções para receber informações — como, por exemplo, programas na televisão (*The Daily Show*), sites de redes sociais (MySpace.com, Facebook), sites de conteúdo na Web (Yahoo!) e mensagens de texto — que eles consideram perfeitamente adequados. Acontece simplesmente que eles acham que essas fontes de informação valem mais a pena que um jornal.

Isso não significa que uma empresa jornalística não possa encontrar crescimento criando uma solução inovadora voltada para os adolescentes, mas confundi-los com não consumidores clássicos poderia levar uma empresa a concentrar sua energia inovadora na direção errada.

Os não consumidores com maior potencial de crescimento são aqueles que enfrentam uma barreira legítima que os deixa frustrados por sua incapacidade de atender uma necessidade importante.

Quatro Tipos de Restrições

Em geral, quatro barreiras podem restringir o consumo: habilidades, riqueza, acesso e tempo. Cada uma delas pode ser identificada de várias formas.

Restrições Relacionadas com Habilidades

Algumas vezes os indivíduos não podem consumir porque lhes faltam as habilidades necessárias para tal. Eles têm de prescindir disso ou então procurar um especialista que lhes possa resolver o problema. As restrições relacionadas com habilidades prevalecem no setor de serviços. As pessoas precisam procurar professores especializados para serem ensinadas, pois elas não são capazes de aprender sozinhas. Elas precisam procurar médicos especialistas para receberem tratamento, pois não são capazes de se autodiagnosticar e tratar.

Os fatores relacionados com habilidades também tendem a existir no período inicial de uma nova tecnologia. No início dos anos 1970, poucas pessoas consumiam a tecnologia dos computadores. Usar os *mainframes* e minicomputadores que existiam em muitas empresas exigia treinamento especializado. Sem treinamento, muitos gerentes tiveram de se privar do poder da computação. Obviamente, os avanços dos sistemas operacionais e processadores ocultam quase toda a vertiginosa complexidade existente nos computadores pessoais de hoje em dia. O volume de consumo de serviços computacionais aumentou exponencialmente.

Deficiências de habilidades relacionadas à produção.
Em contextos B2B, as restrições relacionadas a habilidades ocorrem quando as empresas (ou profissionais) não possuem a habilidade necessária para que, por si só, produzam algo.

O setor de assistência médica apresenta vários exemplos claros de não *produtores*. Por exemplo, recentemente Clayton Christensen estava apresentando algumas ideias sobre como a disrupção poderia mudar o aspecto da assistência médica em um curso na Harvard Medical School sobre gestão de mudanças no ensino médico.[3] Ele demonstrava que uma das implicações da teoria da inovação disruptiva é o fato de a saciação e de a modularização estimularem a comoditização.

A sala estava repleta de médicos que eram os decanos de outras escolas de medicina. Um deles perguntou: "O senhor está sugerindo que os médicos podem virar *commodities*?". Quando Clayton disse que era *exatamente* isso o que ele estava sugerindo, seguiu-se um clima de tumulto e protesto — até que um proeminente cirurgião-ortopedista levantou-se.

"Se vocês não acham que os médicos podem virar *commodities*", disse o cirurgião, "virem-se e olhem para mim. *Estou* virando *commodity* nesse exato momento". Ele descreveu então como, nos primórdios da cirurgia de substituição de quadril e joelhos, a maior parte do faturamento não hospitalar ia para o médico, enquanto apenas uma pequena parte do custo era capturado pelo fabricante de implantes. "Isso era apropriado," disse ele, "porque o fato de o implante ser bem-sucedido ou não dependia muito da perícia, do discernimento e da experiência dos melhores cirurgiões-ortopedistas do mundo. Mas os fabricantes de implantes agregaram continuamente mais valor a seus implantes, de modo a tornar cada vez mais simples e infalível para *qualquer* cirurgião-ortopedista realizar um implante perfeito todas as vezes", prosseguiu. "À medida que eles foram tirando a complexidade da atividade do cirurgião e resolvendo problemas existentes com dispositivos implantáveis, eles estavam fazendo os cirurgiões virarem *commodities* — qualquer um é capaz de realizar a cirurgia." O cirurgião relatou que, em 2004, pela primeira vez a parte do faturamento total que cabia aos fabricantes de implante excedia a parte que cabia ao cirurgião.

Esse exemplo corresponde a um padrão geral no setor médico. Os fabricantes de dispositivos criam crescimento através do desenvolvimento de produtos que tornam muito mais fácil para médicos menos treinados a fornecer atendimento médico de primeira. Essencialmente, essas empresas concorrem contra a não produção incorporando a arte, que outrora era disponível apenas para os especialistas mais altamente qualificados, em produtos que qualquer médico é capaz de usar.

Consideremos, por exemplo, avanços no mercado de desfibriladores. Muito embora a palavra "desfibrilador" não seja exatamente fácil de ser pronunciada, todo mundo que assistiu a um dos vários seriados médicos da TV sabe do que se trata. Profissionais da saúde usam o equipamento quando um paciente sofre parada cardíaca, isto é, quando o coração para de funcionar. O médico carrega a máquina e grita: "Afastem-se!", e coloca os eletrodos conectados ao aparelho sobre o peito do paciente. Uma poderosa descarga elétrica tenta reanimar o coração parado.

Na TV, um fundo musical dramático vai aumentando de volume, o coração do paciente começa a bater novamente e tudo fica bem no pronto-socorro. No mundo real, a dura realidade é que muitas vezes a tecnologia que pode salvar vidas não chega a tempo. A American Heart Association estima que paradas cardíacas matam cerca de mil americanos por dia. Cada minuto é precioso: a chance de sobrevivência de uma vítima cai de 7 a 10% a cada minuto que passa após um evento sem desfibrilação.

Identificação de Não Consumidores

O surgimento de desfibriladores externos automatizados portáteis levou o pronto atendimento para fora dos prontos-socorros, chegando às ambulâncias e áreas de grande concentração de público como estádios e *shopping centers*. A Philips lançou o seu primeiro aparelho desse tipo no final da década de 1990 e desde então já vendeu mais de 150.000 unidades. Versões desse aparelho são largamente usadas hoje em dia para fins de treinamento e nas principais companhias de aviação.

O *HeartStart Home Defibrillator* da Philips, introduzido em 2002, é o mais recente avanço nessa área. Os usuários adquirem o aparelho diretamente no balcão, significando que eles não precisam mais de uma prescrição médica. As primeiras versões custavam por volta de US$ 1.500, colocando-o ao alcance de muitos indivíduos que tinham membros da família com alto risco de sofrer uma parada cardíaca. E diagramas simples, bem como instruções gravadas em áudio, possibilitam que pessoas não especializadas consigam usar o aparelho competentemente.

Identificação de restrições relacionadas com habilidades.
Para identificar restrições relacionadas com habilidades, rastreie a cadeia produtiva ou de consumo de um bem ou serviço. Toda vez que vir "cadeias" longas antes do consumo efetivamente ocorrer, você acaba de identificar uma restrição relacionada com habilidades. Repetindo, o setor de assistência médica nos dá um exemplo contundente. Hoje em dia, um paciente vai a um clínico geral, que encaminha o paciente a um especialista, que poderá encaminhar o paciente a um subespecialista.

Quando existem cadeias tão longas assim, observe mais atentamente para identificar mudanças na maneira através da qual os problemas são resolvidos. Quando o processo se encaminha para um regime baseado em regras, muitas vezes há oportunidades de criar maneiras simples para não especialistas seguirem as regras e resolverem seus próprios problemas (veja o Quadro "As Regras da Disrupção").

Se você for uma empresa à procura de restrições relacionadas com habilidades, procure também produtores que ficariam encantados em entrar no mercado, mas aos quais lhes falta alguma especialização. Por exemplo, muitos *spas* e centros de estética que atendem uma clientela abonada adorariam estender sua marca para produtos de higiene pessoal como sabonetes e xampus. Entretanto, muitos deles não possuem a especialização para fabricar produtos que atendam suas imagens de marca de luxo. A solução para muitas empresas é oferecer uma linha de produtos não tão bons assim ou então não oferecer nenhum produto. Uma equipe na empresa líder em fornecimento de silicone, a Dow Corning, encontrou uma maneira inteligente de dirigir-se a esse mercado de não produtores.

Historicamente, a Dow Corning vendia silicone a fornecedores de bens de consumo embalados como a Procter & Gamble e a Unilever, que combinariam o silicone com outros ingredientes, transformando-os em produtos acabados da marca. Muito embora a Dow Corning fornecesse silicone de alta qualidade a essas empresas, como um dos vários fornecedores, ela tinha dificuldade para cobrar preços diferenciados e obter lucros atrativos.

A Dow Corning decidiu que poderia obter insumos de outros fornecedores de componentes e formular soluções personalizadas para *spas*, centros de estética e outros não produtores. A solução obtida pela empresa não foi apenas convincente para seus novos clientes, como também possibilitou à Dow Corning obter margens mais atrativas do que obteria como um fornecedor de *commodities* para a P&G.[4]

Restrições Relacionadas com a Riqueza

Uma das barreiras mais óbvias ao consumo é a falta de ativos financeiros necessários para adquirir produtos ou serviços existentes. Ao longo da história, os inovadores que foram capazes de conseguir uma redução substancial no preço de seus produtos e serviços aumentaram muito o consumo através da expansão de um produto das classes mais altas para as classes de menor renda.

As Regras da Disrupção

Quando as pessoas se deparam pela primeira vez com um desafio, ele tem de ser resolvido de uma maneira experimental e desestruturada, usando técnicas de tentativa e erro "Edsonianas". As pessoas que tentam solucionar problemas precisam contar com o parecer de especialistas, pois elas não sabem o que causa o quê, e a razão para tal. Consequentemente, elas consideram a *expertise* ou a capacidade científica muito importantes. Consideremos a primeira vez que o funcionário de um banco teve de determinar a capacidade de pagamento de um possível tomador de empréstimo. O funcionário foi forçado a depender de seu próprio julgamento sobre o que faria alguém provavelmente saldar um empréstimo. Esse funcionário leria atentamente os registros financeiros dos clientes, os entrevistaria individualmente para ter uma sensação se valeria a pena arriscar neles ou não. Em suma, o funcionário do banco realizaria experimentos para tentar determinar o que separa os bons candidatos dos ruins.

Ao longo do tempo, porém, os experimentadores começam a descobrir padrões. O funcionário responsável pelo empréstimo começou a reconhecer os indicadores que identificam os riscos que valem a pena. Nesse caso, quatro fatores pareciam distinguir os bons dos ruins: tempo de residência no atual endereço, tempo de permanência no emprego atual, renda anual e histórico no pagamento de contas.

A capacidade de reconhecer esses tipos de padrões dá aos especialistas conhecimento, o que torna mais fácil para eles solucionarem problemas de modo eficiente. "Ah, esse é um problema daquele tipo", dizem eles, "portanto, sei que, se fizer isso, o resultado será esse...". Isso também permite a eles ajudar outros funcionários a desenvolver a mesma expertise e procurar os mesmos padrões. Nessa conjuntura, porém, a disrupção ainda é difícil. As pessoas ainda precisam ter certa bagagem para resolver problemas fundamentais que ainda podem surgir.

A grande evolução ocorre quando o reconhecimento de padrões passa de intuição implícita para regras codificadas e bem definidas. É nesse ponto — com a transição para protocolos baseados em regras — que os inovadores conseguem criar produtos que realmente alimentam a disrupção.

Em 1956, uma empresa chamada Fair Isaac criou uma ferramenta unificada e prognóstica para avaliação de riscos. Em vez de depender da habilidade de um indivíduo avaliar padrões, ela incorporou as quatro variáveis-chave aqui mencionadas em um algoritmo estatístico que gerava uma única "avaliação creditícia". Pessoas sem nenhum conhecimento específico poderiam usar o algoritmo para avaliar a solvência de um pretendente a crédito com igual, se não maior, precisão que seria obtida por um funcionário do banco cujo julgamento poderia estar obscurecido por fatores impertinentes e sem importância.

Ulteriores aperfeiçoamentos na metodologia de avaliação creditícia alimentaram a desintegração e a disrupção no setor bancário. O desenvolvimento de regras possibilitou que as decisões relativas a empréstimos ficassem mais próximas do cliente final, habilitando diferentes tipos de produtores — como fornecedores de cartões de crédito especializados (por exemplo, o MBNA, que foi adquirido em 2005 pelo Bank of America por US$ 35 bilhões) e outros fornecedores especializados sem o conhecimento especializado de avaliação de riscos ou redes de agentes de financiamento — a oferecer bons serviços e aumentar a personalização e a conveniência. Empresas especializadas ganharam impulso em financiamentos para automóveis, créditos hipotecários e, mais recentemente, créditos para pequenos negócios.

O exemplo clássico desse padrão é obviamente o automóvel. No início do século XX, o mercado para essas máquinas caras limitava-se a *hobbistas* com condições de comprá-las. O *insight* de Henry Ford era usar um modelo de produção diferente para reduzir consideravelmente o preço de um carro, tornando-o economicamente acessível para uma população mais ampla. Ao fazer com que um automóvel fosse significativamente mais barato, Ford expandiu enormemente o consumo.

Setenta anos mais tarde, a Southwest Airlines seguiu o mesmo padrão básico. Em seu início, os principais concorrentes das companhias de aviação não eram outras companhias de aviação. Era o ônibus ou a decisão de deixar de viajar, simplesmente porque era muito caro. Ao tornar a viagem economicamente mais acessível para um número maior de pessoas, a Southwest foi capaz de expandir substancialmente o mercado da aviação comercial.

Em termos gerais, devido às restrições significativas relacionadas com a riqueza de muitos mercados em desenvolvimento, existem grandes fontes de não consumidores que acolheriam de bom grado produtos relativamente simples e de preço acessível que seriam melhores do que nada. C. K. Prahalad, da Universidade de Michigan, por exemplo, implora para que as empresas encontrem maneiras de explorar "as riquezas contidas na base da pirâmide".[5] Uma empresa que se deu bem ao seguir essa abordagem foi a Cummins, uma companhia sediada nos EUA e que fabrica motores e geradores. Há muitos anos ela introduziu um conjunto gerador relativamente simples e barato na Índia. Clientes como pequenos varejistas, fazendeiros e hospitais locais começaram a usar o conjunto gerador de 100 kilowatts como uma forma confiável de obter energia de emergência na notoriamente pouco confiável rede de fornecimento de energia elétrica indiana. Embora o conjunto gerador fornecesse apenas 20% da eletricidade fornecida por um gerador Cummins tradicional, ele era mais do que adequado para clientes que precisavam apenas de baixos níveis de energia confiável a um preço acessível. No final das contas, as vendas dos geradores de energia da Cummins mais que triplicaram de 2003 a 2007.[6]

Identificação de restrições relacionadas com a riqueza.
Para identificar se existe ou não uma oportunidade de competir contra o não consumo relacionado à riqueza, crie uma pirâmide de consumo. Para construir essa pirâmide, segmente um mercado por poder de compra. Examine a penetração de um produto ou serviço em certas camadas da pirâmide. Uma solução de penetração relativamente alta na parte superior da pirâmide e penetração relativamente baixa na parte inferior da pirâmide normalmente indica que tal oportunidade existe.

Por exemplo, em 2006, vários mercados maduros tinham taxas de penetração de telefones celulares que excediam os 100% da população. Contudo, mercados menos desenvolvidos tinham penetração muito menor. E dentro desses mercados, a penetração nas camadas de renda mais baixa era muito pequena. O lançamento do modelo de preço reduzido Motofone pela Motorola em 2006 procurava explicitamente atingir esses não consumidores.

Note que essa pirâmide não tem de cobrir os consumidores do mundo todo. Podem-se criar pirâmides em um mercado local específico ou, caso a empresa venda para outras empresas, examine a penetração de seus produtos tomando como base as receitas das empresas visadas. Caso se tenha pequena penetração entre empresas de pequeno porte, talvez exista uma oportunidade de criar crescimento de expansão de mercado com uma solução simples e acessível.

Por exemplo, grande parte do enorme crescimento do Google ao longo dos últimos anos veio de pequenas empresas que acharam seus serviços de propaganda dirigida acessíveis e eficientes. As empresas de mídia tradicionais, cujos modelos de negócios se baseiam em amalgamar públicos de massa, não podiam atender essas pequenas empresas. Os anúncios simples e baseados em texto da Google e o sistema de faça sua própria oferta de acordo com palavras-chave aumentaram muito o mercado publicitário e criaram um negócio gerador de crescimento tremendo.

Ao avaliar o potencial das camadas mais baixas da pirâmide de consumo, certifique-se de entender os fatores que realmente inibem o consumo. Algumas vezes, este é o custo, porém, outras vezes é simplesmente o fato de que os não consumidores têm outros problemas mais importantes que precisam resolver.[7] Sempre desconfie do *slogan*: "Se nós o fabricarmos, eles irão comprá-lo".

Restrições Relacionadas com o Acesso

Uma terceira classe de restrições ao consumo está relacionada com o acesso. Existem produtos e serviços que *podemos* consumir, mas apenas em locais ou contextos específicos. Recordemos os anos 1970. Na época, certamente era possível fazer e receber ligações telefônicas em nossas casas ou escritórios. Porém, se por acaso estivéssemos em um local sem um telefone fixo ou em um aeroporto com os telefones públicos ocupados ou fora do ar, azar nosso. As restrições tecnológicas limitavam o consumo em locais específicos. Da mesma maneira, pensemos nos centros de fotocópias espalhados por várias empresas grandes uma geração atrás. As grandes e complicadas copiadoras vendidas pela Xerox eram posicionadas em locais centralizados. Não existiam soluções adequadas para pessoas que tinham trabalhos pequenos e rápidos. As inovações introduzidas por fabricantes de celulares e de copiadoras como a Canon e Ricoh eliminaram essas barreiras e criaram grandes mercados de crescimento.

A internet teve um papel fundamental na democratização do acesso à informação. Antes da internet, as informações residiam em locais centralizados ou nos cérebros dos especialistas. Hoje em dia, os mecanismos de busca facilitam o acesso a uma profusão de informações.[8] Também ocorreu a democratização na *produção* de informação. Antes de Gutenberg ter criado a primeira prensa viável, apenas pouquíssimos podiam reproduzir a palavra escrita. Mesmo depois da invenção da prensa, poucos podiam arcar com o desenvolvimento de modelos de negócios capazes de levar de forma rentável a palavra escrita para as massas. Com o advento da internet, muitos de nós passamos de consumidores de conteúdo para produtores e distribuidores de conteúdo. Embora as pessoas pudessem escrever diários no passado, compartilhar esses diários com o resto do mundo estava próximo do impossível.

Hoje em dia, aparentemente todo adolescente usa ferramentas *on-line* para detalhar as trivialidades de suas vidas com pormenores estarrecedores (e assombrosos para os pais). O aumento no poder de processamento dos computadores e na largura de banda está possibilitando, hoje em dia, que o mesmo fenômeno ocorra no mundo da produção de vídeos. Está ficando cada vez mais fácil para as pessoas fotografarem, editarem e produzirem vídeos curtos e de alta qualidade. A democratização da produção de vídeos provavelmente terá um efeito enorme sobre os modelos de negócios dos produtores de filmes e das transmissoras de TV.[9]

Identificação de restrições relacionadas com o acesso.
Faça duas perguntas para identificar restrições relacionadas com o acesso:

1. Existem *ocasiões* em que alguém gostaria de consumir algum produto existente, mas não pode? Uma lacuna entre as ocasiões desejadas e disponíveis de consumo apresenta uma outra oportunidade para concorrer contra o não consumo. Consideremos como exemplo o recente crescimento dos produtos alimentícios que podem ser consumidos em trânsito, como o Go-Gurt da General Mills.[10] Conceitual-

mente, uma pessoa poderia querer consumir iogurte em uma série de ocasiões — em casa durante o café da manhã, no carro a caminho do trabalho, após um jogo de futebol, depois da aula e assim por diante. Entretanto, cerca de dez anos atrás o consumo limitava-se basicamente ao lar e o iogurte parecia ser uma categoria de produto desinteressante e estagnado. Embora os maiores fabricantes, como a General Mills e a Danone, introduzissem continuamente novas variedades de melhor sabor e com embalagens mais atraentes (embora ainda convencionais), essas inovações mal criaram uma pequena onda de crescimento.

Então, em 1999, a General Mills lançou o Go-Gurt, um produto destinado ao público infantil. Em vez de mudar as características de seus produtos, a General Mills mudou a apresentação do produto. O Go-Gurt é embalado em um tubo, o que permite o seu consumo usando apenas uma das mãos. Em vez de estar sentado e com uma colher, as crianças podem agarrar o Go-Gurt e, como implica o próprio nome, consumi-lo em trânsito.

O Go-Gurt não foi uma inovação trivial. A General Mills teve de criar uma embalagem que as crianças pudessem levar à boca sem receio de se ferir ou perigo de derramar e manchar as suas roupas. Para ser realmente conveniente, a embalagem do Go-Gurt tinha de ser fácil de ser aberta, mas não tão fácil a ponto de arrebentar ou se romper acidentalmente quando carregado em uma mochila.

Os esforços da General Mills valeram muito a pena. O Go-Gurt levantou voo, com as vendas atingindo mais de US$ 100 milhões no primeiro ano, rejuvenescendo a categoria dos iogurtes e ajudando a General Mills a conquistar a liderança de mercado anteriormente pertencente à Danone. Impulsionada por outras inovações relacionadas com o "iogurte bebível", o total de vendas de iogurte nos EUA aumentou cerca de 60% de 1998 a 2003.

2. Existem soluções que os clientes desejam, mas simplesmente não são acessíveis? Em termos gerais, os modelos de negócios chamados "cauda longa" eliminam as barreiras relacionadas com o acesso. Sem as

restrições das lojas físicas, ofertas como as da livraria Amazon, a loja de *audiobooks*, *podcasts*, vídeos e música iTunes da Apple, e o negócio de aluguel de DVDs da Netflix podem oferecer — e auferir lucros com isso — variedades aparentemente ilimitadas de livros, músicas e filmes. Anteriormente à criação desses modelos, os clientes achavam difícil encontrar ofertas de nicho que talvez não interessassem a mercados tradicionais.

Restrições Relacionadas com o Tempo

A última restrição ao consumo é o tempo. Em algumas situações, as pessoas têm a capacidade e a riqueza para consumir um produto ou serviço disponível, mas fazê-lo é muito complicado ou toma muito tempo. Dois bons exemplos dessa restrição são a compra e venda de artigos colecionáveis e a leitura de jornais.

Para um ávido colecionador desses pequenos itens no início da década de 1990, era muito difícil ser um comerciante ativo desses artigos. Embora os colecionadores pudessem vasculhar todas as "vendas de garagem" na vizinhança ou, quem sabe, ir a convenções ou feiras com a presença de outros colecionadores, encontrar um colecionador com o seu perfil simplesmente tomava muito tempo para praticamente todos, exceto os colecionadores mais dedicados que não se importavam com isso. Consequentemente, a comercialização de vários tipos de coleção era extremamente limitada.

Entre no provedor de leilões *on-line* eBay. O Ebay começou a criar um mercado para consumidores que buscavam comercializar objetos colecionáveis relativamente simples como as Beanie Babies e PEZ dispenser. Sua solução simples encantou consumidores que anteriormente não tinham uma forma eficiente de comprar e vender artigos colecionáveis.

De seu início modesto para hoje, o eBay se transformou em uma verdadeira potência no varejo, vendendo de tudo, de artigos colecionáveis baratos a automóveis de luxo. Centenas de milhares de usuários ganham dinheiro suficiente, comprando e vendendo mercadorias no eBay, a ponto de considerarem esta como sua atividade profissional principal.

De forma semelhante, uma razão para o número de leitores de jornais ter caído de forma constante ao longo das últimas décadas é o fato de as pessoas levarem uma vida cada vez mais agitada e acharem cada vez mais difícil encontrar tempo para se sentar e despender aquela uma ou duas horas necessárias para digerir o conteúdo de um jornal tradicional (impresso). Ironicamente, muitos jornais responderam a esse problema acrescentando mais seções, tornando o jornal um investimento de tempo ainda mais desencorajante.

Algumas empresas jornalísticas e estreantes estão tentando uma nova abordagem para conquistar consumidores com pouquíssimo tempo disponível. Por exemplo, o fornecedor de jornais sueco Metro oferece jornais gratuitos formado por notícias curtas que os leitores podem digerir rapidamente. Em vez de tentar cobrir os assuntos de forma completa e aprofundada, o Metro almeja fazer exatamente o oposto: tornar simples e fácil para as pessoas consumirem as notícias do dia. O modelo do Metro espalhou-se por muitas cidades onde existe uma extensa rede de transporte público. Ao distribuir seus jornais apenas em locais centrais como estações de trem e metrô, e contando com agências de notícias para o seu conteúdo, essas empresas conseguem manter os custos baixos, ganhando dinheiro ainda que forneçam gratuitamente o seu principal produto.

Identificação de restrições relacionadas com o tempo.
Duas análises podem ajudar a identificar restrições relacionadas com o tempo:

1. Avaliar os "desistentes", pessoas que costumavam consumir, mas deixaram de fazê-lo. Muitos ex-leitores de jornal cancelaram suas assinaturas pelo fato de simplesmente não terem tempo para se embrenharem jornal adentro. Todas as vezes que os clientes decidem que os ganhos obtidos ao se consumir um produto não compensam a frustração envolvida, existe uma oportunidade potencial de criar uma solução mais simples. Os problemas que as pessoas estão tentando resolver no seu dia a dia apresentam uma tendência de não mudarem tão rapidamente. O que muda são as soluções que elas podem consumir e as restrições ao consumo dessas soluções por parte delas.

2. Analisar tendências do tempo necessário para usar os produtos.

À medida que as empresas aperfeiçoam seus produtos ao longo do tempo, elas têm uma tendência a torná-los mais complicados e cheios de recursos. Essa complexidade maior significa que os clientes terão de investir mais tempo para fazer a atualização para a versão mais recente. Se essa tendência continuar a aumentar, alguns clientes poderão achar que se consome tempo demais para usar a versão mais atual desses produtos.

O mercado de videogames é um exemplo dessa tendência. Embora não tenhamos realizado essa análise em particular, estamos dispostos a apostar que o tempo necessário para um usuário comum começar a jogar os novos videogames aumentou acentuadamente ao longo da última década. A falta de tempo disponível para investir em adquirir domínio sobre o jogo poderia, então, inibir alguns usuários da adoção dos novos sistemas de videogames. O sistema Wii da Nintendo e outros "jogos relaxantes" que se concentram em jogos fáceis de serem entendidos afronta essa barreira ao consumo.

As empresas podem pesquisar ou observar regularmente os seus consumidores para melhor compreenderem essa variável.

Os quatro tipos de não consumo discutidos ao longo do capítulo (e sintetizados na Tabela 2-1) normalmente se sobrepõem. Por exemplo, no passado, caso quiséssemos ter uma formação em administração, teríamos de pagar mensalidades elevadas para cursar em uma instituição central e mal localizada, onde receberíamos ensinamentos de especialistas por um período de dois anos. Observe as restrições contidas nessa sentença. Aqueles que não podem deixar de trabalhar por dois anos enfrentam restrições relacionadas com o tempo. Aqueles que não têm condições de pagar elevadas mensalidades enfrentam restrições relacionadas com a riqueza. Aqueles que não podem se dirigir ao local onde uma escola está situada enfrentam restrições relacionadas com o acesso. Aqueles que querem estudar por conta própria enfrentam restrições relacionadas com habilidades. Obviamente, essas restrições são ainda piores para estudantes residentes em países onde não existem programas de MBA. Uma razão para termos sido consistentemente otimistas em relação às perspectivas de treinamento no local de trabalho, às soluções simples e convenientes como aquelas oferecidas pela Universidade de Phoenix e pela Open University e à formação apoiada em computadores é o fato de elas eliminarem simultaneamente várias barreiras ao consumo.

TABELA 2-1
Síntese das restrições ao consumo

Tipo de restrição	Descrição	Exemplos	Análise para identificar
Habilidades	Expertise necessária para solucionar um problema; os indivíduos não são capazes de "fazer por conta própria"	• A fotografia no final do século XIX • A computação na década de 1970	• Rastrear a cadeia de consumo de um bem ou serviço • Identificar produtores "deixados de fora" de um mercado pelo fato de lhes faltar uma habilidade fundamental
Riqueza	As soluções são caras, limitando o consumo conforme a riqueza	• Viagens aéreas antes da década de 1970 • Propaganda antes da criação de propaganda "de busca" simples e barata (oferta de AdWords do Google)	• Criar uma "pirâmide de consumo" • Avaliar se as camadas mais baixas da pirâmide têm problemas que não podem ser solucionados porque as soluções consumidas no topo da pirâmide são muito caras
Acesso	O consumo pode ocorrer apenas em ambientes particulares *ou* uma variedade limitada de soluções se encontra disponível	• A telefonia antes do advento dos celulares • Filmes de nichos específicos antes da criação de ofertantes como o Netflix e o Video on Demand	• Analisar ocasiões quando alguém é incapaz de consumir produtos existentes • Avaliar se soluções desejáveis encontram-se "trancadas" e indisponíveis

TABELA 2-1

Síntese das restrições ao consumo (*continuação*)

Tipo de restrição	Descrição	Exemplos	Análise para identificar
Tempo	O consumo toma muito tempo	• Comprar e vender itens colecionáveis antes da criação do eBay • Sistemas de videogames antes da criação do Wii da Nintendo	• Avaliar os "desistentes", pessoas que costumavam consumir, mas deixaram de fazê-lo, para identificar se uma falta de tempo influenciou ou não a decisão de deixar de consumir • Analisar tendências de investimento em tempo necessário para usar produtos

Implicações de Identificar Restrições ao Consumo

Uma restrição legítima ao consumo quase sempre apresenta oportunidades para a inovação. O que se deve fazer especificamente assim que você identificar uma restrição dessas? A receita é simples: desenvolver um produto ou serviço que elimine tal restrição. Se a restrição estiver relacionada com a riqueza, torne a solução mais barata. Se ela estiver relacionada com habilidades, torne-a mais fácil. Se estiver relacionada com o tempo, torne-a mais rápida.

Caso já participe de um mercado, pense em como você poderia reinventar seus produtos atuais para levá-los a clientes que atualmente enfrentam restrições. Caso contrário, pense em uma solução conveniente e simples que será melhor do que nada.

Empresas que estão procurando concorrer contra o não consumo devem se lembrar de três princípios importantes.

Princípio 1: Torne Simples Aquilo que é Complicado

Concorrer contra o não consumo quase sempre requer uma inovação que torna uma solução simples, conveniente ou economicamente acessível. Uma solução ideal possibilita que indivíduos "façam por conta própria".

Em 1888, uma câmara-caixão simples chamada "Brownie" e criada por George Eastman simplificou a tarefa das pessoas de tirar fotografias por conta própria, em vez de terem de contratar um profissional. Um século depois, a Intuit tornou simples para indivíduos e pequenas empresas administrarem suas finanças usando o Quicken e o QuickBooks. Na arena médica da atualidade, várias empresas estão desenvolvendo soluções autoadministradas que tornarão simples para as pessoas administrarem suas próprias assistências médicas de forma proativa.

Isso não significa que concorrer contra o não consumo seja tecnologicamente trivial. Na realidade, tornar simples aquilo que é complicado pode ser uma das tarefas mais difíceis que um engenheiro enfrenta. Concorrer contra o não consumo requer tornar a complexidade invisível para o cliente. Em *The Laws of Simplicity*, o presidente da Rhode Island School of Design, John Maeda, adverte: "A maneira mais simples de alcançar a simplicidade é através de redução meditada". Ele prossegue explicando que há um *trade-off* evidente entre simplicidade e complexidade, mas observa: "Quando estiver em dúvida, simplesmente elimine. Mas tome cuidado com o que elimina".[11]

Princípio 2: Não Deixe que Problemas Convencionais o Tirem do Caminho

Quando o crítico de produtos do famoso *Wall Street Journal*, Walter Mossberg, avaliou o desfibrilador *HeartStart Home* da Philips, em 2005, ele escreveu: "O desfibrilador *HeartStart Home* é um aparelho bem projetado, fácil de ser usado e que não intimida ou afugenta usuários medianos. Independentemente de usar o manual de instruções ou seguir as instruções gravadas em áudio, você não terá nenhum problema para usar o *HeartStart*. E mesmo com um preço salgado, seu custo torna-se insignificante diante do valor das vidas que ele pode vir a salvar".

Em grande parte de suas afirmações, o mercado concordou com Mossberg.[12] Por exemplo, no início de 2006, cerca de dezesseis pessoas haviam dado sua opinião sobre o produto no site Amazon.com, atribuindo ao produto uma média de 4,5 estrelas (de cinco no total). Porém, alguns usuários malharam o produto. Uma pessoa que havia atribuído uma estrela ao produto disse: "Sou paramédico e administrador hospitalar aposentado... Vejo a comercialização desse produto sem o devido treinamento como uma atitude irresponsável". Outro observou: "Trata-se de um aparelho extremamente perigoso quando usado por pessoas não treinadas".

O que estava por trás da dissidência de opiniões? As críticas negativas normalmente vinham de experientes profissionais da saúde que haviam recebido treinamento intenso sobre o regime de tratamento ótimo para alguém que havia sofrido uma parada cardíaca. Eles sabem que usar um desfibrilador por si só é normalmente inadequado e que muitas vezes deve ser empregada a ressuscitação cardiopulmonar antes de tentar a desfibrilação.

Pelo fato de os especialistas compararem o *HeartStart Home* a seu conhecimento especializado, eles viram essa solução como inferior e ridicularizaram o produto. Obviamente, os negativistas tinham razão em um aspecto. Seria ideal se todo mundo conhecesse o regime de tratamento exatamente correto e tivesse acesso a especialistas treinados para darem o tratamento correto de forma competente e rápida. Entretanto, em muitas situações isso simplesmente não é possível. E se o desfibrilador doméstico da Philips ressuscitar um paciente por alguns minutos a mais antes da chegada de um especialista, ele cumpriu a sua função.

O debate entre os opinantes da Amazon é exatamente o tipo de debate que ecoa nos corredores das empresas com posição de predomínio no mercado, e que estão pensando em introduzir um produto que troque o desempenho em alguma dimensão por uma maior simplicidade ou conveniência, ou então por um custo menor. Na maioria desses debates, porém, os negativistas, na supervisão de negócios grandes e lucrativos, sufocam seus defensores. Portanto, o produto ou serviço disruptivo jamais vem à luz.

Caso encontre esse tipo de resposta negativa dentro de sua empresa, relembre aos céticos o quão entusiasmados estavam os adolescentes da década de 1950 para comprarem o rádio transistorizado. O som não chegava nem aos pés da qualidade dos rádios de gabinete. Mas era melhor do que nada e esse era o termo de comparação para a maioria dos adolescentes. Alguma coisa é, quase sempre, melhor do que nada.

Algumas empresas procuram de forma proativa rebater críticas da corrente dominante. Quando, em 2003, a Procter & Gamble lançou o seu *Crest Whitestrips*, um kit doméstico para branqueamento dos dentes, ela sabia que provavelmente os dentistas iriam denegrir a imagem do produto dizendo não ser adequado e, portanto, antecipou-se a essas críticas oferecendo a eles uma versão profissional do produto.

Princípio 3: Inove, Não Imponha

As empresas em busca de concorrer contra o não consumo deveriam evitar impor os seus produtos existentes aos não consumidores. Lembre-se, tentar persuadir não consumidores a consumir aquilo que eles já demonstraram não querer não é uma boa estratégia de crescimento. Em vez disso, as empresas precisam identificar precisamente o problema que o cliente não consegue resolver adequadamente e eliminar as barreiras ao consumo. Embora essa abordagem algumas vezes envolva a criação de versões "*light*" de produtos existentes, normalmente isso pode significar algo completamente diferente que é ajustado às necessidades do não consumidor.

Resumo

Os não consumidores enfrentam restrições ao consumo que inibem sua capacidade de se beneficiarem de produtos ou serviços existentes. Para usar os conceitos do não consumo, lembre-se que:

- Existem quatro tipos de restrições ao consumo:
    — *Restrições relacionadas com habilidades*. Pessoas que não possuem a capacidade de "fazer por conta própria". Rastrear a cadeia de distri-

buição de um produto ou serviço pode evidenciar restrições relacionadas com habilidades.

— *Restrições relacionadas com a riqueza.* Pessoas que não têm condições econômicas de adquirir soluções desejáveis. Uma pirâmide de consumo pode ajudar a identificar restrições relacionadas com a riqueza.

— *Restrições relacionadas com o acesso.* Uma barreira impede o consumo em locais convenientes. Procurar encontrar soluções "trancadas" ou ocasiões onde o consumo não pode ocorrer pode ajudar a revelar restrições relacionadas com o acesso.

— *Restrições relacionadas com o tempo.* A complexidade de soluções existentes ou o período de tempo necessário para usá-las faz com que o investimento não valha a pena. Analisar os clientes que deixaram de consumir pode indicar restrições relacionadas ao tempo.

- Ao identificar uma restrição ao consumo, busque uma inovação que elimine a barreira. Lembre-se de simplificar aquilo que é complicado, certificando-se de que a solução atenda às necessidades do cliente em vista, e não as necessidades do especialista.

Exercícios de Aplicação

- Converse com um colega sobre a oferta principal de sua empresa. Que tipos de restrições existem que limitam o consumo?
- Examine os itens que você compra no açougue. Enumere aqueles que hoje em dia podem ser consumidos em mais locais que no passado.
- Faça uma lista de todas as suas consultas médicas feitas no ano passado. Considere quais visitas realmente exigiam o atendimento de um especialista.

Dicas e Truques

- Certifique-se de adotar uma perspectiva de um cliente que compra pela primeira vez. Algumas vezes, do ponto de vista do cliente não consumidor, já existe uma solução perfeitamente adequada para o problema ou então o problema simplesmente não é tão importante.
- Em contextos B2B, busque circunstâncias onde o consumo é centralizado ou apenas grandes empresas com grande disponibilidade de recursos são clientes.
- Não se esqueça das *ocasiões* ou dos *locais* de não consumo; elas podem ter tanto potencial de crescimento quanto o de grupos de clientes não consumidores.

CAPÍTULO 3

Identificação de Clientes Saciados

No cerne do modelo de inovação disruptiva encontra-se o conceito de saciação, ou seja, fornecer desempenho *em demasia* para um dado grupo de clientes. Lembre-se que esse modelo sustenta que as empresas inovam mais rapidamente do que o ritmo das mudanças na vida das pessoas consegue absorver, de modo que elas consigam tirar proveito dos avanços oferecidos por essas empresas. À medida que as empresas inovam, produtos ou serviços que anteriormente não eram suficientes tornam-se perfeitamente adequados; finalmente, eles se tornam bons *demais* para um dado grupo de clientes.

A saciação tem várias implicações importantes. Tipicamente, ela abre a porta para outra empresa mudar o jogo através da concorrência em dimensões de desempenho anteriormente ignoradas, como, por exemplo, conveniência ou personalização. A saciação pode criar oportunidades para fornecedores especializados concorrerem de formas que não eram factíveis anteriormente. E ela pode possibilitar que empresas disruptivas criem novos modelos de negócios que permitam prosperar com preços reduzidos no varejo.

Quando a saciação se instaura, as empresas com posição de predomínio no mercado precisam considerar cuidadosamente como elas alocam seus recursos para inovação. Continuar a investir na estratégia antiga promete retornos baixos, já que os clientes se tornam cada vez mais relutantes a financiar melhorias de desempenho.

Após descrever a saciação com mais detalhes, este capítulo apresenta análises que uma empresa pode realizar para localizar sinais de saciação. Finalmente, ele apresenta as escolhas estratégicas com as quais uma empresa com posição de predomínio no mercado e uma que está entrando no mercado se deparam quando da ocorrência da saciação.

O Que É e o Que Não É Saciação

O glossário em *Seeing What's Next* define um cliente saciado como "Um determinado segmento de clientes para o qual os produtos ou serviços existentes são mais do que satisfatórios".[1] Parece bastante simples, não é mesmo? A saciação ocorre quando um produto ou serviço apresenta um desempenho que o cliente não precisa e, consequentemente, não tem valor.

Imagine que você tenha assinado um contrato para escrever um romance e seu editor tenha dito: "Em vez de lhe dar o seu adiantamento em dinheiro, podemos dobrar o valor e investi-lo em um supercomputador Cray orçado em muitos milhões de dólares. Você ainda teria de arcar com a maior parte das despesas do computador, mas cada centavo ajuda!". Que interesse você imagina que o autor mediano teria nesse supercomputador Cray? Embora esse computador possa sem dúvida nenhuma fazer coisas fantásticas, a máquina é inútil para alguém interessado em um simples processador de texto. Ela vai muito além da tarefa que o autor precisa ter realizada.[2]

É importante notar que saciação não significa que os clientes não estejam dispostos a *aceitar* produtos e serviços aperfeiçoados. Caso você recebesse esse computador Cray de graça com um programador incluso, para resolver o difícil problema de aprender como usar a maldita máquina, talvez você quisesse ter o computador. Portanto, normalmente os clientes irão aceitar ofertas melhores. A questão é se eles estão dispostos a *pagar* por essas melhorias de desempenho. A saciação ocorre quando uma melhoria incremental não fornece mais benefícios significativos a um cliente, fazendo com esse cliente não esteja disposto a pagar por esse avanço. Um economista diria que o cliente não percebe nenhuma utilidade marginal nessa melhoria no desempenho. O que torna a saciação ainda mais punitiva é o fato de ela poder ocorrer exatamente no momento em que uma empresa descobre que criar melhorias incrementais para produtos existentes está se tornando mais difícil e mais caro.[3] O investimento necessário aumenta, os retornos decrescem e o dilema do inovador persiste.

Conforme discutido na próxima seção, nossa experiência sugere que a identificação da saciação requer definir precisamente o grupo de clientes e as dimensões de desempenho relevantes.

Definição do Grupo de Clientes

Lembre-se que todo mercado possui uma distribuição de clientes, indo dos clientes muito exigentes que não são satisfeitos pelos melhores produtos até os pouco exigentes que podem ser satisfeitos com muito pouco.

Consideremos como os diversos clientes usam os celulares. Usuários avançados, que trocam de aparelho toda vez que sai um novo modelo, usam seus telefones para enviar *e-mails*, fazer ligações, navegar na Web, enviar mensagens de texto, editar arquivos, ouvir música, tirar e enviar fotos e vídeos. Os telefones que esses usuários privilegiam conseguem realizar todas essas tarefas, mas, como consequência, tendem a ter certas limitações. O uso intensivo queima a bateria. Algumas vezes os celulares apagam. E usar algumas dessas funções requer mãos hábeis — na geração atual de celulares, os usuários "obtêm" altos níveis de desempenho, mas frequentemente têm de "abrir mão" da simplicidade e usabilidade. (O iPhone da Appple está tentando eliminar esses *trade-offs*.)

Muitos usuários não saberiam o que fazer com um celular tão avançado como esses. Tudo o que eles querem é fazer ligações e, quem sabe, enviar alguma mensagem de texto. Eles acharão que a complicada interface do celular avançado é desalentadora e a falta de confiabilidade dele, frustrante.

Consideremos agora as demandas de desempenho de um consumidor mais velho com visão limitada e mobilidade restrita, que quer apenas ser capaz de fazer ligações enquanto passeia pelas redondezas de sua casa. Um telefone com caracteres grandes, botões fáceis de serem apertados e uma interface bem simples poderia atender suas necessidades.

Ao tentar determinar se um mercado está saciado, certifique-se de definir precisamente os limites desse mercado. Voltando ao nosso faceto exemplo do supercomputador, imaginemos como o cenário mudaria caso fosse um bioquímico, e não um escritor, que estaria recebendo o supercomputador. Um bioquímico em busca de melhores maneiras de testar rapidamente bilhões de possíveis combinações de moléculas certamente não pensaria duas vezes para aceitar a oferta do supercomputador.

Identificação das Dimensões de Desempenho Corretas

Em um mundo perfeito, os desenvolvedores seriam capazes de criar produtos que não exigissem nenhum *trade-off* e fornecessem de forma fácil e economicamente viável um desempenho que teria atingido o ápice em todas as dimensões. Mas logicamente o mundo real está repleto de *trade-offs*. Quase sempre as empresas têm de escolher quais dimensões de desempenho elas irão maximizar e quais elas irão ignorar.

É extremamente raro para um produto ou serviço exceder as demandas de um cliente em *todas* as dimensões. O desafio é, portanto, identificar em que aspectos um produto ou serviço é bom em demasia, e em que aspectos ele ainda não é satisfatório.

Peguemos mais um exemplo do mercado de celulares, os comerciais de 2004 da Verizon, "Tá me Ouvindo Agora?", para o seu serviço de telefonia móvel, que demonstravam a crença da empresa de que os clientes de celulares ainda não estavam saciados em todas as dimensões de qualidade da chamada. De fato, praticamente todo usuário americano expressaria frustração com a frequência com que as ligações sem fio caíam bruscamente ou a interferência que tornava muitas ligações inaudíveis.

Uma troca de ideias, durante uma aula, entre Clayton Christensen e um aluno, reforça esse conceito. Christensen estava expondo que o treinamento nas dependências da própria empresa poderia ser considerado uma ameaça disruptiva para a Harvard Business School. Esse tipo de treinamento até pode ser não tão bom quanto o da Harvard, argumentava ele, mas é muito mais conveniente e personalizado.

O aluno disse: "Não consigo ver como isso poderia ser disruptivo. A disrupção ocorre quando uma empresa sacia as necessidades de um dado grupo de clientes. Não querendo faltar-lhe com o respeito, Clay, mas eu não me sinto saciado com o seu treinamento".

Não obstante todo o empenho de Christensen, talvez de fato *jamais* seja possível saciar na dimensão de qualidade de ensino. Entretanto, é bem provável que a faculdade sacie realmente em dimensões como intensidade, duração e vitalidade de seu currículo. A exigência da pessoa ficar afastada por dois anos do trabalho para aprender de tudo, de princípios de contabilidade, raciocínio estratégico até gestão de operações, excede as demandas de alunos que simplesmente precisam aprender rapidamente uma dada matéria. (Veja o quadro "Exercício de Ensinamento: Um Discurso Típico da Companhia Telefônica Local".)

Como Identificar a Saciação

Determinar definitivamente se uma empresa adentrou ou não o terreno da saciação pode ser difícil. Por que é tão difícil conseguir evidências irrefutáveis de que a saciação se instaurou? Pelo fato da saciação iniciar-se em camadas de mercado específicas, ela pode se perder em um turbilhão de evidências conflitantes. Além disso, dados e evidências que vão se introduzindo gota a gota em um mercado refletem o que já ocorreu, algumas vezes em um passado distante. Por exemplo, em setores de atividade onde há ciclos de compra plurianuais, os relatórios de participação no mercado ajudam a discernir uma série de decisões a que se chegou anos atrás. Em outras palavras, eles fornecem pouquíssima ajuda nas escolhas que estão sendo feitas hoje e que acabarão moldando os futuros relatórios de participação de mercado.

Exercício de Ensinamento: Um Discurso Típico da Companhia Telefônica Local

Uma boa maneira de reforçar o conceito de saciação é tentar "vender" para algum colega seu uma nova e aperfeiçoada oferta de sua companhia telefônica.

Na maioria dos países desenvolvidos, o serviço de telefonia local é excepcional. Você se lembra dos comerciais da Sprint, na década de 90, assegurando que seus serviços permitiam aos clientes ouvir o cair de uma pluma. Hoje em dia, quase todas as ligações de um telefone fixo a outro têm um som cristalino. As redes de telefonia possuem uma confiabilidade "cinco noves", significando que elas permanecem operantes 99,999% do tempo, ou todo o tempo exceto cinco minutos por ano. Os telefones até possuem um recurso chamado "alimentação de linha", ou seja, o fio transporta uma pequena corrente elétrica que alimenta o telefone; mesmo se a energia elétrica acabar em seu bairro, ainda assim o seu telefone continuará a funcionar.

Imagine agora o seguinte papo da companhia telefônica local:

"Temos uma oferta imperdível para o senhor! O senhor acha que seria possível, no passado, ouvir o cair de uma pluma? Agora o senhor será capaz de ouvi-la sibilando pelo ar. Cinco noves é assim, 1999. Nós fornecemos esse *sexto* nove difícil de alcançar. Isso mesmo, o seu telefone ficará fora do ar por não mais do que trinta segundos por ano. Aumentamos a confiabilidade da alimentação da linha a ponto de podermos garantir que o seu telefone funcionará *não importa o que aconteça*. Tudo isso por alguns reais a mais mensais".

Agora pergunte a seus amigos se eles estariam dispostos a pagar "alguns reais a mais mensais" por esta oferta de melhoria de serviço. A maioria deles irá declinar a oferta — caso eles tenham de pagar por ela. O serviço de telefonia existente sacia suas necessidades em dimensões de desempenho e confiabilidade. A evidência dessa saciação é clara, já que os clientes cada vez mais "cortam o fio telefônico" e mudam para serviços de telefonia móvel menos confiáveis ou ofertas de telefonia via internet de empresas como a Skype e Vonage.

Normalmente, as empresas acham que os sinais são confusos, e interpretá-los requer discernimento e intuição por parte da gerência. Consequentemente, os inovadores em busca de identificar a saciação precisam agir como médicos legistas, amalgamando e analisando várias evidências antes de chegar a uma conclusão. Lembre-se de uma diretriz: procure sinais indicativos de que um dado grupo de clientes está crescendo cada vez mais e não está disposto a pagar por melhorias em uma determinada dimensão de desempenho.

Três métodos específicos podem ajudar a revelar sinais de saciação:

1. A interação direta com clientes
2. Análise de participação no mercado, margens e preços
3. Análise de lançamentos recentes de produtos

As seções a seguir discutem cada uma dessas abordagens em profundidade.

Interação Direta com Clientes

O *feedback* de clientes diretos é uma forma imediata de detectar sinais consistentes de saciação. Por exemplo, um vendedor pode voltar de uma visita de vendas e dizer: "Meus clientes só ficam pegando no meu pé quanto a preço. Continuo oferecendo a eles melhores produtos e parece que eles simplesmente não estão nem aí. Só ficam perguntando: "Dá para fazer mais barato?".

Na realidade, uma das empresas para as quais a Innosight prestou serviços de consultoria treinou sua equipe de vendas no conceito de saciação e solicitou que eles alertassem imediatamente os gerentes de produtos designados caso eles identificassem qualquer sinal de saciação. Para muitas empresas, a equipe de vendas é a verdadeira linha de frente de interação com os clientes. Se os vendedores souberem o que procurar, serão capazes de identificar sinais *logo* de início.

A pesquisa de mercado também pode ser uma poderosa ferramenta para determinar se um determinado segmento de clientes está ou não saciado. Por exemplo, uma empresa de aparelhos médicos usou pesquisa quantitativa para identificar dimensões de desempenho saciadas e não saciadas. Fazendo com que os clientes fizessem escolhas discretas em relação a conjuntos de produtos, ela foi capaz de determinar que produtos que apresentaram um desempenho ainda melhor em determinadas áreas não iriam alcançar preços mais lucrativos.

Essa descoberta assinalou que os clientes já eram saciados naquelas dimensões de desempenho.

Nenhum cliente jamais dirá sim para a pergunta: "Você está saciado?". Temos de extrair de nossos clientes se eles estariam dispostos a pagar por melhorias de desempenho adicionais em determinadas dimensões. Fique atento para a indiferença do cliente, que pode ser um sinal antecipado de saciação. O comportamento do cliente pode ser bastante revelador. Quando a lealdade diminui ou o processo de compra começa a ficar mais longo do que costuma ser, a saciação pode ser um fator.

Análise de Participação no Mercado, Margens e Preços

Em termos gerais, quando as margens e preços em uma dada camada têm uma tendência de baixa, e concorrentes da "faixa de baixo custo" começam a tirar uma fatia do mercado dos concorrentes da "faixa de alto custo", a situação indica saciação.

Embora realizar a análise para localizar essas tendências pareça bastante simples, podem surgir algumas complicações sutis. Consideremos a descoberta da Intel em 1990 de que seus microprocessadores tinham saciado a camada de mercado menos exigente, o mercado de computadores com custo inferior a US$ 1.000. Havia pelo menos um sinal claro de que a Intel estava perdendo essa batalha para concorrentes com produtos mais baratos, como a Advanced Micro Devices e a Cyrix: sua fatia naquela camada de mercado despencou de 90% para 30%. Entretanto, se a Intel tivesse examinado apenas suas margens brutas *totais*, ela teria deixado de perceber o sinal. À medida que ela perdia terreno na faixa de baixo custo do mercado, suas margens médias estavam, na verdade, aumentando. De fato, margens crescentes algumas vezes podem ser um sinal paradoxal de saciação — particularmente se as vendas estiverem uniformes ou em declínio. Essas margens crescentes ocorrem porque os clientes da empresa que contribuem com margens e preços mais baixos estão saindo da lista de clientes, aumentando as margens médias ponderadas da empresa. Embora ela possa se sentir bem no curto prazo, vale a pena lembrar das sábias palavras de Andy Grove, então CEO da Intel: "Se eu perder a faixa de baixo custo do mercado hoje, perderei a faixa de alto custo amanhã".[4]

Então a maneira mais fácil de localizar os sinais é concentrar a análise o máximo possível em uma dada camada do mercado. Para algumas empresas, identificar a camada de mercado menos exigente é fácil. Para outras, que vendem vários produtos de uso múltiplo, pode ser mais desafiador.

Por exemplo, uma indústria química tinha perto de dez mil clientes diferentes que usavam seus produtos em uma gama de aplicações diversas. Ela decidiu subdividir todas as suas vendas ao longo de três anos por linha de produto e aplicação por setor. Ela analisou então as tendências de margens e fixação de preços em cada um desses submercados. Ao subdividir suas ofertas, ela foi capaz de identificar precisamente cerca de uma dezena de mercados específicos onde as margens e preços tinham uma tendência de baixa.

Entretanto, o trabalho da empresa não havia sido feito. Ela teve então de entrevistar desenvolvedores de produto, membros de sua equipe de vendas e alguns clientes na tentativa de descobrir o motivo para tal tendência. Cerca de metade dos submercados tinha explicações "normais" para os declínios dos preços. Em um dos casos, por exemplo, a empresa tinha excesso de estoque que ela havia entulhado a preços de banana. Em uma outra aplicação, um concorrente existente tinha estabelecido assumir o controle do mercado como um imperativo estratégico. Como consequência, as velhas e conhecidas forças competitivas derrubaram preços e margens. Sem dúvida nenhuma, entender essas dinâmicas é importante, porém as implicações do acúmulo excessivo de estoque e da concorrência são muito distintas das implicações da saciação.

Através dessa análise focada, a empresa foi capaz de extrair de centenas de mercados uma meia dúzia que mostrava claros sinais de saciação. Ela foi capaz então de realocar cientistas que trabalhavam em melhorias em dimensões já saciadas para áreas de maior potencial e que prometiam um retorno sobre o investimento em inovações maior.

Algumas vezes, os dados de margens e preços também podem ser enganosos. Uma empresa de produtos de consumo tinha a sensação de que sua principal linha de produtos havia saciado algumas camadas do mercado. Contudo, os números das margens e vendas globais ao longo dos últimos anos pareciam estáveis ou até mesmo com tendência de alta. Independentemente de como ela subdividisse os dados, os preços e as margens em mercados individuais permaneciam saudáveis. A bem da verdade, sua participação total tinha caído um pouco, mas não a ponto de provocar algum impacto material.

Como a empresa poderia ajustar sua intuição através dos dados? A equipe de projetos analisou os dados com mais cuidado e descobriu que a empresa havia perdido definitivamente a guerra pela faixa de baixo custo do mercado. Produtos com marcas privadas[NT] haviam sido introduzidos nesse mercado cerca de uma década atrás. De forma interessante, os produtores de marcas privadas não haviam afetado os preços ou margens da empresa, e haviam conquistado menos de 10% do mercado total. Entretanto, eles haviam conquistado quase 50% da camada mais baixa do mercado e estavam começando a ganhar terreno na camada intermediária. A empresa finalmente encontrou os dados para corroborar sua suspeita.

Ao analisar mudanças na participação de mercado, preste particular atenção a uma empresa que esteja perdendo participação para um produto com claras limitações em dimensões importantes. O fato de um número crescente de clientes ter considerado os processadores de menor desempenho da AMD ou Cyrix razoáveis indicava saciação. De forma similar, consumidores que escolhem produtos com marcas privadas em vez de produtos com a marca do fabricante indicam sua falta de disposição de pagar preços mais caros por produtos melhores.

Análise específica: Curvas de substituição.
A empresa de produtos de consumo poderia ter identificado mais cedo a aparição das marcas privadas em sua categoria? Em diversos setores de atividade, as empresas se surpreendem pelo fato de uma nova solução que parecia tão insignificante para elas se preocuparem, de repente, tornar-se amplamente

---

[NT] Marca privada (ou marca do intermediário, distribuidor ou revendedor) é a marca criada e pertencente ao revendedor de um produto ou serviço. Também denominada marca própria. MOREIRA, Júlio César Tavares; PASQUALE, Perrotti Pietrangelo; DUBNER, Alan Gilbert. *Dicionário de Termos de Marketing*. 3. ed. São Paulo: Atlas, 1999.

aceita. Identificar precocemente esses importantes avanços pode ser de importância crítica.

Uma técnica que pode ser útil na identificação de novidades emergentes antes delas se tornarem usuais é a chamada "curva de substituição".[5] A Figura 3-1 apresenta uma curva de substituição para minutos de uso para telefonia fixa e sem fio nos Estados Unidos. O eixo y representa a participação de mercado da solução tradicional em uma escala logarítmica.[6] Um valor igual a 1.0 significa que a nova solução abrange 50% do mercado. Um valor igual a 0.1 significa que a nova solução possui cerca de 9% do mercado. O eixo x deveria indicar incrementos de tempo, normalmente em anos, em uma escala aritmética. Tipicamente, uma linha reta passará pelos pontos referentes aos dados. Essa técnica nos permite identificar as implicações das novidades emergentes quando elas ainda possuem uma fatia de mercado aparentemente insignificante (refira-se à Ferramenta 3-1 para maiores informações). Essa técnica pode ajudar a distinguir os pequenos avanços destinados a permanecerem pequenos, daqueles destinados a transformarem-se em grandes negócios. Ela pode ser uma maneira poderosa de desarmar o seguinte argumento: "Não precisamos nos preocupar com aqueles caras, pois suas participações de mercado são muito pequenas para ter importância".

Análise de Lançamentos de Novos Produtos

A última área a ser analisada para extrair informações sobre uma possível saciação são os lançamentos de novos produtos, mais especificamente examinar análises críticas sobre produtos e as "etapas" de lançamentos ao longo do tempo.

Em certos setores de atividade, a introdução de produtos novos causa clamor e gera análises significativas. Analisar as críticas feitas por profissionais e comunidades de usuários pode evidenciar sinais de saciação. Quando os críticos acolhem uma nova característica de um produto com uma apatia coletiva, é sinal de que a empresa está indo além das necessidades do mercado. Por exemplo, em 2007 a Microsoft lançou o Vista, na época a versão mais atualizada de seu sistema operacional. Os analistas estavam dando pouca importância a vários

114   Inovação para o Crescimento

recursos que os desenvolvedores certamente passaram anos otimizando, sinal de que a Microsoft havia saciado certas camadas do mercado. O crescimento do universo de *blogs* é uma nova ferramenta poderosa para analistas revelarem sinais de saciação. Leia os *blogs* cobrindo uma área definida para tomar o pulso da reação do mercado no que tange aos mais recentes lançamentos de produtos.

FIGURA 3-1
Curva de substituição para telefonia fixa e sem fio
Escala logarítmica para participação de mercado em minutos de uso da telefonia sem fio/telefonia fixa, nos EUA, 1989-2003

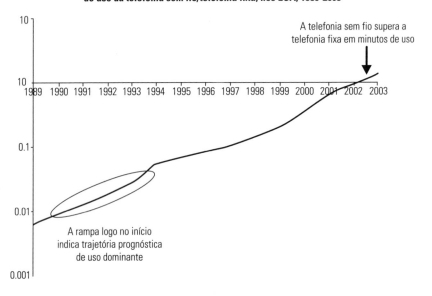

Ano	Minutos de ligações sem fio (bilhões)	Minutos de ligações fixas (bilhões)	Participação de mercado da telefonia sem fio / Participação de mercado da telefonia fixa
1989	2	321	0,006
1990	3	342	0,010
1991	5	405	0,013
1997	63	648	0,097
2003	830	613	1,354

Fontes: Federal Communications Commision; CTIA; análise da Innosight.

Identificação de Clientes Saciados 115

FERRAMENTA 3-1

Curva de substituição

Instruções

Complete as colunas A e B até cinco períodos (normalmente anos). Calcule as colunas C a E. Represente a coluna E no gráfico abaixo. Trace uma linha reta que passe pelos pontos. Quando a reta cruzar 0,001, a nova tecnologia terá, grosseiramente, uma participação de mercado de 1%. Quando ela cruzar a linha igual a 0,1, a nova tecnologia terá, grosseiramente, uma participação de mercado de 9%. Ao cruzar a linha igual a 1, a nova tecnologia terá uma participação de mercado de 50%. Caso empregue o Excel ou o PowerPoint para traçar o gráfico, certifique-se de usar uma escala *logarítmica*.

Período	A Unidades vendidas da nova tecnologia	B Unidades vendidas da tecnologia antiga	C Participação de mercado da nova tecnologia [A/(A+B)]	D Participação de mercado da tecnologia antiga [B/(A+B)]	E Participação da nova / antiga [C/D]
1.					
2.					
3.					
4.					
5.					

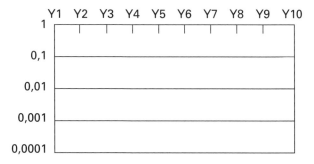

(continua)

116   Inovação para o Crescimento

FERRAMENTA 3-1 (Continuação)

Curva de substituição

Exemplo: Carros híbridos nos Estados Unidos

Período	A Unidades vendidas de carros híbridos, EUA (milhões)	B Unidades vendidas de novos veículos de passageiros não híbridos* (milhões)	C Participação de mercado da nova tecnologia [A/(A+B)]	D Participação de mercado da tecnologia antiga [B/(A+B)]	E Participação da nova / antiga [C/D]
1. 2001	0,02	8,40	0,2%	99,8%	0,0024
2. 2002	0,04	8,06	0,5%	99,5%	0,0050
3. 2003	0,05	7,56	0,7%	99,3%	0,0066
4. 2004	0,09	7,42	1,2%	98,8%	0,0121
5. 2005	0,22	7,45	2,9%	97,1%	0,0295
6. 2006	0,25	7,53	3,2%	96,8%	0,0332

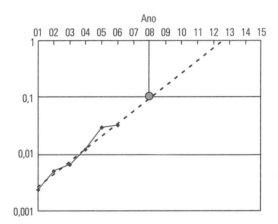

*Exclui veículos leves
Fontes: National Automobile Dealers Association; Hybridcars.com.

Outra área a ser analisada é observar o que acontece após uma empresa lançar um novo produto. Quase sempre a empresa tem esperanças que esse novo produto terá um impacto significativo e duradouro, e que seu sucesso possibilitará cobrar preços mais caros e desfrutar de anos de robusto crescimento. Porém, quando a saciação se instaura, os novos produtos não terão mais o forte impacto que outrora tiveram. As empresas poderão experimentar um ligeiro aumento nas vendas, mas perceberão que este se dissipa rapidamente e que elas não serão capazes de manter preços mais caros por longos períodos como puderam fazer no passado.

O caso da indústria química discutido na seção anterior examinou essa questão sistematicamente. Foi constatado que, em alguns mercados, o preço mais caro para novos produtos apresentava tendência para queda, até chegar ao ponto em que eles eram vendidos com desconto em certos mercados. Essa tendência é um sinal muito claro de saciação. De modo similar, a empresa de produtos de consumo examinou todos os seus produtos novos ao longo de várias décadas, analisando suas vendas após vários anos depois de cada lançamento. Ela constatou que os novos produtos que ela havia lançado nas décadas de 1980 e 1990 apresentavam vendas robustas cinco anos após o lançamento. Entretanto, os novos produtos que ela havia lançado no final da década de 1990 e início da década de 2000 apresentavam a tendência de surgir com sucessos rápidos para depois se desvanecer rapidamente. A empresa havia reagido, lançando cada vez mais produtos, pois precisava agir assim para atender suas metas financeiras. Em suma, ela estava funcionando para se manter estável, "empurrando" para o mercado produtos para os quais os clientes não davam a mínima.

A Figura 3-2 apresenta os resultados de algumas das análises discutidas nesta seção. Ao realizar análises semelhantes, sua empresa será capaz de determinar se saciou uma determinada camada do mercado. Para completar essa seção, vejamos um exemplo real de saciação.

Estudo de Caso: Insulin

As iniciativas fracassadas da Eli Lilly em produzir insulina cada vez mais pura demonstra o impacto da saciação.[7] Muitos diabéticos usam insulina

118 Inovação para o Crescimento

FIGURA 3-2
Análise de saciação

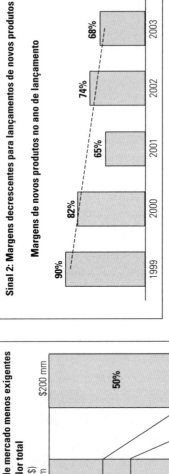
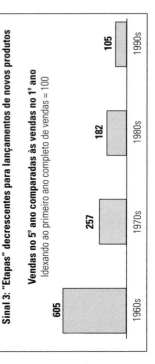
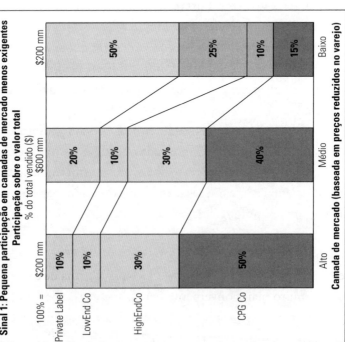

Identificação de Clientes Saciados

diariamente para ajudar a manter o nível apropriado do nível de glicose no sangue. Historicamente, a insulina era fabricada a partir de pâncreas triturados de vacas e porcos. Durante grande parte do século XX, os fabricantes se concentraram em aumentar a pureza da insulina. Em 1925, as impurezas estacionaram em 50.000 partes por milhão (ppm), caindo para 10.000 ppm em 1950. Em 1980 as impurezas caíram para apenas 10 ppm, basicamente resultado de investimentos e desenvolvimento realizados pela Eli Lilly, líder mundial na fabricação de insulina.

Apesar da pureza alcançada pela Eli Lilly, a insulina animal ainda era ligeiramente diferente da insulina humana. Uma fração de 1% de pacientes diabéticos desenvolveu uma resistência em seus sistemas imunológicos quando tratados com insulina animal, de modo que a Lilly celebrou um contrato com a Genentech para criar bactérias geneticamente modificadas capazes de produzir proteínas de insulina que eram 100% puras e equivalentes à insulina humana. Após investir cerca de US$ 1 bilhão no empreendimento, a Lilly introduziu no mercado sua insulina com a marca "Humulin", com um preço 25% mais caro em relação a outros produtos de insulina.

O mercado não se entusiasmou com a Humulin. O crescimento nas vendas foi decepcionante e a Lilly achou difícil manter um preço mais caro para seu produto. "Fazendo um retrospecto", observou um pesquisador da Lilly, "o mercado não estava muito insatisfeito com a insulina de porco. Na realidade, ele estava bem satisfeito com ela".[8] A Lilly havia gasto uma soma de dinheiro e recursos organizacionais significativos para criar um produto cuja demanda já era saciada. A maioria dos consumidores de insulina não queria ou não precisava de um produto mais confiável e, portanto, não estavam dispostos a pagar mais por uma insulina que, embora tecnicamente superior, não tinha nenhum impacto significativo sobre o controle de suas condições de saúde.

Enquanto as vendas da Humulin se mostraram decepcionantes, um fabricante de insulina dinamarquês muito menor, a Novo Nordisk, identificou corretamente uma dimensão de desempenho não saciada no mesmo mercado: a conveniência. Esse laboratório desenvolveu uma linha de canetas de insulina, que tornava muito mais conveniente para pacientes diabéticos administrarem a insulina. Da maneira convencional, os diabéticos tinham que ter consigo uma seringa, retirar uma dose precisa de insulina de uma ampola, segurar a seringa e golpear levemente com os dedos a seringa várias vezes para eliminar bolhas de ar. Normalmente, eles tinham de repetir o processo para extrair um segundo tipo de insulina de uma outra ampola. Apenas depois disso tudo eles poderiam injetar a insulina.

A caneta da Novo simplificava o processo. Ela possuía um cartucho contendo uma mistura dos dois tipos de insulina de modo que os usuários tinham que simplesmente girar um pequeno disco até indicar a quantidade de insulina desejada, aplicar a agulha da caneta sob a pele e pressionar um botão. A caneta da Novo reduzia aquilo que antigamente era um processo de um ou dois minutos para apenas dez segundos. Para diabéticos que precisam tomar insulina diariamente, ou até mesmo várias vezes ao dia, esse aumento na eficiência representava um avanço significativo.

A Novo foi capaz de cobrar um preço 30% superior por unidade de insulina. O sucesso das canetas e dos cartuchos pré-misturados da Novo ajudou a empresa a aumentar substancialmente sua participação no mercado mundial de maneira lucrativa. A conveniência da caneta atraiu muito mais diabéticos para o mercado de insulina, particularmente na Europa. Tanto a Eli Lilly quanto a Novo Nordisk haviam satisfeito a necessidade do mercado tradicional em termos de pureza da insulina. Órgãos reguladores garantiram a confiabilidade de ambas as marcas. Quando a necessidade do mercado quanto à confiabilidade havia sido saciada, o termo de comparação passou a ser a conveniência e a empresa que tivesse um produto mais conveniente se beneficiaria.

Implicações da Saciação

Como sempre acontece, a saciação cria tanto oportunidades quanto ameaças. Mais especificamente, uma empresa com posição de predomínio no mercado em uma situação de saciação deve procurar investir em dimensões de desempenho diferentes e considerar um plano de fusão a fim de eliminar capacidade industrial cada vez mais desnecessária. Tanto uma empresa dominante quanto uma nova empresa entrando no mercado buscando criar um novo negócio que gere crescimento devem pensar em mudar a estratégia através do desenvolvimento de um modelo de negócios inovador que melhor atenda às necessidades de clientes saciados.

Investimento em Dimensões de Desempenho Diferentes

Em situações em que ocorre a saciação, as empresas com posição de predomínio no mercado devem considerar a limitação de investimentos que prometem melhorias em dimensões saciadas. Muito provavelmente, a empresa não será capaz de recuperar os investimentos da iniciativa de inovação, pois os clientes não irão valorizar essas melhorias. As empresas devem ser cuidadosas, pois propostas para esses tipos de iniciativas normalmente contêm dados mostrando os fantásticos retornos de investimentos passados em melhorias semelhantes. Mas tais dados explicam o que aconteceu no passado, não o que irá acontecer no futuro.

Consideremos agora como a Nintendo abordou o mercado de games em meados de 2000. Em 2006, os três maiores fabricantes de consoles de games haviam lançado novos consoles. A Sony e a Microsoft seguiram o caderno de estratégias tradicional do setor: tanto o PlayStation 3 da Sony quanto o Xbox 360 da Microsoft introduziram em seus jogos os mais avançados recursos gráficos jamais vistos. Entretanto, à medida que as empresas foram introduzindo consoles de jogos novos e aperfeiçoados, os jogos haviam se tornado muito complicados para o consumidor tradicional. Embora costumasse ser possível apenas escolher um joystick e começar a jogar, para alguns dos jogos atuais levam-se semanas para dominá-los. O aficionado fica encantado; o cliente comum diz: "Por que se importar com isso?". Uma indicação de que jogos com melhor resolução gráfica e mais complicados ofuscaram o mercado tradicional foi que a porcentagem de lares americanos onde havia consoles de vídeo games havia permanecido estável na casa dos 33% por vários anos.

Observando tais sinais, a Nintendo decidiu ir em uma outra direção. O console Wii, lançado em 2006, não ganharia prêmios por sua capacidade gráfica extraordinária. Ao contrário, a Nintendo optou por se concentrar em tornar seus jogos mais fáceis de jogar e mais engajadores em termos sociais. A principal prioridade da Nintendo era criar um joystick inovador que simplificasse o ato de jogar.

O usuário é capaz de jogar movimentando um controle sem fio, em vez de apertar botões furiosamente. Jogar uma partida de tênis? Balance o controle como uma raquete e sua raquete na tela também irá acompanhar o seu movimento.

Ao optar por concentrar-se em uma dimensão de desempenho desprezada (facilidade de uso), em vez de uma dimensão de desempenho saciada (qualidade gráfica), a Nintendo criou um sucesso estrondoso. As ações da empresa subiram vertiginosamente 50% no ano seguinte ao lançamento do Wii, que superou as vendas do Playstation 3 por uma margem de seis para um no Japão no primeiro semestre de 2007.

Fusões

Uma vez que a saciação tenha se instaurado, quase sempre haverá uma oportunidade para que fusões eliminem aquilo que é uma capacidade redundante crescente em um mercado. Empresas podem adquirir concorrentes líderes de mercado e tentarem surgir como um importante participante em um mercado cada vez mais reduzido.

A gigante de software Oracle optou por seguir esse caminho em meados de 2000. O CEO da Oracle, Larry Ellison, deixou o Silicon Valley atônito em 2003, ao fazer uma oferta pública hostil pela rival PeopleSoft.[9] Muitos analistas consideram aquisições hostis como sendo uma arma usada por setores de atividade maduros e antigos, um último expediente que não vale a pena ser considerado em um setor inovador, ágil e de grande crescimento como o de software, onde as alianças e a concorrência pura são a norma.

Usando os conceitos deste capítulo, podemos ver por que Ellison poderia ter sentido a necessidade de mudar de estratégia. Sinais de saciação estiveram aparentes por anos. Acossadas pelas despesas e dificuldade de atualizações de grande escala em uma época em que os indicadores econômicos não corroborariam essas melhorias, as empresas estavam cada vez mais resistentes a promover atualizações de software; em vez disso, estavam tentando prolongar a vida de seus produtos existentes pelo maior tempo possível. Em muitos casos, a Oracle tinha de oferecer descontos enormes para persuadir seus usuários a atualizar seus programas. Os usuários diriam coisas como: "Ainda estou tentando descobrir como usar toda a funcionalidade da última versão. E agora você quer que eu passe por todos os dissabores de atualizar novamente? Creio que não".

Alguns clientes até recorreram a soluções simples e baratas oferecidas por empresas como a Salesforce.com. Outras empresas, sem recursos financeiros para adquirir produtos da Oracle, optaram por usar o MySQL, banco de dados baseado em Linux. Embora o MySQL não pudesse fazer tudo que o Oracle podia, sua flexibilidade e preço baixo o tornaram atrativo para aplicações Web como logs e sites financeiros. Em 2004, a MySQL ainda era muito pequena para ter um impacto significativo sobre a Oracle, mas tinha uma posição segura e já havia se introduzido no mercado, significando que ela poderia crescer para se tornar uma verdadeira ameaça à Oracle. A Sun Microsystems adquiriu a MySQL por US$ 1 bilhão no início de 2008.

Em 2006, começaram a surgir sinais de que o plano de fusão da Oracle estava valendo a pena, já que suas ações começaram a subir novamente. Em todo caso, a Oracle aguardou muito para mudar de estratégia — sinais de saciação começaram a aparecer anos antes, já que o crescimento diminuía de ritmo e os atacantes disruptivos estabeleceram posição em mercados adjacentes. Mas as medidas da Oracle permitiram manter uma tendência de alta em suas ações em circunstâncias cada vez mais desafiadoras.

Embora planos de fusão não sejam, necessariamente, a mais glamorosa das estratégias, eles são capazes de criar valor substancial. Consideremos a fusão da Exxon com a Mobil em 1999. No final da década de 1990, o preço do petróleo estava despencando. Os analistas sugeriam que a era de crescimento para as grandes empresas petrolíferas estava acabada. A fusão das duas maiores empresas petrolíferas americanas criou a terceira maior empresa do mundo. A entidade combinada poupou cerca de US$ 5 bilhões nos dois anos seguintes à fusão; entre 1999 e 2004 a Exxon Mobil auferiu US$ 75 bilhões de lucro líquido e gerou mais de US$ 100 bilhões em fluxo de caixa livre. A bem-sucedida fusão criou uma "onda" de outras fusões no setor: a British Petroleum se fundiu com a Amoco e Atlantic Richfield, a Chevron com a Texaco e a Philips Petroleum com a Tosco. À medida que os gigantes associados realizavam fusões para tirar proveito de economias de escala, eles conseguiram economias enormes, expandiram suas respectivas participações de mercado e aumentaram a rentabilidade.

Histórias similares podem ser contadas sobre o setor bancário (com o Citibank absorvendo o Travelers e o Bank of America adquirindo a Fleet) e do setor de telecomunicações (com a SBC adquirindo a AT&T e a Verizon comprando a MCI). Nesses setores de atividade, empresas estabelecidas perceberam que continuar a forçar avanços em mercados altamente saciados não seria suficiente para atingir os objetivos de crescimento. Aliar forças para ganhar economias de escala foi a única maneira de continuar a obter lucros cada vez maiores.

O único inconveniente de uma estratégia de fusão é a crescente inabilidade do gigante resultante em concentrar-se nos pequenos mercados, que tantas vezes servem para fincar um pé em um mercado para busca de estratégias de crescimento explosivas. Grandes nuvens podem obscurecer oportunidades de crescimento de grande potencial. É simplesmente difícil dar atenção a iniciativas de crescimento em pequena escala quando as receitas são da casa dos dez bilhões de dólares. Parece razoável para um executivo em uma empresa gigantesca em busca de bilhões de dólares em crescimento negligenciar um negócio que oferece míseros US$ 220.000 em receitas no primeiro ano. Sem dúvida, as receitas no primeiro ano da Google eram US$ 220.000. Muitas histórias de grande crescimento tiveram inícios modestos similares, mas empresas gigantescas podem ter grande dificuldade para se concentrar nas pequenas empresas em fase de implantação que podem resultar em empresas de grande sucesso no futuro.

Outro desafio dessa abordagem é que, embora ela incremente temporariamente as fortunas da entidade que passou pelo processo de fusão, ela fundamentalmente não muda a dinâmica do setor. Tão logo o ardor da fusão se desvaneça, a empresa combinada irá se deparar com desafios contínuos para criar crescimento ainda maior. Empresas visadas para aquisição que sejam suficientemente significativas para ter um impacto material nos resultados financeiros vão ficando cada vez mais difíceis — e mais caras — de serem encontradas.

Mudança de Estratégia por Meio da Inovação do Modelo de Negócios

Quando a saciação se instaura, as empresas têm oportunidade de mudar de estratégia através da introdução de um novo modelo de negócios que permita à empresa lucrar oferecendo desempenho razoável na dimensão saciada com preços reduzidos no varejo.

Em uma conferência sobre inovação em que um de nossos autores tomou parte, Kal Patel, vice-presidente executivo de estratégia da Best Buy, disse: "Não existem clientes ruins, apenas modelos de negócios ruins". A saciação cria reais oportunidades para que novos produtos e modelos de negócios concomitantes que eliminem custos indiretos desnecessários ofereçam soluções razoáveis a preços baixos. Conforme descrito no capítulo introdutório do livro, a Dow Corning, líder no segmento de silicones, seguiu esse caminho ao reagir a circunstâncias de saciação, criando seu canal de distribuição (a inovação no modelo de negócios é discutida com maiores detalhes no Capítulo 5).

Resumo

Um cliente saciado é aquele que não consegue usar e, consequentemente, não dá valor a melhorias de desempenho adicionais em determinadas dimensões. Há três aspectos importantes a serem lembrados em relação à saciação:

- Saciação significa que um dado grupo de clientes não está disposto a pagar preços mais caros por melhorias adicionais em uma dada dimensão de desempenho.

- Conversar com os clientes, analisar preços, margens e participação de mercado, e concentrar-se no lançamento de novos produtos podem ser maneiras importantes para identificar a saciação.

- Em situações de saciação, as empresas deveriam considerar a possibilidade de investir em dimensões de desempenho negligenciadas, adotar planos de fusões ou introduzir uma inovação no modelo de negócios com mudança de estratégia.

Exercícios de Aplicação

- Considere um produto que você use diariamente como, por exemplo, o computador ou a TV. Existem dimensões de desempenho disponíveis para as quais você não estaria disposto a pagar preços mais elevados?
- Faça uma retrospectiva dos lançamentos mais recentes de novos produtos feitos pela sua empresa. Eles atenderam suas expectativas? Em caso negativo, por que não?
- Sente-se com um colega para conversar sobre aqueles que você considera serem seus "piores" clientes. Por que eles são os seus piores clientes? Reflita como um empreendedor poderia ver uma oportunidade em vez de desafios.

Dicas e Truques

- Identificar a saciação requer intuição e discernimento; os sinais tendem a se tornar bem claros apenas após ser tarde demais para tomar alguma medida.
- Seja preciso quanto a grupos de clientes e dimensões de desempenho. É raro que *todos* os clientes estejam saciados em *todas* as dimensões.
- Lembre-se que raramente existem evidências conclusivas sobre a saciação. Atue como um analista legista, analisando cuidadosamente várias evidências antes de chegar a uma conclusão.

CAPÍTULO 4

Identificação de Tarefas a Serem Realizadas

O CONCEITO DE "tarefas a serem realizadas" provavelmente gera maior interesse que qualquer outro conceito no livro *The Innovator's Solution*.[1] O conceito de que os clientes "alugam" produtos e serviços para terem tarefas realizadas em suas vidas é altamente intuitivo e extremamente compreensível (veja o quadro "Revisão Teórica: Tarefas"). Os estudos de caso do livro — descrevendo como muitos consumidores "alugam" *milkshakes* como uma forma de preencherem longos e entediantes deslocamentos no transporte público e o Blackberry da Research In Motion para matar o tempo produtivamente — embutem um fundo de verdade contraintuitivo. A prescrição parece simples: identificar oportunidades de criar novo crescimento, procurar primeiramente as "tarefas" importantes que as pessoas não conseguem ter cumpridas satisfatoriamente com as soluções atuais.

O conceito de tarefas a serem realizadas *é* simples, porém pode mudar radicalmente a maneira de pensar sobre novas oportunidades. Ele nos força a ver o mundo sob a perspectiva do cliente e a entender não apenas *o que* eles estão fazendo, mas *por que* eles estão fazendo. Assim como um processo de fabricação bem elaborado pode implacavelmente suprimir variações, começar com um profundo entendimento sobre a tarefa que o cliente está tentando cumprir pode aumentar a previsibilidade do processo de inovação.

Entretanto, quando chega a hora de agir segundo esse conceito, muitas das empresas com as quais trabalhamos se sentem bloqueadas. Os conceitos que pareciam tão atraentes no papel se tornam surpreendentemente difíceis de ser implementados.

O presente capítulo apresenta uma visão mais detalhada do que é uma "tarefa", sugere maneiras para aprender mais sobre oportunidades baseadas em tarefas e explica como a noção de tarefas pode ajudar as empresas a dominarem o ciclo de vida de inovação.

Revisão Teórica: Tarefas

O conceito de tarefas a serem realizadas é descrito no Capítulo 3 do livro *The Innovator's Solution*.[a] O conceito é simples. Ele sustenta que os clientes não *compram* realmente produtos; eles os *alugam* para terem suas tarefas realizadas. Então, para identificar oportunidades para geração de novo crescimento, procure primeiramente as "tarefas" importantes que as pessoas não conseguem ter cumpridas satisfatoriamente com as soluções disponíveis.

Por exemplo, o software QuickBooks da Intuit facilita aos proprietários de pequenos negócios realizar uma importante tarefa: ter a certeza de não ficar sem dinheiro em caixa. Antes da inovação da Intuit, alternativas existentes, como caneta, papel e planilhas do Excel, não eram suficientes para ter essa tarefa realizada. Os pacotes de software contábil profissionais eram, na verdade, *bons demais* — confusos e cheios de recursos desnecessários. O QuickBooks realizava a tarefa melhor que qualquer alternativa e rapidamente assumiu a liderança da categoria.

O modelo de tarefa a ser realizada é simples, porém poderoso. Ele transfere o foco de soluções que os clientes usam para os problemas fundamentais que eles não conseguem resolver adequadamente. Em vez de classificar os clientes em grupos demográficos que podem ser indicadores deficientes do comportamento, das atitudes que *poderiam* influenciar o comportamento de compra ou atividades que as pessoas realizam *atualmente* (normalmente porque eles não têm nenhuma alternativa melhor), ele se concentra em *circunstâncias* e *restrições* que cercam as tarefas que as pessoas estão tentando ter realizadas. Essas características estão mais profundamente associadas à melhor solução possível do que qualquer método de segmentação.

Em suma, o modelo de tarefas a serem realizadas fornece um plano para a inovação: encontrar aqueles clientes frustrados e concentrar-se nas origens de sua frustração.

Diferenciar Tarefas de Outros Métodos
Tão importante quanto ter uma definição consistente de uma tarefa é ter um bom entendimento de como o pensamento baseado em tarefas difere de outras formas através das quais podemos classificar os clientes. Muitas vezes, as empresas irão segmentar seus mercados por demarcação demográfica — como faixa etária, sexo ou nível de renda — ou por categoria de produto. Ambos os métodos implicam riscos. As segmentações baseadas em necessidades se alinham mais de perto com o pensamento baseado em tarefas, com algumas diferenças sutis.

Métodos demográficos. Quase todas as empresas tentam rotular seus clientes segundo categorias demográficas. Porém os clientes não vivem o dia a dia como representantes de categorias demográficas.

Consideremos as iniciativas empreendidas pelo Vodafone Group PLC para atingir clientes que ainda não haviam aderido aos telefones celulares. Em 2005, a Vodafone percebeu que a taxa de penetração em muitos de seus mercados aproximava-se (e em alguns casos suplantava) dos 100%. A abordagem da Vodafone para visar mercados inexplorados foi um novo aparelho celular chamado "Vodafone Simply".

A Vodafone esperava que o Simply fosse interessar uma classe de consumidores que ainda não havia comprado um celular ou que então não usava seus celulares devido à sua complexidade. Em vez de recursos fabulosos como *streaming* de vídeo e navegação na Web, o Simply tinha como características menus com fontes grandes e fáceis de serem entendidos. Quando o aparelho, produzido por um fabricante de produtos eletrônicos de Paris chamado Sagem SA, ficasse com a bateria fraca, apareceria uma mensagem clara, "Favor recarregar a bateria", na tela.

Uma visão baseada em dados demográficos diria que consumidores mais velhos formariam o mercado-alvo para o Simply. Uma visão baseada em tarefas diria que o mercado-alvo do Simply é qualquer um que não usa celulares pelo fato de serem muito complicados. Embora seja praticamente correto pressupor que existe uma *correlação* entre a idade do usuário e seu interesse em ofertas simples, é praticamente incorreto pressupor que *apenas* os usuários mais velhos — e não usuários jovens — adotariam uma oferta mais simples.

Presumir que a idade define o mercado-alvo traz consigo dois riscos relacionados. Primeiramente, a Vodafone poderia perder consumidores mais jovens interessados em simplicidade restringindo então, artificialmente, o potencial de vendas do Simply. Pior ainda, a Vodafone poderia alienar consumidores mais velhos que efetivamente estivessem interessados em tecnologia de ponta, entregando-os de bandeja a seus concorrentes. É possível que a falha da Vodafone em adotar uma visão baseada em tarefas foi uma das razões para o produto Simply ter tido tantas dificuldades.

Obviamente, algumas vezes os indicadores demográficos e a tarefa de um cliente se sobrepõem. Por exemplo, é bem provável que adolescentes usarão produtos que os ajudem a se preparar para vestibulares (embora os produtos pudessem vir a ser adquiridos por seus pais). Porém, em muitos outros casos, a relação entre uma tarefa e um grupo demográfico é, no mínimo, fraca.

Categorias de produtos. Definir mercados por categorias de produtos também tem seus riscos. Certamente, os clientes não vivem o dia a dia em categorias de produtos. As empresas que se esquecem disso podem perder tanto ameaças quanto oportunidades. Consideremos a Coca-Cola. A participação da empresa no mercado de refrigerantes com adição de dióxido de carbono permaneceu estável por décadas. Esse fato deveria significar que a atividade principal da empresa encontra-se saudável. Contudo, a empresa passou por maus momentos na década de 1990 e início de 2000. Como conciliar essas duas afirmações?

Quando surge uma nova maneira de ter uma tarefa realizada de modo melhor e mais simples, normalmente ela cria uma categoria de produtos inteiramente nova. Se não entendermos a tarefa para a qual nossos clientes costumeiros contratam nossos produtos para tê-la cumprida, podemos perder esse novo crescimento. Normalmente, perder uma oportunidade de crescimento é algo ruim, mas se torna ainda pior quando essa oportunidade de crescimento começa a interferir em nosso mercado principal.

Para a Coca-Cola, imaginemos que a principal tarefa seja matar a sede. É evidente que a empresa queira confrontar sua participação de mercado em relação a todas as outras maneiras através das quais as pessoas podem matar a sede. Água envasada, sucos de frutas, café e outras bebidas certamente são concorrentes. Se a Coca-Cola confrontasse sua participação de mercado em relação a todos esses concorrentes, é muito provável que sua participação de mercado decrescente teria precipitado uma mudança estratégica mais cedo. Assim como a Pepsi, que se concentrou em "participação do estômago", mudou de forma agressiva para água e outras categorias de bebidas e salgadinhos, a Coca-Cola tinha que tentar recuperar terreno (e em alguns casos pagar preços mais caros por aquisições) para preencher lacunas em seu portfólio de produtos.

Métodos baseados em necessidades. Uma visão de mercado baseada em tarefas guarda grande semelhança com uma visão baseada em necessidades, que procura encontrar as necessidades e desejos fundamentais de um cliente. A diferença sutil, porém importante, reside no fato de que uma visão baseada em tarefas se concentra mais nas circunstâncias em si, ao passo que uma visão baseada em necessidades enfoca o cliente como unidade de análise. Algumas análises baseadas em necessidades também deixam de fazer a pergunta fundamental: "por quê?". Se não entendermos a raiz da necessidade, corremos o risco de visar o problema errado. Não obstante, segundo nossa experiência, as empresas que analisam minuciosamente as necessidades de seus clientes conseguem ter um entendimento extremamente importante e que dá base para agir prontamente, achando relativamente fácil começar a aumentar suas análises de necessidades adotando um raciocínio baseado em tarefas.

a. CHRISTENSEN, Clayton M.; RAYNOR, Michael E. *The Innovator's Solution*. Boston: Harvard Business School Press, 2003.

b. Innovator's Insights #45: "Simply on Target?". 06 de setembro de 2005. Disponível em http://www.strategyandinnovation.com/insights/insight45.pdf.

A Visão de Mercados Baseada em Tarefas

Em um nível básico, o conceito de tarefa de um cliente é simples. Imagine uma tarefa como um problema que um dado cliente precisa solucionar ou uma tarefa que a pessoa precisa cumprir. Lembre-se daquele astuto *insight* atribuído ao guru de marketing da Harvard Business School, Theodore Levitt: "As pessoas não querem uma furadeira de ¼" — elas querem um furo de ¼"". A furadeira é um meio para cumprir uma finalidade. A finalidade é o furo — é esse o problema que o cliente está tentando resolver.

Entretanto, um inovador precisa de mais informações de modo a identificar se existe ou não uma oportunidade de crescimento novo. Constatamos que responder às cinco perguntas a seguir ajuda a identificar com precisão oportunidades baseadas em tarefas.

1. Que Problema Fundamental o Cliente Está Tentando Resolver?

Empregar o conceito de tarefas a serem realizadas requer, em primeiro lugar, entender os problemas que um cliente enfrenta — sejam eles no trabalho ou na vida cotidiana. Achamos útil insistir em obter a maior especificidade possível ao descrever uma tarefa. Mesmo que, em última instância, optar por expressar o conceito de forma mais genérica, tente identificar um cliente focado e um problema específico que ele está tentando resolver. Complete um enunciado referente à tarefa semelhante ao seguinte:

[O cliente] quer [resolver um problema] [nessa circunstância]

Identificar a circunstância é particularmente importante. Por exemplo, tentar obter as últimas notícias enquanto você se encontra em um avião é um problema fundamentalmente diverso de tentar obter as últimas notícias sentado em frente à TV ou a caminho do trabalho. Ouvir música em casa, no carro e enquanto se exercita são todas atividades bem diferentes. Da mesma forma que assistir a um programa de TV completo e produzido profissionalmente não é a mesma coisa que assistir a videoclipes gravados por um amigo ou postados no YouTube. Embora ambas as atividades exijam um produto que nos permita assistir a uma imagem em movimento, elas guardam pouca semelhança entre si em termos da qualidade desejada da imagem; a necessidade de poder iniciar, parar e retroceder para o mesmo ponto no vídeo; a importância de ser capaz de assisti-lo várias vezes e assim por diante. A circunstância tem uma influência enorme nas soluções que poderiam ser consideradas e como avaliaremos essas soluções. Empresas que examinam as "experiências" do cliente estarão familiarizadas com um enunciado referente à tarefa. Por exemplo, as empresas de telefonia celular pensam em experiência em termos como "possibilitar ligações simples e confiáveis" ou "fornecer fácil acesso ao e-mail". Um enunciado referente à tarefa expande essas experiências ao se concentrar nas circunstâncias onde o cliente experimenta o produto. As questões a seguir exploram ainda mais a motivação por trás da experiência.

2. Que Objetivos os Clientes Usam para Avaliar Soluções?

É vital entender os objetivos que um cliente aplica ao optar por uma determinada solução. Os objetivos devem ser relativamente inequívocos e com um nível de detalhe acima do qual é improdutivo aprofundar-se mais. Tipicamente, os objetivos estarão relacionados a como o cliente usa o produto ou serviço, ao passo que a tarefa em si estará relacionada a problemas mais fundamentais que uma oferta ajuda o cliente a superar. Por exemplo, os objetivos de um adolescente cuja tarefa a ser realizada é tentar se enturmar com outros adolescentes poderia incluir uma solução que fosse muito barata, impressionasse os amigos e permitisse interação imediata.

Pense além das dimensões de objetivos funcionais, considerando também dimensões sociais e emocionais. O adolescente poderia desejar uma solução que excluísse "demais" e "não fosse a tecnologia de seus pais".

De modo semelhante, imagine quais seriam os objetivos através dos quais uma mãe indonésia optaria por especiarias ou molhos prontos. Características funcionais como as seguintes: como o ingrediente dá sabor ao alimento, quanto tempo leva para ser usado e assim por diante são, obviamente, importantes.

Também importantes são aspectos emocionais como as visões, aromas e sons criados pelo ingrediente. Finalmente, componentes sociais são fundamentais. A mãe pode se preocupar em aderir a normas sociais no que se refere ao seu papel como mãe. Ela poderia considerar inadequado um ingrediente muito funcional e que substituísse o seu "toque materno".

3. Que Barreiras Limitam a Solução?

O outro lado da moeda dos objetivos são as barreiras que colocam certas soluções fora de consideração. Por exemplo, um celular precisaria ser operado enquanto ambas as mãos estivessem ocupadas. Uma refeição precisaria ser preparada em menos de dez minutos. As barreiras são tipicamente funcionais e deixam pouca margem para interpretações. (Os conceitos descritos no Capítulo 2 ajudam a identificar barreiras.)

As barreiras também podem limitar ocasiões de consumo; portanto, torná-las explícitas pode ajudar a concentrar iniciativas de inovação em empreendimentos que expandam o tamanho total do mercado. Por exemplo, talvez uma interface inovadora comandada por voz possa eliminar a necessidade de ter as mãos no aparelho telefônico. Essa inovação poderia permitir que os celulares fossem usados em um número muito maior de contextos, aumentando o emprego do telefone celular.

4. Que Soluções os Clientes Consideram?

Examine as diferentes maneiras através das quais os clientes podem ter suas tarefas realizadas. Em passado recente, os adolescentes em busca de algo para fazer poderiam "alugar" seus celulares para enviar uma mensagem de texto para seus amigos, ler uma revista juvenil ou dirigir-se ao *shopping center*. Agora, cada vez mais eles também entram no MySpace, Facebook ou outro site de rede social através de seus computadores ou celulares. Esses sites foram bem-sucedidos porque atendiam aos objetivos de uma forma muito melhor que as soluções existentes.

Entre possíveis candidatos poderíamos ter produtos, serviços ou comportamentos compensadores — soluções paliativas que os clientes adotam, pois nenhuma solução existente realiza a tarefa adequadamente (comportamentos compensadores são discutidos com maiores detalhes mais à frente, ainda no presente capítulo).

5. Que Oportunidades Existem para Soluções Inovadoras?

A peça final do quebra-cabeça é procurar lacunas entre aquilo que os clientes querem e aquilo que é oferecido pelas diferentes soluções. Se formos capazes de identificar precisamente a importante tarefa que não está sendo realizada adequadamente, então acabamos de encontrar uma oportunidade para inovação.

Exemplo de Caso: Compartilhamento de Experiências

Usemos as perguntas a seguir para examinar tarefas a serem realizadas pelos clientes que tiram fotos. Por que as pessoas tiram fotos? Obviamente existem várias razões, mas um enunciado do problema poderia ser: "Compartilhar experiências prazerosas que tive com a família e amigos". Que critérios um cliente usaria para avaliar o quão bem uma determinada solução realiza essa tarefa? Alguns modelos de "objetivos" poderiam ser os seguintes:

- Clareza na comunicação das experiências
- Facilidade de compartilhar experiências com várias pessoas
- Velocidade de captação das experiências
- Velocidade de transferência das experiências
- Capacidade de captar a "essência" de uma experiência
- Capacidade de captar o contexto de uma experiência
- Prazer fornecido pelo processo
- Capacidade da saída de se adequar a reuniões sociais

136   Inovação para o Crescimento

As barreiras críticas poderiam ser a necessidade do processo de captação da experiência ter que levar apenas alguns segundos ou um desejo de gastar não mais que cinco minutos compartilhando a experiência.

Com a tarefa, os objetivos e as barreiras em mãos, pensemos nas diferentes soluções que as pessoas poderiam alugar para ter a tarefa realizada. Antes do advento da fotografia digital associada ao e-mail, existiam três maneiras convencionais de compartilhar experiências: tirar fotos estáticas, escrever cartas ou contar histórias. Cada uma dessas soluções apresentava seus pontos fracos. *Slides* ou fotografias tradicionais são incômodos e caros para serem compartilhados com várias pessoas geograficamente distantes. Uma carta pode ser copiada e enviada através do correio tradicional, mas toma muito tempo para ser escrita (o que implica baixa "velocidade de captação da experiência"). E contar histórias se adéqua a reuniões sociais, porém apresenta algumas claras limitações de distribuição.

Avaliando cada solução em relação aos objetivos mostrados na Figura 4-1, revela por que a fotografia digital experimentou um crescimento tão extraordinário ao longo das últimas duas décadas; ela realmente realiza a tarefa em questão melhor do que qualquer outra alternativa. Entretanto, ainda existem maneiras em que as empresas podem continuar a melhora as ofertas digitais para afrontar barreiras que inibem a obtenção de uma tarefa benfeita. O processo de carregar fotos em um computador e compartilhá-las com amigos ainda é um tanto incômodo e certamente não prazeroso. As imagens digitais são difíceis de circular em uma reunião social.

FIGURA 4-1

Imagem digital: realizando a tarefa

	Fotografias estáticas	Escrever cartas	Contar histórias	Primeiras câmaras digitais
Clareza na comunicação das experiências	👍👎	☑	👍👎	👍👎
Facilidade de compartilhar experiências com várias pessoas	👍👎	☒	👍👎	☑

FIGURA 4-1

Imagem digital: realizando a tarefa (*continuação*)

	Fotografias estáticas	Escrever cartas	Contar histórias	Primeiras câmaras digitais
Velocidade de captação das experiências	☑	☒	👍👎	☑
Velocidade de transferência das experiências	☒	☒	☒	☑
Capacidade de captar a "essência" de uma experiência	👍👎	☑	☑	👍👎
Capacidade de captar o contexto de uma experiência	👍👎	☑	☑	👍👎
Prazer fornecido pelo processo	☑	👍👎	☑	☑
Capacidade da saída de se adequar a reuniões sociais	☑	☒	☑	👍👎

☑ = Bom   👍👎 = Regular   ☒ = Insatisfatório

Inovações que tornem ainda mais fácil e divertido compartilhar imagens de forma rápida poderiam continuar a alimentar o crescimento da fotografia digital.

Criação de uma Árvore de Tarefas

Embora buscar "a verdadeira tarefa" para qualquer cliente em uma dada circunstância seja sempre desejável, frequentemente os clientes têm muitas tarefas que eles estão tentando ter realizadas. Uma maneira simples para que uma longa lista de tarefas faça sentido é criar uma árvore. No nível mais alto de uma árvore se encontra um problema fundamental que o cliente enfrenta. Por exemplo, para a dona de uma loja, talvez fosse acumular riqueza suficiente para sua família. Para tanto, o dono da loja precisa maximizar o retorno em seus investimentos existentes, bem como maximizar os lucros de uma loja individual para adicionar ao seu portfólio de investimentos. Para maximizar os lucros de uma loja, o proprietário tem de minimizar a rotação de mão de obra, aumentar o número de clientes que visitam a loja e persuadi-los a comprar mais mercadorias. Criar uma árvore simples pode ajudar a mostrar a hierarquia de tarefas e como essas tarefas se relacionam entre si.

Como podemos reconhecer quando nos encontramos no alto de uma árvore de tarefas? Fique fazendo a pergunta: "Por quê?". Você poderia estabelecer como hipótese, por exemplo, que uma tarefa que os proprietários de lojas precisam ter realizada é aumentar a eficiência da propaganda. Por quê? Porque eles querem atrair mais clientes para a loja. Por quê? Porque eles querem maximizar os lucros da loja. Por quê? Porque eles gostariam de sustentar suas famílias. Por quê? Porque sim! Quando atingir "porque sim!", você chegou ao nível mais alto da árvore de tarefas.

As árvores de tarefas podem chegar ao nível de detalhes em que as tarefas dão realmente uma base para agir na prática. A Figura 4-2 apresenta um modelo de árvore de tarefas relacionadas com a prevenção de doenças ou lesões. Embora evitar doenças rotineiras, doenças graves, lesões e influências ambientais negativas sejam todas tarefas importantes, "aumentar a flexibilidade" é uma tarefa que pode ser realizada mais diretamente.

Realizando a Tarefa de Encontrar a Tarefa

Com um entendimento mais profundo do que seja uma tarefa e daquilo que devemos procurar ao tentar identificar uma, o próximo desafio é realmente revelar aquelas tarefas com maior potencial para uma oportunidade de crescimento novo. O desafio enfrentado por todo inovador é que não existem muitas pesquisas de mercado disponíveis enumerando-as. Portanto, temos que sair a campo e coletar as informações por conta própria.

As seções seguintes discutem uma série de formas diferentes de revelar tarefas a serem realizadas, desde sessões internas de *brainstorming* a observações externas. Muitas das técnicas que estamos prestes a descrever não se constituem em nenhuma novidade para pesquisadores de mercado. Trata-se de um fato positivo. Nossa experiência sugere que usar o conceito de tarefas a serem realiza-

Identificação de Tarefas a Serem Realizadas 139

FIGURA 4-2
Árvore de tarefas para prevenção de doenças/lesões

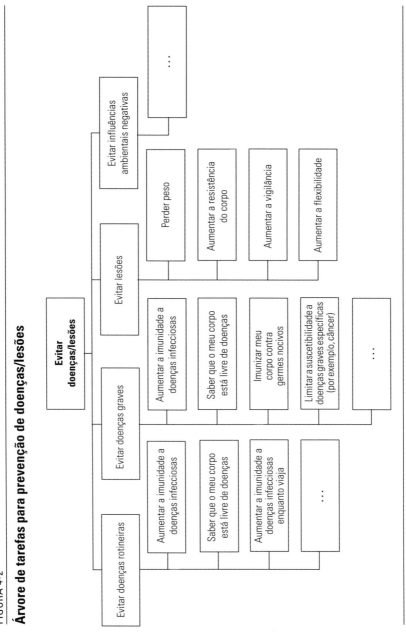

das não requer novas técnicas radicais de pesquisa de mercado. As técnicas consagradas que as empresas usam para conduzir uma pesquisa podem, se usadas apropriadamente, nos fornecer um *insight* tremendo sobre tarefas importantes e não atendidas que abrem espaço para a inovação.

Sessões de Brainstorming em Equipe

Iniciar sua busca na tentativa de identificar tarefas a serem realizadas pode ser surpreendentemente fácil. Reúna um grupo de colegas em uma sala. Introduza o conceito de tarefas a serem realizadas. Em seguida, comece a falar, tentando identificar tarefas potenciais que poderiam ser a base para uma oportunidade de crescimento. Use as perguntas detalhadas anteriormente para orientar a discussão.

Por exemplo, a Innosight ajudou uma empresa de mídia a elaborar sua estratégia para dispositivos sem fio. Em noventa minutos, a equipe criou uma lista de trinta tarefas que eles imaginavam ser importantes para consumidores em um contexto móvel e dezenas de maneiras potenciais para realizarem essas tarefas. Obviamente, a equipe precisava trabalhar mais para moldar, refinar e elencar essas tarefas, porém ter uma lista inicial em mãos otimizou conversações posteriores.

Pode ser útil para as sessões de *brainstorming* ter um ponto de partida que forneça algum contexto. Considere a possibilidade de começar com um determinado grupo de clientes, certa tecnologia, situação ou qualquer combinação desses fatores. Sem algum tipo de embasamento, as sessões podem levar a divagações inúteis.

Existem vários recursos de qualidade disponíveis para ajudar a estruturar e conduzir uma sessão de *brainstorming*.[2] Eis algumas abordagens específicas com as quais tivemos bons resultados:

- ***Fornecer estímulos.*** Forneça subsídios da área em questão ou ofertas emergentes nessa área.

    Filme algumas entrevistas com clientes e exiba-as para o grupo de *brainstorming*.

- ***Montar um grupo interno diverso.*** Uma crença antiga no mundo da inovação é que grandes avanços verdadeiros quase sempre ocorrem nas "intersecções", quando as pessoas trazem maneiras de pensar inovadoras para problemas existentes.[3] Misturar vários grupos internos diversos pode encorajar essas intersecções e promover o pensamento criativo.

- ***Trazer pessoal externo selecionado.*** Algumas vezes observadores externos podem reprimir a discussão, já que os gerentes ficam receosos de deixarem escapar "segredos industriais". Porém um cliente, fornecedor ou parceiro, escolhido a dedo pode trazer uma perspectiva muito valiosa à discussão. O *Richmond Times-Dispatch*, um jornal de Richmond, Virginia, convidou para almoçar quatro donos de pequenos negócios. Os gerentes perguntaram a esses proprietários sobre os problemas com os quais eles se deparavam no dia a dia. Esse mesmo almoço levou à identificação de uma meia dúzia de oportunidades para inovação. De modo similar, um *expert* em atualidades, um futurista ou alguém de um setor adjacente pode ajudar uma equipe a ter *insights* surpreendentemente contraintuitivos. Uma equipe de engenheiros da Motorola e de profissionais de marketing foi visitar a Burton Snowboards alguns anos atrás para conversar a respeito de oportunidades potenciais. O objetivo da reunião inicial era apenas verificar se existiam áreas em que as duas empresas podiam colaborar uma com a outra. Como consequência dessa reunião, além de formarem uma aliança de marketing esportivo global, as empresas lançaram juntas uma série de produtos, inclusive uma linha de jaquetas Burton com tecnologia e controles otimizados para funcionarem com fones da Motorola e uma linha de capacetes para *snowboard* com módulos Bluetooth embutidos.

Grupos de Discussão / Leve Interatividade com os Clientes

Os grupos de discussão são uma das maneiras mais confiáveis de se obter *feedback* de clientes e aprender mais sobre tarefas em um dado mercado. Basicamente, os grupos de discussão são uma maneira barata de iniciar conversações sobre inovações com os clientes. Os grupos de discussão podem ser particularmente úteis para ajudar a formar longas listas de tarefas que surgem de sessões de *brainstorming*, acrescentar outras tarefas à lista, desenvolver um sentimento preliminar de quais tarefas apresentam maior potencial e obter *feedback* orientador sobre ideias específicas.

Entretanto, as empresas devem ser cuidadosas ao terem uma expectativa muito grande em relação aos grupos de discussão. Jamais peça aos clientes para definirem uma solução para você. Embora os clientes sejam bons na explanação de problemas que enfrentam no dia a dia, eles são muito menos eficazes na idealização de soluções razoáveis para esses problemas. Eles tendem a se apegar a soluções existentes e geralmente lhes falta a sofisticação para perceber o que é factível.

Também fique atento para não solicitar aos clientes que reajam a uma descrição escrita de uma nova oferta. Esforce-se para produzir algo físico, particularmente se a oferta for algo notadamente diferente de tudo aquilo que já foi visto antes. Isso não significa que você tenha de ter um produto totalmente funcional. Peguemos como exemplo o produto Mr. Clean Magic Eraser da Procter & Gamble. Como o próprio nome já diz, o produto é parecido com um apagador de lousa capaz de limpar "magicamente" paredes rabiscadas ou com outras manchas difíceis de serem removidas. A P&G poderia facilmente ter cedido aos clientes um bloco de madeira de tamanho próximo ao de um apagador. Ela poderia então ter dito: "Imaginem que esse bloco poderia ser ...". Mesmo este rústico protótipo poderia ter ajudado os clientes a visualizar mais claramente a oferta, permitindo que dessem opiniões mais úteis.

Além das discussões em grupo, algumas entrevistas individuais e mais a fundo com clientes podem ajudar uma empresa a conhecer mais uma área específica. Ao realizar entrevistas ou discussões em grupo, as seguintes perguntas podem ser úteis:

- Qual o problema que você está enfrentando? Por que você se importa em resolvê-lo?

- Qual o processo usado atualmente para resolver esse problema?

- Quais alternativas você considera ao passar por esse processo?

- Qual o motivo para ter escolhido tal opção?
- O que te agrada em relação à opção atual?
- O que não te agrada em relação à opção atual?
- O que te frustra ao tentar resolver esse problema?
- Quais são as outras pessoas envolvidas no processo? Qual a natureza de sua interação com essas pessoas?

Não entreviste apenas a pessoa que você imagina ser o cliente final. Pense nas pessoas com as quais o cliente poderá interagir ou as pessoas que poderiam mencionar a oferta para o cliente final. Os fabricantes de celulares, por exemplo, precisam pensar nas companhias de telefonia celular, distribuidores e agentes além do consumidor final em si. Cada grupo pode ter tarefas diferentes que, se ignoradas, poderiam ser prenúncio de problemas.

Por exemplo, o adolescente vendendo celulares em um quiosque em um *shopping center* ou em uma loja local tem uma grande dose de influência sobre as decisões de compra e possui várias opiniões precisas sobre quais aparelhos são melhores para serem vendidos. Pode ser que eles estejam "empurrando" aparelhos que suscitem o menor número de perguntas por parte dos consumidores para facilitar a sua venda. Entretanto, um profissional de compras de uma companhia como a Verizon ou a T-Mobile pode estar tentando preencher um portfólio de telefones para serem oferecidos a preços de varejo variados. Nem a necessidade fundamental para um produto destinado a preencher um portfólio nem a preferência do influente vendedor emergiriam naturalmente por meio de trabalho focado no cliente. Sempre tente obter a visão mais abrangente possível sobre o espaço selecionado.

A Motorola usa discussões em grupo, entrevistas, painéis e outras formas de pesquisa de mercado através do processo de desenvolvimento de produtos e da formulação de estratégias. Um grupo chamado "Consumer Insights and Intelligence" serve como ponto central para reunir *expertise* no monitoramento de mercado, pesquisa de planejamento, pesquisa de novos produtos (como experimentações por parte de usuários e pesquisa de fatores humanos) e pesquisa de eficácia de mercado. A pesquisa de grupos de discussão é complementada por pesquisa de tendências, pesquisa de marcas, varejo e propaganda e outras metodologias para ajudar planejadores de produtos e executivos de marketing à medida que eles desenvolvem portfólios de produtos, projetos detalhados de produtos e estratégias de entrada no mercado.

Observações de Clientes

Muitas vezes os clientes acham difícil articular os pontos de frustração em seu cotidiano. De modo alternativo, eles poderiam estar compensando por sua inabilidade de resolver um problema de formas que eles nem mesmo imaginam. Observar clientes de perto (ou usar técnicas relacionadas como diários de clientes) pode ser uma maneira crítica de identificar essas tarefas inarticuladas.

Por exemplo, muitos planos de saúde tiveram grande dificuldade para encontrar uma maneira de atender os 47 milhões de americanos sem cobertura.[4] O que deixava particularmente perplexas essas empresas eram os consumidores jovens que tinham condições financeiras para contratar um plano, porém optavam por não fazê-lo. Muitas seguradoras partem do pressuposto de que os jovens ficam sem cobertura por opção devido a um falso sentimento de invencibilidade que atenua a proposição de valor da maioria dos planos de saúde.

Para se aprofundar nas necessidades desse grupo, a Blue Cross of California solicitou a dezenas de jovens com cerca de 20 anos que registrassem diários detalhados de suas decisões em relação a cuidados com a saúde ao longo de vários meses. A empresa detectou que o verdadeiro problema não era uma sensação de invencibilidade. Ao contrário, os produtos existentes eram simplesmente muito complexos e incluíam benefícios que não interessavam o suficiente para esses consumidores.

Para atender a essas necessidades, a empresa introduziu uma linha de produtos denominada "Tonik", voltada para o "indivíduo ativo sem cobertura". A linha de pacotes oferece pacotes como "Segurado Em Busca de Fortes Emoções", "Segurado que Assume Riscos Calculados" e "Segurado Audaz de Meio Período", todos fornecendo cobertura básica, incluindo um número definido de *checkups* e a cobertura de eventos previstos no Medicare Catastrophic Coverage Act (legislação americana). Entretanto, eles exigem maior participação

Identificação de Tarefas a Serem Realizadas   145

do segurado nos pagamentos e excluem certos benefícios como cobertura relacionada com gravidez.

Um tipo diferente de técnica de observação envolve tentar se passar pelo cliente por um tempo. A divisão bancária do Credit Suisse fez com que seus principais executivos passassem por "experiências de imersão" durante as quais eles visitavam agências bancárias para observar clientes e realizar transações tipicamente feitas pelos clientes como, por exemplo, compra de moeda estrangeira.[5] Experimentar na pele a frustração passada por eles deu a esses executivos um entendimento maior sobre os problemas enfrentados pelos clientes do Credit Suisse.

Realizar uma observação mais profunda pode parecer relativamente caro e complicado, mas isso não tem necessariamente de acontecer. Um fabricante de celulares estava avaliando o potencial de um produto voltado para varejistas. Os representantes comerciais da empresa trabalharam com um especialista para realizarem três avaliações detalhadas dentro de lojas e depois foram a uma meia dúzia de lojas próprias. A pesquisa levou cerca de um mês e custou menos de US$ 25.000.

Além disso, fazer com que a observação de clientes seja parte da cultura de sua empresa pode reduzir muitíssimo o custo incremental de adquirir *insight* inovador. O fornecedor de software Intuit é bem conhecido por acompanhar os clientes em seus locais de trabalho e observar como eles usam o software. A primeira vez que a Intuit seguiu essa abordagem certamente foi complicada e cara. Mas, agora está tão enraizado na cultura da empresa que ninguém mais acha o processo embaraçoso. Se sua empresa interage regularmente com um determinado grupo de clientes, pense em mecanismos regulares que você possa vir a instituir para tornar a coleta de *feedback* de clientes mais sistemática. Considere, por exemplo, colocar todos os seus novos empregados em um *call center*; esta pode ser uma forma rápida e simples de ouvir diretamente as reclamações dos clientes.

Análise de Comportamentos Compensadores

Procurar situações em que as pessoas adotam "comportamentos compensadores" ou soluções paliativas, pois não existem soluções que resolvam adequadamente seus problemas, também pode revelar espaços de tarefas atraentes.

Fique atento a clientes tirando até a última gota de um produto na tentativa de realizar algo para o qual ele não foi desenhado ou "fazendo uma colcha de retalhos" com vários produtos para gerar uma solução inadequada. Esses comportamentos compensadores sinalizam que os clientes não têm acesso ao produto ideal para a tarefa.

Em meados dos anos 1980, Georgena Terry observou que as mulheres estavam modificando suas bicicletas, pois os modelos existentes lhes provocavam dores nas costas e pescoço. As mulheres seguiriam outros tipos de comportamentos compensadores, como colocar assentos de gel nos selins para homens, pois os assentos que eram confortáveis para eles eram extremamente desconfortáveis para as mulheres. A empresa epônima de Terry, a Terry Bicycles, desenvolveu uma linha de produtos que reconheceu o mercado único para bicicletas e produtos relacionados para consumidores do sexo feminino e criou um negócio rentável e gerador de crescimento.

Outro exemplo são empresas locais que colocam displays ou anúncios classificados no jornal local. As empresas jornalísticas denominam essas empresas de "anunciantes". Contudo, qual o verdadeiro problema que elas estão tentando resolver? Quase *nunca* é publicar anúncios. Ao contrário, as empresas querem resolver problemas como "ajude-me a construir minha marca", "traga maior previsibilidade para o meu negócio" ou "aumente minha capacidade de atrair e manter empregados". Publicidade não é uma tarefa. É um comportamento compensador.

Pesquisa de Estudos de Caso de Clientes

Uma abordagem específica muitas vezes capaz de revelar descobertas surpreendentes é o que Gerald Berstell e Denise Nitterhouse chamaram de CCR (*customer case research*, ou seja, pesquisa de estudos de caso de clientes). A CCR concentra-se de perto na decisão de um cliente adquirir um produto. O processo de compra é uma rica fonte de informações, pois, como Berstell e Nitterhouse observam, "quase sempre há uma história por trás do motivo pelo qual as pessoas iniciam o processo de compra".[6]

A CCR consiste em realizar entrevistas aprofundadas com os clientes de modo a fazê-los percorrer o processo de compra, fazendo-lhes perguntas como:

O que suscitou a decisão de compra? Quais alternativas você considerou? Qual o motivo para ter decidido pela opção escolhida? Berstell e Nitterhouse aconselham os pesquisadores a atuar como jornalistas, tentando analisar a fundo o processo.

Uma CCR de qualidade pode revelar fatos surpreendentes. Por exemplo, um projeto reunindo mais de uma centena de estudos de caso de compras para troca de pneus descobriu que pouquíssimos começaram com um pneu furado. Mais frequentemente, o cliente havia adquirido um som de primeira para o carro ou um celular para uso no carro e, repentinamente, se deu conta do ruído gerado pelos pneus em contato com o asfalto, o que lhe dificultava a audição de seus novos aparelhos. Os fabricantes de pneus que contrataram a pesquisa ainda não haviam descoberto a tarefa de melhorar a acústica interna do carro para novos dispositivos de áudio.

Segredos para o Sucesso

Há dois fatores críticos para o sucesso e que devem ser lembrados ao utilizar os métodos descritos:

1. Agir como um repórter investigativo, usando uma série de técnicas para revelar e sintetizar indícios para tarefas.
2. Fazer perguntas consistentes com o modelo de tarefas a serem realizadas. Esse modelo posiciona o problema do cliente diretamente no centro da equação de informações. As perguntas devem se concentrar no entendimento do problema e não em obter reações a soluções propostas.

A P&G é reconhecida mundialmente por sua habilidade de identificar oportunidades de inovação. O CEO A. G. Lafley enfatiza a importância de despender tempo com os consumidores ou clientes para entender que tarefas eles precisam ter concretizadas. "Pelo menos no meu negócio, que é um negócio para o consumidor — mas que também suspeito seja válido para aplicações B2B —, o cliente ou consumidor raramente pode dizer o que ele quer ou precisa", diz Lafley.

"Isso significa que temos de despender uma quantidade de tempo extraordinária com nosso cliente ou consumidor. Significa que precisamos entender necessidades e desejos inarticulados ou que não podem ser articulados."

Priorização de Tarefas: Verificações Rápidas e Pesquisa Quantitativa Detalhada

Elaborar uma longa lista de tarefas não é suficiente. A razão para usarmos um pensamento baseado em tarefas é encontrar oportunidades de elevado potencial para criar estratégias de crescimento inovadoras. Que tarefas poderiam servir de trampolim para o crescimento?

As três perguntas a seguir podem ajudar a indicar o caminho:

- A tarefa é importante para o cliente?
- A tarefa ocorre com relativa frequência?
- O cliente está frustrado pela inabilidade de ter a tarefa realizada com as soluções existentes atualmente?

Responda sim para cada pergunta acima e você terá encontrado um espaço de tarefas implorando por uma nova solução (veja a Ferramenta 4-1 para um mecanismo de classificação mais avançado). Suspeite de situações em que a resposta às duas primeiras perguntas (importância e frequência) seja sim, mas a resposta para a terceira pergunta (frustração) seja não. Mesmo se uma tarefa for muito importante, é difícil fazer com que os clientes mudem de soluções caso eles estejam perfeitamente satisfeitos com sua habilidade atual de ter a tarefa realizada. Na realidade, as empresas geralmente precisam ser cautelosas ao considerar uma oportunidade visando clientes satisfeitos — mesmo que esses clientes não estejam consumindo nada. As empresas frequentemente examinam seus números de penetração no mercado e veem um fácil caminho para o crescimento: apenas convença as pessoas que não estão consumindo a consumir. Mas algumas pessoas não consomem porque as tarefas que a solução atende simplesmente não são muito importantes para elas.

Embora essas três perguntas simples possam ser uma maneira útil de revisar rapidamente uma lista de tarefas, algumas circunstâncias exigem uma pesquisa quantitativa mais detalhada que ajude a classificar definitivamente as tarefas e a determinar os *trade-offs* que os clientes fazem entre diferentes tarefas. Muitas empresas especializam-se em ajudar a construir e administrar pesquisas quantitativas. Eis alguns indicadores para aqueles que querem trilhar o caminho da pesquisa quantitativa:

TABELA 4-1
Planilha de pontuação de tarefas
Instruções

Tarefa a ser realizada: O problema fundamental que o cliente está enfrentando em uma dada circunstância.

Importância: O quão importante é para o cliente ter essa tarefa realizada em uma escala de 1 (não importante) a 5 (crítica).

Frequência: A frequência relativa em que ocorre a tarefa no cotidiano do cliente, em uma escala de 1 (raramente) a 5 (muito frequentemente).

Frustração: A frustração que o cliente sente com as soluções atuais, em uma escala de 1 (perfeitamente satisfeito) a 5 (extremamente frustrado).

Pontuação: (Importância + Frequência) x Frustração, produzindo uma pontuação de 2 a 50.

Classificação: A classificação da tarefa, comparada com outras tarefas da lista.

Tarefa a ser realizada	Importância	Frequência	Frustração	Pontuação	Classificação
1.					
2.					
3.					
4.					
5.					
6.					
7.					
8.					
9.					
10.					

- Certifique-se de expressar enunciados referentes a tarefas de maneira que o cliente-alvo entenda. Por exemplo, um médico poderia reagir melhor a "acelerar o recebimento dos pagamentos de pacientes" do que "minimizar os dias a cobrar de minha clínica".

- Pesquise além de seus melhores clientes. Seus melhores clientes raramente são o problema. O problema são seus clientes descontentes — e aqueles que nem clientes são ainda! Não os descarte dizendo eles "não entendem". Em vez disso, tente entender por que eles estão descontentes e por que você os faria mais felizes.

- Considere a possibilidade de não apenas perguntar sobre as tarefas, mas também sobre as características de novos produtos ou serviços que poderiam realizar tais tarefas de uma melhor maneira.

- Tente entender os *trade-offs* que os clientes estão querendo fazer entre as diferentes tarefas. As análises conjuntas e de grupos são metodologias estatísticas que podem ajudar a esclarecer tais *trade-offs*.

- Fique atento para não iniciar uma pesquisa de mercado detalhada em mercados inexistentes. Lembre-se: mercados que não existem não podem ser medidos e analisados. Nessas circunstâncias, a pesquisa qualitativa normalmente fornece dados mais confiáveis que a pesquisa quantitativa.

Embora a quantidade enorme de dados provenientes de pesquisas quantitativas possa ser bastante desencorajadora, os resultados podem ser extremamente adequados para serem prontamente postos em prática. Por exemplo, uma empresa de aparelhos médicos procurava entender as tarefas de seus clientes: os médicos que usavam esse aparelho (e alguns que optaram por não usá-lo). No curso de quatro meses, a equipe desenvolveu uma lista completa de mais de quarenta tarefas, classificaram essas tarefas segundo sua prioridade e identificaram trinta táticas específicas que poderiam ser seguidas para ter essas tarefas realizadas de uma maneira melhor. Ela foi capaz de identificar três grupos distintos de clientes. O primeiro preferia produtos de ponta com funcionalidade avançada. O segundo preferia produtos simples e fáceis de usar. E o terceiro parecia gostar de experimentar novas ideias e métodos. Quando a empresa cruzou esses três grupos com as informações demográficas que ela havia reunido, descobriu algo surpreendente. Nenhum desses três grupos de clientes se enquadrava nas demarcações demográficas tradicionais da empresa, como faixa etária ou nível de instrução. Ao contrário, os grupos de clientes compartilhavam tarefas comuns a serem realizadas ou estavam ligados por outras características factuais como o número de procedimentos completados, independentemente do nível de instrução. A empresa não apenas tinha agora uma lista classificada segundo as prioridades das melhorias do produto, como também havia encontrado uma nova maneira de segmentar seu mercado e desenvolvido uma estratégia para expandir significativamente o consumo. (A seção "Diferenciar Tarefas de Outros Métodos" no quadro "Revisão Teórica: Tarefas", que apareceu anteriormente neste capítulo, discute em maiores detalhes a relação entre a segmentação baseada em tarefas e outras abordagens.)

Utilização do Pensamento em Tarefas para Dominar o Ciclo de Vida da Inovação

Embora este livro se concentre especificamente em criar novos negócios que gerem crescimento, o conceito de tarefas a serem realizadas se aplica ao longo de todo o ciclo de vida da inovação.[7] Antes de existir uma inovação, tem de existir uma demanda de mercado. Em seguida, um inovador tem de encontrar uma maneira de explorar essa demanda. Logo no início, o principal desafio do inovador é otimizar a inovação visando ao sucesso máximo; subsequentemente, é encontrar maneiras criativas para captar valor de forma rentável e repetidamente. Os mercados abominam vácuos, portanto, qualquer inovador bem-sucedido tem de repelir o avanço da concorrência. Finalmente, quando a inovação atinge uma aparente maturidade, o inovador tem de encontrar novas maneiras para revitalizar o crescimento rentável. O pensamento baseado em tarefas pode ajudar o inovador em cada estágio desse ciclo de vida.

Estágio 1: Identificação da Demanda

O pensamento baseado em tarefas elucida oportunidades para inovar no mercado. Conforme já discutido anteriormente em detalhes, tais oportunidades originam-se, basicamente, da identificação de tarefas para as quais as soluções atuais são ineficazes ou inexistentes.

Vale a pena também considerar quem irá avidamente alugar uma nova tecnologia ou oferta (a Figura 4-3 ilustra como iniciar com uma solução afeta a busca por oportunidades).[8] Embora normalmente as empresas procurem adquirir um entendimento do mercado antes de inovar, algumas vezes o processo funciona em sentido contrário. Na arena da pesquisa e desenvolvimento, abundam histórias de cientistas deixando laboratórios somente à noite apenas para voltar na manhã seguinte e encontrar um novo composto jamais visto antes. As unidades organizacionais normalmente ficam imaginando quem poderia estar interessado nos componentes do portfólio de produtos. Muitas organizações enfrentam o desafio de encontrar mercados e clientes para ofertas existentes, seja casual ou intencionalmente.

Nessas circunstâncias, comece documentando metodicamente as capacidades de cada solução — sem fazer julgamentos. O que ela é capaz de realizar? E o que não é? Pense em ações e atividades que são habilitadas ou aperfeiçoadas pela solução. Tente descrever essas ações usando verbos. Em seguida, avalie as barreiras que a solução pode ajudar a vencer e os objetivos que ela pode atender. Finalmente, realize um *brainstorming* das circunstâncias em que tais objetivos são particularmente relevantes e quem, especificamente, poderia empregar a solução nessas circunstâncias. Aplicar esse processo com uma mentalidade aberta pode ajudar a revelar várias oportunidades novas — até mesmo para uma solução presente no mercado há anos.

Por exemplo, consideremos uma pequena empresa manufatureira terceirizada chamada Grace Manufacturing. Fundada em 1996, a atividade principal da Grace por vinte e cinco anos foi fabricar peças metálicas intrincadas usando um processo conhecido como ataque fotoquímico, uma popular técnica na indústria de semicondutores. O processo é capaz de *remover* metal em finas camadas, criando um desenho em relevo ou com rebaixos. Os clientes da Grace procuravam a tecnologia porque ela facilitava a criação de finos componentes de metal sem o emprego de forças mecânicas que poderiam distorcer materiais delicados e porque ela fornecia peças acabadas sem rebarbas de metal. A técnica tinha limitações; por exemplo, ela não funcionava particularmente bem com materiais espessos e criava componentes com cantos vivos que eram difíceis de serem trabalhados.

FIGURA 4-3

Identificação de oportunidades de diferentes pontos de partida

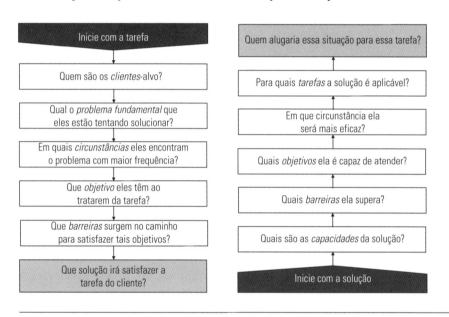

Em 1990, a Grace começou a pensar em levar sua tecnologia para outros mercados. Com um entendimento inerente das capacidades de sua solução (remover de forma precisa camadas de metal para criar componentes projetados), as barreiras que ela teria que vencer (trabalhar com metais finos obtendo tolerâncias de precisão) e as circunstâncias em que ela poderia ser útil (quando existe um desejo de peças acabadas sem rebarbas ou uma disposição de aceitar possíveis cantos vivos), a empresa decidiu se concentrar em aplicações que exigissem operações de corte e retificação de acabamento delicadas. O coproprietário Richard Grace disse: "Nós realmente tínhamos tanto metal afilado em volta das peças que todo mundo tinha que ficar alerta. Pensamos, 'Ei! O que aconteceria se tentássemos cortar as coisas de propósito? O quão afiada seria uma ferramenta por nós fabricada e qual seria o seu emprego?'".[9]

A partir dessa curiosidade surgiu o produto hoje conhecido como Microplane File, uma ferramenta originalmente projetada para ajudar a moldar e limar madeira manualmente. Através de outros raciocínios e descobertas casuais, a linha de produtos Microplane expandiu-se contando hoje com um sem-número de bens de consumo, entre os quais discos para lixar para ferramentas elétricas de carpintaria, raladores de queijo para a cozinha e, mais recentemente, uma linha de higiene pessoal voltada para a esfoliação.

A Grace foi capaz de expandir-se para mercados completamente novos, considerando cuidadosamente diferentes circunstâncias nas quais sua tecnologia subjacente seria útil.

Estágio 2: Otimização de Soluções

Identificar a oportunidade nunca é suficiente. As empresas enfrentam desafios significativos ao procurarem introduzir produtos que realizam adequadamente a tarefa de inovação. As empresas precisam manter um cuidadoso equilíbrio entre preço e características do produto para lançar um produto que as pessoas estejam propensas a comprar.

Um ingrediente básico no kit de ferramentas de marketing é a pesquisa com clientes ou grupo de discussão desenhado para identificar "o que os clientes realmente querem". Muito frequentemente esses exercícios resultam em listas de desejos que, se acolhidas, criarão uma oferta bem capacitada, porém normalmente muito cara, que ninguém acha desejável. Entender as maneiras através das quais os clientes determinam valor pode evidenciar os *trade-offs* entre recursos e preço que os clientes irão tolerar.

Uma importante empresa de assistência médica adquiriu entendimento significativo aplicando a metodologia de tarefas a serem realizadas a produtos nutricionais. Os esforços iniciais da empresa revelaram uma gama de tarefas importantes e não atendidas, do tratamento de doenças cardíacas e câncer à manutenção básica da saúde. A inclinação inicial da empresa foi criar um produto "faz tudo", para tentar — pelo menos de maneira superficial — evitar muitas dessas condições. Entretanto, pesquisas mais detalhadas revelaram que os consumidores queriam, na verdade, soluções personalizadas. Um produto "faz tudo" iria, na verdade, oferecer desempenho *demasiado* em algumas dimensões e *ínfimo* em outras. A empresa reconheceu esse problema e decidiu então se concentrar em formulações para condições de saúde específicas e de alta demanda.

Estágio 3: Captação do Valor

Quando um produto afronta com sucesso uma tarefa importante e ainda não satisfeita, o valor criado pela oferta normalmente vai muito além do tradicional custo mais margem desejada que muitas empresas adotam para criar uma estratégia de preços. Um entendimento profundo das tarefas a serem realizadas permite que uma empresa capte o valor de uma oferta de forma mais abrangente.

Consideremos o caso de uma indústria global de insumos químicos que produzia compostos de látex. Essa empresa vendia tradicionalmente seu produto por tonelada à indústria de polpa e papel. Ela posicionava sua oferta como não mais que um aglutinante usado para manter coesa a polpa na fabricação de papel para escritório.

Entretanto, um estudo cuidadoso do mercado de usuários finais revelou dois pontos-chave de frustração sentida pelos clientes que usavam o papel em fotocopiadoras de alta velocidade: atolamentos frequentes do papel e tinta borrada. Esse fabricante reconheceu que sua tecnologia de látex poderia alterar a textura do papel para possibilitar uma passagem sem obstrução do papel nas fotocopiadoras como também melhorar o problema de retenção da tinta.

A solução do fabricante satisfez uma tarefa muito mais valiosa do que simplesmente "aglutinar a polpa de papel". Ela teve um impacto direto na experiência do usuário final e deu ao fabricante de papel a oportunidade de cobrar mais por seu papel. Ajudando o fabricante de papel a ter *sua* tarefa realizada, essa indústria química ficou em posição de captar parte do valor por ela criado.

Estágio 4: Defendendo sua Fatia de Mercado

Assim que uma ideia começa a ganhar ímpeto, a resposta da concorrência é inevitável. Entretanto, a empresa com posição de predomínio no mercado ciente das tarefas não precisa perder o mercado já conquistado.

Um fabricante de equipamentos médicos sofreu um ataque de um concorrente que arrancou uma página do caderno de estratégias disruptivas para lançar uma solução razoável a preços radicalmente inferiores.

Obviamente, a primeira empresa poderia ter igualado a oferta. Entretanto, ela ficou imaginando se não haveria um meio de otimizar sua oferta existente de modo que os clientes *não considerassem* a oferta do concorrente como sendo razoável.

Para tanto, ela procurou entender a gama completa de objetivos que os médicos e clínicas consideravam fundamentais. Ela constatou que os médicos que usavam esse aparelho procuravam muito mais que benefícios clínicos para seus pacientes. Eles também precisavam de treinamento sobre como usar eficazmente o aparelho, assistência para a construção de uma consciência de mercado das vantagens do aparelho em relação a outros métodos de tratamento, ferramentas para transmitir aos pacientes a funcionalidade do aparelho e novos mecanismos para ajudar os pacientes a pagar pelo tratamento.

Ao acionar essas e outras alavancas de inovação, a empresa foi capaz de se diferenciar de forma mais aguçada que seu concorrente. É importante notar que a empresa não tinha de inovar seu *produto* para estimular essa diferenciação. Em vez disso, ela inovou o seu modelo de serviços e mensagem de venda. Dezoito meses após a empresa com posição de predomínio no mercado ter iniciado o seu trabalho de tarefas a serem realizadas, o concorrente encerrou suas atividades.

Estágio 5: Revitalização do Crescimento

Até mesmo categorias "incandescentes" arrefecem. O pensamento baseado em tarefas pode reiniciar o crescimento ajudando as empresas a dar uma sacudida em mercados comoditizados e evidencia oportunidades para reavivar até o mais moribundo dos produtos.

Dando uma sacudida em mercados aparentemente comoditizados.
Poucas palavras provocam uma reação tão visceral por parte dos executivos como *comoditização*. Todo executivo teve alguma má experiência sobre como uma menina dos olhos da empresa viu sua diferenciação se dissipar e suas margens despencarem. Nessas circunstâncias, injetar mais dinheiro em inovação parece piorar o problema em vez de amenizá-lo. O CEO da General Electric, Jeffrey Immelt, se expressou bem ao observar: "Todos nós estamos a um passo do inferno das *commodities*".[10]

Mas o que significa exatamente comoditização? Significa que os clientes simplesmente não dão valor a melhorias adicionais em determinadas dimensões. Isso significa que não existe *nenhuma* melhoria que os clientes *iriam* valorizar? A resposta a essa pergunta geralmente é não.

A Hill-Rom Industries, uma empresa que vende camas hospitalares, é um excelente exemplo. Camas hospitalares parecem ter todas as características de um produto comoditizado. Mesmo assim, entre 1975 e 1990 a Hill-Rom aumentou sua participação de mercado de 30% para 90% e dobrou a frequência com que os hospitais substituíam as camas existentes por novas.

Tentando entender as alavancas que a empresa poderia influenciar para aperfeiçoar o negócio de seus clientes, ela constatou que as enfermeiras, que são responsáveis por uma parcela significativa dos custos operacionais de um hospital e cujas interações com os pacientes influenciam muito a percepção de qualidade nos cuidados, estavam despendendo um tempo enorme em tarefas não relacionadas com cuidados com o paciente — por exemplo, pegando coisas que os pacientes deixaram cair no chão e resolvendo problemas com a TV.

Ao adicionar características e funções às suas camas hospitalares que eliminavam várias tarefas não relacionadas com cuidados com o paciente, a Hill-Rom diferenciou suas camas de maneiras que ajudavam os hospitais a economizar dinheiro. Os hospitais passaram prontamente a pagar preços mais altos para obter tais melhorias. Esses *insights* não vieram da segmentação de mercados segundo o tamanho dos hospitais, pequenos, médios e grandes. Eles se originaram do entendimento da tarefa: as alavancas que impulsionaram a rentabilidade dos hospitais (veja o Quadro "Tarefas B2B").

Acabou se revelando que havia um espaço tremendo para diferenciação e preços mais caros no mercado de camas hospitalares, mas isso exigia uma nova perspectiva para identificar dimensões em que os produtos existentes não eram suficientemente bons para realizar tarefas importantes.

Tarefas B2B

O conceito de tarefas a serem realizadas se aplica tanto para a venda para empresas como para consumidores. Sob certo aspecto, se você vende para empresas, a busca é fácil. Como diz o velho ditado: "Negócios são negócios". Entenda como seu cliente-empresa se organiza para ganhar dinheiro e ajude-o a superar os obstáculos que inibem o potencial de lucro da empresa.

Obviamente, qualquer especialista irá lhe dizer que vender para empresas é uma tarefa complicada, pois muitos itens requerem aprovação ou existem em sistemas complexos. Para entender mais a respeito de um cliente-empresa, certifique-se de monitorar de perto esse sistema complexo. Procure entender o comprador, os influenciadores e o tomador de decisão final. Cada pessoa nessa rede provavelmente tem tarefas distintas que eles estão tentando ter realizadas.

Reavivando marcas moribundas.
Muitas empresas acreditam que o poder de determinadas marcas declinam com o tempo. Uma marca que anteriormente era um gerador de crescimento decresce em importância à medida que os principais clientes envelhecem e surge uma nova geração sem uma ligação estreita com a marca.

Uma perspectiva baseada em tarefas pode elucidar maneiras de revigorar a marca. A Procter & Gamble fez exatamente isso vários anos atrás, quando reavivou com sucesso sua linha de produtos Mr. Clean.

A Procter & Gamble fez uma pergunta simples, mas efetiva: "Qual a verdadeira razão para as pessoas alugarem os produtos Mr. Clean quando a marca se encontrava em sua fase áurea nas décadas de 1960 e 1970?". Sua conclusão: limpar magicamente aquilo que parecia impossível de ser limpo.

Com esse entendimento, a P&G começou a procurar ativamente circunstâncias em que os consumidores ficavam frustrados por sua inabilidade de limpar superfícies magicamente. Ela identificou alguns exemplos:

1. O pestinha do meu filho achou que nossas paredes brancas e imaculadas eram a tela ideal para expressar sua visão artística. O Mr. Clean

Magic Eraser limpa essas superfícies difíceis de ser limpas... como em um passe de mágica.
2. Passo quatro horas por dia em meu carro e ele acaba ficando sujo. Não tenho tempo nem a mínima disposição de ir a um limpador de carros profissional, e água e sabão não cumprem realmente a função. O Mr. Clean AutoDry realiza essa tarefa.
3. Adoro limpar atrás do vaso sanitário, a parte de trás da ducha e debaixo do lavabo. Mas, ao mesmo tempo, não quero acabar com as minhas costas. O Mr. Clean MagicReach Bathroom faz com que esse problema fique muito mais fácil de ser resolvido.

Através de perguntas sobre quais tarefas os clientes historicamente contratavam a linha Mr. Clean para tê-las cumpridas, a P&G foi capaz de concentrar sua energia inovadora em situações em que essa tarefa não poderia ser cumprida adequadamente, ajudando-a a retornar a marca à sua antiga proeminência.

Resumo

O conceito de tarefas a serem realizadas é simples: clientes não adquirem produtos ou serviços; eles os alugam para ter suas tarefas do cotidiano realizadas. O objetivo é deixar de pensar em furadeiras de ¼" e passar a pensar em furos de ¼". Para encontrar os seus furos de ¼", adote as seguintes diretrizes:

- Crie enunciados referentes à tarefa que expliquem quem tem a tarefa, o que está tentando resolver e o contexto em que a tarefa ocorre.

- Considere os objetivos que os clientes usam para considerar soluções alternativas e as barreiras que afetam suas escolhas entre várias soluções diferentes.

- Avalie os candidatos que um cliente poderia considerar para ter a tarefa realizada, analisando como essas ofertas vão contra os objetivos e barreiras enunciados.

- Use técnicas como *brainstorming*, grupos de discussão, observação de clientes, análise de comportamentos compensadores e pesquisa de casos de clientes para ajudar a identificar tarefas.

- Identifique tarefas prioritárias que são importantes, ocorrem com relativa frequência e não podem ser resolvidas adequadamente com as soluções atuais.

- Dependendo do ponto em que se encontra no ciclo de inovação, use o pensamento tarefas a serem realizadas para identificar a demanda, otimizar soluções, captar valor, defender participação de mercado e revitalizar o crescimento.

Exercícios de Aplicação

- Converse com um colega por meia hora sobre a razão para os clientes alugarem os produtos ou serviços de sua empresa e qual poderia ser o verdadeiro "kit" competitivo de sua empresa.

- Escolha alguns produtos contidos em sua pasta. Anote em que circunstâncias você alugou cada um deles e o quão bem eles cumpriram suas tarefas.

- Comece a fazer com que a interação com os clientes seja parte de sua rotina. Visite alguns clientes. Verifique se você poderia observá-los em seu cotidiano. Em caso negativo, faça com que eles descrevam detalhadamente a última vez em que usaram sua oferta. Continue perguntando "por quê?" e "como?".

- Vá comprar algum produto de sua própria empresa. Converse com os vendedores sobre o produto de sua empresa e aqueles da concorrência. Por que eles recomendam um em comparação a outro?

Dicas e Truques

- Ao pensar em seus objetivos, lembre-se que fatores sociais e emocionais frequentemente são tão importantes quanto aqueles funcionais.

- Certifique-se de que entendeu quem é o seu cliente — particularmente se houver vários clientes no canal de distribuição ou na cadeia de valor.

- Pense de forma abrangente para identificar candidatos à tarefa. Lembre-se que a concorrência real pode estar compensando comportamentos ou simples frustração.

- Comece simplesmente discutindo o conceito tarefas a serem realizadas com um grupo de colegas ou entrevistando um cliente.

- Habitue-se a sempre perguntar "por quê?". Essa simples pergunta pode revelar tarefas mais fundamentais a serem realizadas.

- Treine os funcionários que interagem com clientes, ensinando-lhes o conceito tarefas a serem realizadas. A linha de frente pode ver coisas que poderiam ser invisíveis para funcionários presos no escritório.

PARTE DOIS

Formulação e Formação de Ideias

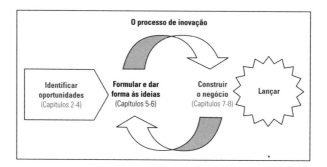

Em algumas dimensões, identificar uma oportunidade baseada no mercado é a parte fácil. Agora temos de formular e dar forma a uma ideia que nos permita capitalizar essa oportunidade identificada. Muitos campos minados se interpõem no caminho para o sucesso. Dados de mercado detalhados "provando" que nos encontramos no caminho certo serão difíceis de ser encontrados. Concorrentes existentes e potenciais estão espreitando a cada esquina. E sabemos que, para sermos disruptivos, temos de seguir uma abordagem que pode parecer contraintuitiva. Na realidade, nossa experiência sugere que o processo normal através do qual as empresas avaliam e moldam oportunidades talvez seja o maior obstáculo enfrentado por empresas em busca da criação de novos negócios que gerem crescimento. A presente seção defende a adoção de uma abordagem marcadamente diferente, baseada no conceito de reconhecimento de padrões. Ou seja, em vez de seguir regras estabelecidas ou avançar às cegas e esperar que o melhor aconteça, deixamos que padrões passados de sucesso ou insucesso guiem nossa jornada. O Capítulo 5 descreve como gerar ideias que se adéquam ao padrão fundamental da inovação disruptiva. O Capítulo 6 dá algumas dicas sobre como usar os padrões para avaliar e moldar essas ideias. Esses dois capítulos estão intimamente interligados. A avaliação que segue a formulação de uma ideia normalmente expõe maneiras para moldar a solução proposta — ou criar uma inteiramente nova.

> *Nós realmente nos concentramos nos conceitos do livro* The Innovator's Dilemma *de duas maneiras. Criamos uma tecnologia radicalmente nova que rompeu com o software empresarial tradicional, e passamos a encarar software como um serviço. Também elaboramos um modelo de negócios radicalmente novo no qual permitimos aos clientes pagar à medida que o forem usando, em vez de tudo de uma só vez, como acontece em um modelo por assinatura. Através das filosofias de {Clayton Christensen} temos sido capazes de romper substancialmente com o setor de software tradicional.*
>
> — Marc Benioff, fundador e CEO da Salesforce.com

CAPÍTULO 5

Desenvolvimento de Ideias Disruptivas

Alguns administradores acreditam que não existe nenhuma maneira de orientar a jornada da inovação, porque a inovação é simplesmente fortuita e imprevisível. Se a inovação fosse, de fato, uma caixa-preta, o melhor que as empresas poderiam fazer seria deixar uma grande quantidade de flores desabrochar, na esperança que de uma delas brotasse um negócio que gerasse crescimento. Isso se assemelha um pouco com soltar um grande número de macacos em uma sala cheia de processadores de texto na esperança que eles produzam obras shakesperianas. Se você tiver sorte suficiente para que isso aconteça uma vez, certamente não terá a expectativa de que isso se repita.

Pesquisas ao longo das últimas duas décadas revelaram que muitas estratégias bem-sucedidas visando novo crescimento, na verdade, seguem um padrão específico. Conforme detalhado na introdução deste livro, estratégias baseadas em inovação disruptiva têm uma chance descomunal de sucesso comercial. Lembre-se que as estratégias disruptivas consistem em produtos, serviços ou abordagens que transformam mercados existentes ou criam novos, sacrificando desempenho puro em nome da simplicidade, conveniência, capacidade de compra ou acessibilidade.

O presente capítulo reforça os princípios básicos do sucesso disruptivo e descreve um processo para gerar ideias disruptivas. A inovação não é previsível. Entretanto, tendo em mente esses princípios básicos e seguindo o processo simples, pode realmente aumentar as chances de se chegar a uma ideia de grande potencial.

Padrões e Princípios do Sucesso Disruptivo

Embora as inovações disruptivas provenham de uma ampla gama de setores de atividade, os empreendedores e as empresas estabelecidas que criaram crescimento disruptivo — implícita ou explicitamente — geralmente observam três princípios básicos:

1. Começar visando clientes saciados ou o não consumo.
2. Lembrar que razoável pode significar excelente.
3. Fazer o que concorrentes naturais consideram pouco atrativo ou interessante.

As seções seguintes discutem cada um desses princípios em maior profundidade.

Princípio 1: Começar Visando Clientes Saciados ou o Não Consumo

As disrupções começam, tipicamente, em segmentos de clientes particulares, sejam não consumidores enfrentando uma barreira que restringe sua capacidade de consumir (conforme descrito no Capítulo 2) ou clientes saciados pelas soluções existentes (conforme descrito no Capítulo 3). À primeira vista, esses grupos de clientes não parecem particularmente atraentes. Mas os disruptores são capazes de enxergar a beleza oculta em mercados indesejados ou invisíveis.

Por exemplo, na década de 1970, ninguém dizia que barras de alumínio para reforçar a resistência à tração do concreto eram um bom mercado. Com uma baixa fidelidade dos clientes e margens reduzidíssimas, o mercado de barras de alumínio era a definição típica de um mercado comoditizado. Fabricantes de alumínio integrados tinham o controle do mercado. A Nucor e outras miniusinas encontraram uma maneira de tornar um mercado aparentemente ruim em um mercado atraente mediante o emprego de uma tecnologia de produção diferente que permitira a elas prosperar nos preços baixos necessários para atender à faixa de baixo custo desse negócio. O Corona da Toyota, a Southwest Airlines e a Dell Computer são outros exemplos notáveis de empresas que, inicialmente ligadas a clientes saciados, procuraram sacrificar desempenho puro em nome da personalização, conveniência ou preços baixos.

De modo similar, a maioria das empresas estabelecidas que trabalhavam com tecnologia computacional na década de 1970 concentrou, racionalmente, sua grande capacidade de engenharia no mercado de grandes empresas. Isso porque as máquinas cotadas a preços menores eram minicomputadores que tendiam a custar mais de US$ 200.000. Os preços elevados limitavam a tecnologia a tarefas pesadas em grandes empresas, como aplicações de engenharia. As empresas reservavam mainframes ainda mais caros para aplicações realmente indispensáveis para o cumprimento da missão da empresa, como, por exemplo, processamento de transações. O mercado de computadores domésticos era praticamente zero, até que os fabricantes de computadores pessoais tornaram a computação simples e economicamente viável.

As empresas bem estabelecidas que começaram a nutrir abordagens disruptivas se depararam com a tantalizadora opção de levar a solução para seus clientes atuais. Parecia fazer o maior sentido. Afinal de contas, a empresa já tinha um relacionamento estabelecido com esses clientes, bem como uma marca que poderia ajudar a ser bem-sucedida nessa ação. Tornar essa solução disruptiva suficientemente boa para os clientes atuais normalmente requer pesados investimentos para resolver limitações de desempenho. Tais investimentos podem acabar com a essência disruptiva da nova solução. Além disso, levar a solução a mercados estabelecidos significa seguir abordagens já estabelecidas, o que pode impedir as empresas de verem o novo potencial inerente ao modelo disruptivo.

A literatura disruptiva explica as limitações em "entulhar" os mercados atuais com uma solução disruptiva.[1] Por exemplo, nos primórdios da internet, a maior parte das empresas jornalísticas reagiu replicando seus jornais impressos para o mundo *on-line*, visando, essencialmente, leitores e anunciantes existentes.[2] Embora tenham sido bem-sucedidas na criação de uma presença na Web, o modelo de negócios *on-line* de classificados e anunciantes espelhava o modelo de negócios *off-line*. A maioria das empresas perdeu a oportunidade de criar modelos de negócios novos e atrativos relacionados com busca, leilões e marketing direto. Essa falha criou oportunidades para novas empresas captarem grande parte do valor do mercado de mídia *on-line*. "Entulhar" é caro e raramente funciona.

Princípio 2: Razoável Pode Significar Excelente

Muitos inovadores procuram superar soluções existentes esperando, basicamente, ganhar jogando *melhor* o jogo da inovação. Os disruptores ganham jogando o jogo da inovação de forma *diferente*. Disrupções são tudo sobre *trade-offs*. Tipicamente, as disrupções oferecem menor desempenho em dimensões que, historicamente, importavam aos clientes tradicionais. Elas não são ruins nessas dimensões; elas são suficientes. Mas — aos olhos dos clientes — elas vão além, oferecendo melhor desempenho em outras dimensões.

Consideremos a Netflix, cujo modelo de assinatura de DVDs foi um sucesso tremendo. A Netflix introduziu seu modelo inovador em 1998. Os clientes pagam uma taxa de assinatura mensal (estabelecida de acordo com o número de DVDs que eles querem assistir mensalmente), escolhem seus DVDs de um estoque vasto e abrangente no site da Netflix, e recebem a seleção de primeira classe na postagem do dia seguinte. Os assinantes poderão ficar com o DVD o tempo que quiserem; assim que o devolverem, usando o envelope pré-pago fornecido, a Netflix despacha o próximo DVD, de acordo com suas listas personalizadas.

A oferta possui todas as características de inovação disruptiva. Ela compete com base na conveniência, capacidade de compra ou acessibilidade. Seu modelo por assinatura parecia pouco atrativo para as videolocadoras tradicionais que, historicamente, obtinham grande parte de seus lucros cobrando multas por atraso na devolução. O modelo simples da nova empresa gerou crescimento

Desenvolvimento de Ideias Disruptivas 169

impressionante — em menos de uma década, ela se tornou um negócio de US$ 1 bilhão, enquanto se esquivava de ofertas de concorrentes como o Walmart.

A solução da Netflix baseada nos correios não era perfeita. Se for uma hora da tarde e você quiser assistir ao DVD naquela mesma noite, o modelo da Netflix não funciona. Você pode ficar com o olhar fixo na caixa do correio o tempo que quiser, mas a Netflix não é tão boa em dimensões de gratificação imediata quanto ofertas concorrentes como a videolocadora da esquina ou do filme *pay-per-view* através do controle remoto de sua TV a cabo (obviamente, essa afirmação irá mudar à medida que a Netflix sustentar seu modelo de negócios e partir para o vídeo sob demanda via internet). Entretanto, os clientes da Netflix estão dispostos a abrir mão de gratificação imediata por taxas mais baratas e uma oferta de escolha e disponibilidade significativamente maior.

Ou considere então a câmera embutida em seu celular. A qualidade de imagem obtida não é nem de longe comparável àquela de uma câmera digital ou tradicional de alta qualidade. Mas e caso você tenha esquecido ou não queira se incomodar em carregar sua câmera para um concerto ou uma festa? Na realidade, se o que deseja é apenas compartilhar um momento com alguém, tirar uma foto razoável com o celular e enviá-la imediatamente via mensagem para o celular ou *e-mail* de um amigo funciona muito melhor do que tirar uma foto com a câmera, descarregá-la em um PC e então enviar a imagem via *e-mail*.

Frequentemente, as empresas cometem o erro de tentar buscar uma solução perfeita que faça tudo corretamente desde o primeiro dia. Normalmente, os resultados são produtos com recursos demais e caros, que na verdade não funcionam muito bem. Lembre-se que *qualidade é um termo relativo*. Não se pode determinar se um produto ou serviço é bom ou ruim até que se entenda a tarefa a ser realizada. Uma solução que um engenheiro imagina ser perfeita pode parecer complicada e difícil de lidar para um cliente, enquanto uma solução que uma empresa considera abaixo do padrão poderia encantar um cliente pela sua simplicidade e viabilidade econômica.

Obviamente, em um mundo ideal, as empresas seriam capazes de criar produtos ou serviços perfeitos de grande funcionalidade, fáceis de serem usados, que poderiam ser personalizados e também viáveis em termos de preços ao consumidor. Seja lá como for, o mundo está cheio de *trade-offs* e, algumas vezes, uma mera adequação em dimensões funcionais pode permitir que uma empresa desenvolva maneiras inovadoras para vencer a concorrência através da simplicidade, capacidade de compra ou conveniência.

Princípio 3: Faça Aquilo que os Concorrentes Não Fariam

Muitos livros de administração ilustram de forma detalhada como as empresas que agem do jeito certo podem subjugar concorrentes existentes. Os disruptores bem-sucedidos quase *nunca* procuram uma rota de colisão com concorrentes bem estabelecidos.³ Se você seguir uma estratégia que também pareça atrativa para líderes de mercado, pode apostar que eles reagirão rapidamente e, como empresas com posição de predomínio no mercado, normalmente elas têm vantagens difíceis de ser batidas. Caso seja uma empresa entrando no mercado, para vencer a batalha da inovação disruptiva, você tem de transformar um ponto forte da empresa dominante em uma fraqueza.

Por exemplo, a Salesforce.com adotou uma abordagem que os líderes no mercado de software CRM (*Customer Relationship Management*, ou seja, Gestão do Relacionamento com Clientes) acharam pouco atraente. O software CRM é usado para ajudar as empresas a melhorar seus processos de vendas. Antes da Salesforce.com ter entrado em cena, a SAP, a Oracle e a Siebel (mais tarde adquirida pela Oracle) dominavam o mercado de CRM. Essas empresas vendiam soluções relativamente caras que exigiam personalização e instalação para garantir a integração da solução com os demais pacotes de software do cliente. Os clientes pagavam uma taxa mensal pela manutenção do software instalado.

A Salesforce.com adotou uma estratégia marcadamente diferente, vendendo acesso a programas residentes em *hosts* centrais. Os usuários pagam modestas taxas mensais para acessar esses bancos de dados através da Web. Essas soluções residentes em *hosts* são, ocasionalmente, mais lentas e não se integram perfeitamente com outras aplicações, mas são baratas, flexíveis e fáceis de ser usadas — todos os traços de uma inovação disruptiva.

A Salesforce.com usou várias táticas que fizeram com que seus concorrentes não quisessem ou se interessassem em reagir imediatamente:

- ***Ela começou pelo não consumo.*** Quando a Salesforce.com começou a vender para pequenas empresas que já haviam usado software CRM, os líderes de mercado não se sentiram afetados. Visar não consumidores pode ser uma grande maneira de estabelecer um ponto de apoio para inovação disruptiva.
- ***Ela visou um tipo de cliente que a concorrência considerava indesejável.*** À medida que a Salesforce.com progredia no mercado estabelecido, ela começou a mirar e a conquistar as camadas inferiores do mercado — a saber, empresas de porte médio que eram os clientes menos rentáveis dos concorrentes estabelecidos. Encontrar maneiras lucrativas para atender clientes aparentemente pouco atrativos é o segredo para o crescimento disruptivo.
- ***Ela usou um canal de distribuição diferente.*** A maioria dos concorrentes estabelecidos tinha parceiros como, por exemplo, a Accenture, que realizava o grosso do trabalho de instalação. Geralmente, as empresas hesitam enraivecer parceiros fundamentais. Outro exemplo foi quando a Compaq, fabricante de computadores que vendia no varejo, tentou reagir à Dell através da criação de sua própria ramificação de vendas *on-line* direto ao consumidor, tendo que encerrar o negócio devido ao protesto das lojas que vendiam seus computadores.
- ***Ela criou um modelo de negócios que não dependia de um fluxo contínuo de receitas de vital importância para as empresas com posição de predomínio no mercado.*** Os concorrentes bem estabelecidos no mercado se preocupavam muito com as taxas relacionadas com personalização e instalação. Um modelo centralizado sem essas taxas não os apetecia. Da mesma forma, sem cobrar as taxas por atraso na devolução dos DVDs, a Netflix fez com que seu negócio parecesse estruturalmente menos atraente para a Blockbuster, cujo modelo se apoiava nessas multas por atraso.

Geralmente, os disruptores seguem uma abordagem que os líderes de mercado bem estabelecidos consideram pouco atraente ou desinteressante. Entrar no mercado dessa forma maximiza o tempo antes de um concorrente se motivar para reagir e minimiza as opções de reação do concorrente.

A luta contra dificuldades da TiVo, pioneira do DVR (*digital video recorder*, ou seja, gravador de vídeo digital), mostra quão importante é considerar como *todos* os concorrentes irão reagir a uma inovação. A TiVo desenvolveu uma ideia inequivocamente inovadora: produzir um equipamento que permitisse às pessoas gravar programas de TV e controlar como e quando assisti-los. De fato, ela foi a pioneira de um mercado inteiro. Entretanto, a tecnologia DVR rapidamente mostrou-se extremamente atrativa para uma série de concorrentes desse segmento. Tão logo as operadoras de TV a cabo souberam que os clientes queriam ter a capacidade de assistir àquilo que quisessem quando quisessem, elas começaram a experimentar maneiras de oferecer serviços concorrentes. Eles solicitaram aos fabricantes de decodificadores como Motorola e Scientific Atlanta (hoje pertencente à Cisco) para incluírem a funcionalidade de DVR em seus produtos. As operadoras de TV a cabo tinham uma vantagem natural em relação à TiVo: elas eram capazes de oferecer serviços baratos que constassem da fatura mensal do cliente.

Portanto, em vez de ter o mercado para si só, a TiVo foi forçada a se esquivar de contra-ataques lançados por concorrentes motivados e financeiramente estáveis, disputando a captura do valor que a própria TiVo havia criado. A TiVo tentou reagir criando novas fontes de receitas baseadas na venda de informações sobre clientes e no fornecimento de propagandas especiais que eram exibidas enquanto os clientes apertavam o botão de avanço rápido durante propagandas de transmissões regulares. Embora a empresa ainda possa ter sido bem-sucedida nesses empreendimentos, foi forçada a gastar muito dinheiro, rapidamente saindo do mercado que ela criou.

Compreender realmente o impacto de uma inovação exige avaliar essa oportunidade sob uma perspectiva de mercado. Há vezes em que uma abordagem pode parecer disruptiva para os indivíduos de uma empresa, mas que pode parecer altamente sustentadora para concorrentes existentes, conferindo ao projeto uma pequena probabilidade de sucesso.

Três Passos para Ideias Disruptivas

É legitimamente difícil criar ideias bilionárias sob demanda. Constatamos, entretanto, que o processo de três etapas apresentado no presente capítulo pode ser uma maneira útil de gerar ideias de elevado potencial. Embora seja bom despender *algum* tempo seguindo essas etapas, não gaste tempo demais. Nenhuma ideia nasce perfeitamente formada da cabeça de um inovador. E nenhuma quantidade de análise e investigação é capaz de provar que sua ideia seja a correta. Procure desenvolver uma perspectiva inicial rapidamente; em seguida prossiga nas atividades detalhadas nos próximos capítulos.

O objetivo dessas etapas é desenvolver ideias específicas. Tenha como objetivo dois tipos de resultado. Primeiramente, escreva um resumo de não mais de trinta palavras que capte a categoria que está visando, o que você pretende fazer e o que fará para vencer. Os exemplos abaixo teriam sido resumos razoáveis para algumas das inovações disruptivas das quais tratamos superficialmente até então neste livro:

- **QuickBooks da Intuit:** "Transformar o mercado de software contábil para pequenas empresas, oferecendo soluções simples que 'ocultam' a complexidade da contabilidade."
- **Dow Corning Xiameter:** "Padronizar a venda de silicone comoditizado para gerar retornos atrativos com preços reduzidos no varejo."
- **Wii da Nintendo:** "Democratizar o mercado de videogames, desenvolvendo um *joystick* que torne os videogames acessíveis e engajadores para jogadores esporádicos."

Em segundo lugar, use o *Curriculum Vitae* de Ideias para sintetizar sua ideia específica (vide Ferramenta 5-1). Esse conjunto simples de ideias "interliga" conceitos-chave enfatizados neste livro e ajuda a garantir que você considere a gama de alavancas de inovação descritas neste capítulo.

Passo 1: Concentre seus Esforços

É difícil bolar ideias tangíveis caso não enfoquemos uma determinada área. Se estiver lendo este livro na ordem, já terá gerado uma lista de domínios no Capítulo 1 e terá começado a explorar domínios selecionados com as ferramentas discutidas nos Capítulos 2 a 4. Caso não tenha seguido esse método, certifique-se de que você e a sua equipe concordam sobre a área a ser exploradas. Não existe nenhum ponto de partida certo ou errado. Eis aqui, por exemplo, alguns pontos de partida usados em alguns projetos recentes da Innosight:

FERRAMENTA 5-1

O *Curriculum Vitae* de Ideias

O Curriculum Vitae *de Ideias* é uma maneira simples de captar a essência de uma ideia. Destina-se a ser completado em menos de quatro horas.

Nosso objetivo estratégico é:	
As alavancas que iremos acionar para atingir esse objetivo são:	
O cliente-alvo como ponto de apoio é:	
A versão 1.0 de nossa oferta será parecida com o seguinte: (inclua um esquema ou desenho)	Onde ela é razoável quando comparada com as ofertas existentes: Onde ela é melhor:
Concorrentes potenciais ou existentes que nos deixam nervosos:	
Iremos minimizar ou evitar a concorrência mediante:	
Nossas fontes de receita serão:	
Nosso modelo de receitas será:	
A razão para acreditarmos que ela poderá ser grande no 5º ano é:	
Manteremos os custos fixos baixos mediante:	
Iremos criá-la mediante:	
Iremos lançá-la mediante:	
Iremos comercializá-la mediante:	

Desenvolvimento de Ideias Disruptivas   175

- Um grupo de clientes, como, por exemplo, uma empresa de mídia pensando em "mães trabalhadoras".
- Uma área geográfica, como uma empresa industrial pensando na "China".
- Uma categoria emergente de produto, como uma instituição financeira pensando em "hipotecas reversas" (em que as pessoas que saldaram suas hipotecas podem receber pagamentos regulares sem vender suas casas).
- Uma tendência, como uma concessionária de energia pensando em "fontes de energia renovável".
- Uma tecnologia, como sensores sem fio.

É útil que a área de investigação seja suficientemente ampla para dar espaço para discussão e exploração, mas suficientemente restrita para que a discussão possa ser tangível. Por exemplo, a China por si só provavelmente seja muito abrangente para ser útil. "Motores elétricos na China" ou "Pequenas empresas em cidades costeiras da China tentando administrar a folha de pagamento" são pontos de partida mais apropriados.

Assim que tiver uma meta, certifique-se de ter usado a análise dos três capítulos anteriores para entender mudanças recentes nesse mercado. Tente encontrar barreiras que restringem o consumo. Procure entender as camadas do mercado que são saciadas por produtos ou serviços existentes. Identifique tarefas importantes que não podem ser atendidas pelas soluções atuais. Mais importante ainda, procure entender como os concorrentes estão operando nesse espaço.

No final desse estágio, você deve ser capaz de exprimir em uma frase o domínio visado. Você também deve ter pelo menos ideias preliminares sobre os clientes que poderia visar e a tarefa que eles não conseguem realizar adequadamente com as soluções atuais.

Utilização de mapas de desempenho para identificar oportunidades.
O livro *Blue Ocean Strategy*, publicado em 2005, inclui uma ferramenta muito útil, denominada mapas de desempenho, que pode ajudar a idealizar

soluções equilibradas.[4] Adaptar o mapa para fins disruptivos cria uma maneira simples, mas poderosa, de orientar a discussão sobre como o inovador pode experimentar variando características de desempenho para solucionar um problema de uma forma diferente.

A Figura 5-1 apresenta um exemplo de mapa para soluções de vídeo. O eixo horizontal mostra os objetivos que as pessoas poderiam ter ao considerar diferentes soluções de vídeo (veja o Capítulo 4 para maiores detalhes sobre objetivos). O diagrama apresenta então soluções de concorrentes nessas dimensões, identificando onde cada solução não é razoável, é razoável, excelente ou saciada (boa demais). Esse diagrama mostra duas soluções: TV a cabo e YouTube. A TV a cabo oferece conteúdo produzido profissionalmente e uma gama razoavelmente ampla de programação, mas é cara. O YouTube possibilita que as pessoas se engajem de novas maneiras com o vídeo *on-line* através da publicação de conteúdo, em grande parte original, para permitir a visualização, o compartilhamento e comentários de vídeos. Ele fornece valor de uma forma diferente ao possibilitar que consumidores criem e apresentem conteúdo próprio. O conteúdo gerado pelo usuário é muito inferior à dimensão tradicional de qualidade da produção, mas é rápido, gratuito, altamente criativo, muito específico e interativo — as pessoas compartilham conteúdo e fazem comentários livremente. O conteúdo do YouTube é fundamentalmente diferente daquele que a mídia de massa produz e também é entregue e consumido de formas diferentes.

A Figura 5-1 mostra onde o YouTube é razoável e onde ele suplanta em muito o desempenho que a TV a cabo oferece.

Em termos gerais, fazer um mapa de desempenho pode ajudar a empresa a identificar como moldar sua solução para concorrer em um mercado de diferentes formas. Para usar o mapa, trace as duas ou três soluções que seu cliente-alvo poderia escolher para ter a tarefa realizada. Lembre-se, comportamentos compensadores ou soluções paliativas podem ser a solução. Procure oportunidades de atuar de forma diferente. Um truque simples é visualizar um mapa de desempenho em sua mente. Conceba uma imagem especular da solução dominante em um dado mercado, algo que seja adequado onde a solução existente seja boa e vice-versa. Em seguida, pergunte se há um grupo de clientes que poderia realmente ficar encantado com esta solução especular.

FIGURA 5-1
Mapa de desempenho de vídeo

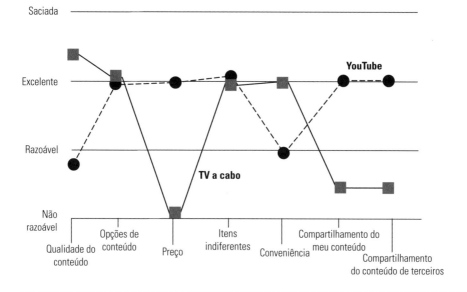

Passo 2: Determine o seu Objetivo Estratégico

Assim que tiver determinado seu espaço-alvo, procure criar um consenso em sua equipe referente ao "objetivo estratégico" de suas iniciativas de inovação. O que você espera alcançar exatamente? Verificamos ser interessante conceber quatro objetivos estratégicos genéricos, três dos quais sejam ofensivos por natureza e um que seja defensivo.

Transformar um mercado existente.
As empresas que seguem esta abordagem encontram uma maneira fundamentalmente diferente para atuar em mercados estabelecidos. Por exemplo, no início da década de 1990, a Intuit determinou que várias pequenas empresas se intimidavam com os recursos contábeis presentes em pacotes de software avançados vendidos por empresas como a Peachtree. A Intuit criou um pacote simples denominado QuickBooks, que permitia aos proprietários

de pequenos negócios medir seus fluxos de caixa de forma confiável. De forma semelhante, a Dell transformou o mercado de computação pessoal na década de 1980 ao começar vender suas máquinas diretamente ao consumidor. A empresa começou com vendas via catálogos e por telefone antes de expandir seus negócios para a Web. Ao combinar seu modelo de venda direta com a excelência de sua cadeia de suprimentos, a empresa foi capaz de tirar proveito da queda nos preços dos componentes com preços reduzidíssimos no varejo. Muitas empresas que transformam mercados existentes o fazem de maneiras similares, desenvolvendo modelos econômicos diferentes.

Expandir um mercado existente.
Uma forma de criar sucesso disruptivo é escancarar as portas de um mercado restrito. Por exemplo, no início dos anos 1990, as pessoas que quisessem clarear seus dentes teriam de ir a um consultório dentário, aguentar um procedimento desconfortável e pagar até US$ 1.000. Como consequência, não muita gente clareava seus dentes. Em 2000, a Procter & Gamble introduziu a Crest Whitestrips, uma solução simples e economicamente acessível que permitia às pessoas clarear os dentes sozinhas em casa. Ela expandiu o mercado de clareamento de dentes, tornando-o, simultaneamente, mais acessível e mais barato.

Muitos exemplos de inovação disruptiva — o PC, o celular, o Wii e o modelo educacional para adultos da Universidade de Phoenix — seguiram esta abordagem.

Criar um novo mercado.
A terceira abordagem que as empresas podem adotar para atingir crescimento disruptivo é estabelecer um mercado inteiramente novo. Por exemplo, a P&G teve a ideia do Swiffer ao observar uma mulher frustrada que havia deixado cair borra de café no chão da cozinha. As soluções existentes que ela poderia "alugar" para limpar a borra não realizavam a tarefa particularmente bem. Uma vassoura deixaria parte da borra no chão; mas carregar um aspirador pesado e trazê-lo para a cozinha apenas para essa pequena tarefa parecia ser um exagero.

Um pano descartável Swiffer, entretanto, cria uma carga eletrostática que gruda as partículas ao pano. Essa forma simples e fácil de limpar pequenas coisas derramadas em casa se transformou em uma marca de rápida expansão para a empresa. A categoria de vassouras e esfregões existia, obviamente, há várias gerações, mas encontrar essa frustração do consumidor permitiu à P&G criar uma nova categoria de produtos e serviços desenhados para facilitar "limpezas rápidas".

De modo similar, antes da Research In Motion ter criado sua linha de produtos BlackBerry, não havia nenhuma categoria de aparelhos que possibilitasse às pessoas enviar e receber *e-mails* de forma confiável quando fora do escritório. Os *laptops* tinham *modems* difíceis de ser usados, que exigiam uma linha telefônica dedicada, e os *pagers* uni e bidirecionais padeciam de limitações de desempenho e custo. A solução mista de hardware e serviço da Research In Motion criou uma categoria que alimentou o crescimento explosivo da empresa. O número de BlackBerrys cresceu de aproximadamente 500 mil em 2002 para cerca de 10 milhões em 2007.

Defenda-se contra um disruptor emergente.
Finalmente, as empresas podem tentar se defender contra disruptores emergentes em sua categoria. Por exemplo, conforme discutido no prefácio do livro, no início dos anos 2000 a Intel lançou um microprocessador "enxuto" chamado Celeron para concorrer com a ameaça disruptiva representada por empresas como a Advanced Micro Devices e Cyrix. A oferta Xiameter da Dow Corning (discutida na introdução deste livro) também se encaixa nessa categoria.

Estritamente falando, essas quatro categorias não são nem mutuamente exclusivas nem coletivamente exaustivas. Por exemplo, o PC poderia ser visto como uma expansão do mercado de computadores para além das empresas e, ao mesmo tempo, a criação de um mercado inteiramente novo formado por usuários domésticos de computadores. Não obstante, o processo de tentar articular um objetivo estratégico pode dar uma luz a uma equipe e evidenciar chaves para o sucesso imediato. Se for transformar um mercado, terá de ter um entendimento completo sobre como funciona esse mercado, de modo a poder formular uma estratégia fundamentalmente diferente para ele. Para criar um novo mercado, temos de ter certeza que realmente existe uma frustração arraigada do cliente — afinal de contas, algumas vezes os mercados não existem porque simplesmente não há uma necessidade premente por parte do cliente. Quebrar uma barreira é fundamental para expandir um mercado; portanto, é melhor ter certeza de focar na barreira correta. Se estiver defendendo em vez de atacando, terá de entender a chave para o sucesso do disruptor — e desarmá-lo.

Passo 3: Decida como Atingir o seu Objetivo Estratégico

Agora vem a parte mais difícil: formular de verdade a ideia que lhe permitirá atingir o seu objetivo estratégico. Muitas empresas irão começar — e terminar — conceitualizando um conjunto de características que parecem realizar a tarefa de inovação. Esse é um ótimo ponto de partida. Entretanto, lembre-se que a chave para a disrupção bem-sucedida normalmente envolve o desenvolvimento de novos modelos de negócios que vão muito além da inovação baseada em características e em funcionalidades (veja o quadro "O Que é um Modelo de Negócios?").

Ao trabalhar soluções disruptivas, os inovadores devem considerar alavancas como a criação de novos modelos de geração de lucros, a construção de novos fluxos de receitas, o desenvolvimento de novos processos, o trabalho com parceiros diferentes, o uso de novos canais e a adoção de abordagens de comercialização distintas. Mesmo que a essência de sua oferta seja um novo conjunto de recursos, considerar esses elementos holísticos do modelo de negócios irá maximizar as chances de sucesso.

Amazon.com e Zara: novos modelos de geração de lucros.
Tipicamente, os modelos de geração de lucros de negócios estão profundamente enraizados em um setor de atividade, e a tradição normalmente acaba vencendo a inovação. Entretanto, o modelo de geração de lucros de um negócio pode ser um meio muito poderoso para lançar uma estratégia inicial e potencialmente romper com o curso normal de um setor de atividade.

Por exemplo, a Amazon inovou o modelo fundamental de geração de lucros no comércio varejista de livros. Historicamente, a maneira através da qual se procedia uma venda de livros no varejo era a seguinte: uma empresa compraria um livro, o manteria em estoque, pagaria seu fornecedor e o venderia ao consumidor que veio à loja. O intervalo de tempo típico desde a compra até a efetiva conversão em dinheiro era cerca de 168 dias. O modelo de negócios da Amazon é organizado de tal forma que o cliente até mesmo paga antes de a empresa obter o livro de seu fornecedor e, consequentemente, antes de ela ter de pagar o fornecedor também. Combinando o fornecedor e o consumidor de uma forma que dê a ela um capital de giro baseado na postergação de seus compromissos, o modelo de baixo custo da Amazon é parecido com o de um editor de revistas, que recebe pagamento adiantado dos assinantes antes de ele entregar o produto. Este foi um modelo altamente inovador para a venda de livros no varejo.

De forma similar, a Zara, marca líder do grupo varejista espanhol Inditex, gerou crescimento dominando a habilidade de fornecer "moda rápida". Enquanto a maioria dos varejistas mantém mercadorias em estoque por um longo período de tempo, a Zara desenhou sua cadeia de suprimento de modo a garantir que ela recebesse novos itens em suas lojas quase que semanalmente. Os consumidores passam a visitar as lojas com maior frequência, pois estão quase certos de que encontrarão algo novo. Além disso, se a Zara deixar de cumprir essa marca com algum produto específico, a falha tem pouca importância, pois o item desaparece rapidamente. Esse modelo inovador transformou a Zara em um dos principais (e mais rentáveis) varejistas do mundo.

UPS e Syngenta: explorando novas fontes de receita.
Outra forma através da qual as empresas podem inovar é encontrar diferentes maneiras de gerar receita. Consideremos o caso da UPS. Em 1996, a direção da UPS reconheceu que seu negócio altamente rentável de entrega de encomendas poderia se tornar comoditizado. Ela passou então por um processo de identificação de oportunidades de crescimento. A partir desse processo, a UPS reconheceu que havia uma oportunidade para alavancar sua experiência e *expertise* no gerenciamento do fluxo de mercadorias para empresas no sentido do gerenciamento do fluxo de informações e dinheiro. A UPS reconhecia que, embora os próprios compradores e vendedores não estivessem mais realizando negócios face a face, ela havia estabelecido relacionamentos em ambas as pontas da transação. Ao monetizar uma capacidade, a UPS criou um negócio gerador de crescimento substancial.

O Que é um Modelo de Negócios?

Nos anos 2006 e 2007, a Innosight e a SAP conduziram uma série de pesquisas sobre o que, como e o porquê da inovação do modelo de negócios. Parte da justificativa lógica para a pesquisa foi um senso crescente de que tal inovação se tornaria uma fonte de crescimento cada vez mais crítica para uma série de empresas. De fato, uma pesquisa da IBM de 2006 constatou que 30% dos CEOs diziam que a inovação do modelo de negócios seria crucial nos próximos oito a dez anos.[a] Entretanto, nossa experiência sugere que menos de 10% dessas empresas estão realmente focadas em uma verdadeira inovação do modelo de negócios.

Uma descoberta fundamental da pesquisa é o fato de não existir uma definição largamente aceita de modelo de negócios. Muitas definições ou são muito amplas para serem postas em prática ou muito limitadas para serem úteis. Através de nossa pesquisa, tentamos criar uma definição concisa, embora completa, que poderá ajudar os executivos a perseguir, executar e transformar ativamente suas firmas e setores de atividade.

Um modelo de negócios é a arquitetura fundamental de um negócio, em suma, descrevendo como uma série de elementos-chave do sistema de negócios se encaixam. O modelo de negócios deve ser visto como parte de uma estratégia de negócios global, mas também é uma categoria única da disciplina de administração — relacionada à, mas diferente de, estratégia competitiva, inovação de produtos e processos, operações e organização.

No seu nível mais básico, um modelo de negócios consiste em quatro componentes coligados e interdependentes:

- A proposição de valor do cliente que define a(s) oferta(s) de serviços e/ou produto(s) que um empreendimento oferece a seus clientes a um dado preço.
- O sistema de lucros ou proposição de valor da empresa que um empreendimento emprega para fornecer valor econômico a seus acionistas.
- Os recursos fundamentais que uma empresa emprega para criar valor.

- Os processos críticos que orientam e modelam as operações; como a empresa organiza e atua para criar e fornecer a proposição de valor ao cliente e a si própria.

[a] IBM Global Services, "Business Model Innovation: The New Route to Competitive Advantage", set/2006, http://www.935-ibm.com/services/us/imc/pdf/wp-business-model-innovation.pdf.

Isso não significa que as organizações devam se jogar de cabeça em águas desconhecidas. É importante compreender como suas capacidades podem ajudá-lo a avançar em território novo e altamente rentável. Poucos levaram essa questão tão a sério como a Syngenta. A empresa foi formada em 2000 através de uma fusão entre a Novartis Agribusiness e a Zeneca Agrochemicals. A Syngenta havia, historicamente, se concentrado em explorar sementes que fomentassem atributos desejados por agricultores, distribuidores e varejistas de frutas e verduras — atributos como resistência a pragas, tolerância a intempéries climáticas e maior prazo de validade. Quando os produtos orgânicos se tornaram um mercado em rápida expansão, as sementes da Sygenta alimentaram bilhões de dólares de valor no mercado tradicional que a Syngenta não estava captando. Portanto, em 2004, a Syngenta fez uma *joint venture* com a Tanimura & Antle, um fornecedor de produtos agrícolas bem estabelecido, para lançarem a Dulcinea Farms, uma marca de produtos orgânicos de excelência. O acesso da Syngenta aos produtores permitiu à empresa explorar uma nova fonte de receitas além das sementes.

John Deere: utilização de novos canais.
Empresas estabelecidas normalmente evitam empregar canais alternativos por receio de prejudicar suas relações com parceiros críticos que suportam seus negócios principais. Embora esse receio possa ter seu fundamento, é importante reconhecer que canais alternativos podem ser uma alavanca de inovação crucialmente desprezada.

A John Deere nos dá um exemplo de como acionar essa alavanca sem se alienar de parceiros e canais existentes. Em 2002, a Deere chegou a um acordo com a Home Depot para vender modelos de sua série 100 de cortadores de grama — um afastamento inusitado de sua abordagem tradicional de canalizar produtos exclusivamente através de sua fiel rede de revendedores. Esta foi a primeira parceria no varejo de massa dos cortadores de grama da marca Deere. Para sufocar qualquer eventual reação adversa de sua rede de revendedores, a Deere limitou os modelos disponíveis na Home Depot e encorajou os clientes a adquirir seus equipamentos ali, usando os revendedores Deere tradicionais para serviços. Como consequência desse novo canal, a Deere atingiu um conjunto de clientes diverso, seus revendedores ganharam receitas em serviços e mantiveram suas reputações como locais a serem procurados para ter assistência completa e a Home Depot deu um impulso à amplitude e à qualidade de sua oferta em equipamentos para jardinagem. Isso criou uma situação da qual todos saíram ganhando.

Redirecionar simplesmente uma oferta existente para um novo canal não é uma receita para o sucesso. Lembre-se, os parceiros, assim como os concorrentes, possuem mercados e clientes que eles consideram indesejáveis ou insuficientemente lucrativos para serem atendidos por eles. Atingir diferentes clientes com uma oferta diversa ajuda a criar a distinção necessária para minimizar o conflito entre canais. Essa abordagem evita que canais alternativos concorram por fatia de mercado e impede uma forte reação dos canais, permitindo, ao mesmo tempo, crescer sua participação no mercado.

As empresas já estabelecidas algumas vezes ficam receosas com o impacto que este tipo de abordagem terá em suas marcas. Se diferentes canais atendem clientes diversos, essa questão é menos relevante. Quando clientes e canais se sobrepõem, as empresas devem considerar a introdução de uma submarca ou mesmo uma nova marca.

Conselho: adquirir inovação.
Usar aquisições como uma tática de crescimento parece óbvio. Afinal de contas, criar novo crescimento organicamente está longe de ser uma certeza. Negócios novos podem levar anos para amadurecer. As aquisições podem parecer uma maneira relativamente segura de aumentar as vendas rapidamente.

Mesmo assim, um número significativo de pesquisas chegou a uma conclusão nua e crua: as aquisições, particularmente as grandes, tendem a desapon-

Desenvolvimento de Ideias Disruptivas 185

tar. Em um estudo realizado por uma consultoria, os administradores relataram que mais de 70% de todas as aquisições não foram capazes de criar valor, e até 50%, na verdade, destruíram valor.[5] Dificuldades enfrentadas por empresas de destaque, como a combinação das gigantes da indústria automobilística, DaimlerBenz e Chrysler, ou a aquisição da Time Warner pela America Online por US$ 180 bilhões, são exemplos cruéis do que pode acontecer quando as fusões e aquisições não dão certo.

Embora o retorno médio em pequenas aquisições seja similarmente magro, a extensão dos resultados é muito maior. As chances das coisas darem errado são grandes, mas as chances de se atingir um sucesso extraordinário também são maiores. As empresas que usam princípios disruptivos ao fazer aquisições podem aumentar as chances a seu favor, aumentando, consequentemente, seus possíveis retornos.

Um excelente exemplo de uma empresa que prosperou como resultado de uma pequena aquisição é a varejista de produtos eletrônicos Best Buy. Em 2002, ela comprou uma empresa de 50 funcionários, nas vizinhanças de Minneapolis, chamada Geek Squad. A empresa era prestadora de serviços de informática para consumidores individuais, enviando técnicos para consertar computadores, configurar redes, e instalar e administrar equipamentos de tecnologia avançada. A estratégia da Geek Squad seguia uma clássica abordagem disruptiva, tornando simples e economicamente viável para as pessoas explorarem a *expertise* de TI que até então lhes era proibitivamente cara. A Best Buy pagou cerca de US$ 3 milhões pela empresa. Analistas estimaram que em 2006, quatro anos após a aquisição, a Geek Squad tinha mais de dez mil funcionários, gerava cerca de US$ 1 bilhão em receitas e US$ 280 milhões de lucro operacional. Fortalecida com o sucesso da Geek Squad, em 2005 a Best Buy expandiu suas iniciativas focadas em serviços adquirindo duas outras empresas do ramo de serviços em entretenimento doméstico — a AV Audiovisions (por cerca de US$ 7 milhões) e a Howell & Associates, Inc. (por cerca de US$ 1 milhão). Em 2007, a empresa estava oferecendo serviços de instalação e projetos de entretenimento doméstico através de sua empresa Magnolia, além de serviços de reformas residenciais através da Pacific Sales. Ambos os serviços são oferecidos através de um conceito "loja dentro de uma loja", similar à maneira que a Best Buy opera a Geek Squad. Em 2007, a

Best Buy também estendeu sua estratégia de serviços para pequenas empresas através da aquisição da Speakeasy, um provedor DSL e VOIP, por US$ 97 milhões. Essas pequenas aquisições permitiram à Best Buy criar ofertas disruptivas que possibilitavam a indivíduos e pequenas empresas obter serviços de padrão internacional de forma economicamente viável.

Outras aquisições que se encaixam nesse padrão são a compra da LifeScan em 1986, por US$ 100 milhões, pela Johnson & Johnson; da Linksys em 2003, por US$ 500 milhões, pela Cisco Systems; do MySpace em 2005, por US$ 580 milhões, pela News Corporation; e da MinuteClinic em 2006, por US$ 175 milhões, pela CVS Caremark. Note que esses preços de aquisição, embora não sejam insignificantes, são substancialmente menores que as ostentosas aquisições que tão frequentemente surgem inesperadamente na primeira página do *Wall Street Journal*.

Na realidade, acreditamos que identificar empreendimentos disruptivos logo no início pode ser uma maneira poderosa de gerar retornos significativos (vide Figura 5-2). Nos primórdios da jornada de um inovador disruptivo, o mercado provavelmente irá subestimar seu potencial. Richard Foster descreve como a tradicional "curva S" que a maioria das inovações segue leva a erros de previsão substanciais. Os analistas que baseiam suas avaliações na extrapolação de tendências passadas normalmente subestimam consideravelmente o potencial de uma inovação que acaba de atingir o seu ponto de inflexão (veja a figura). Eles são particularmente suscetíveis a esse erro, pois as técnicas de estimativa tradicionais usadas pelos analistas geralmente são menos eficazes na medição de mercados inexistentes. Empresas que identificam empreendimentos disruptivos logo no início podem adquirir empresas com taxa de crescimento elevada a preços razoáveis.

Obviamente, além das aquisições, as empresas podem usar outras estratégias de relacionamento para explorar empreendimentos inovadores, como participação acionária, bônus de subscrição, *joint ventures*, alianças estratégicas, acordos para coparticipação nas receitas e licenciamento.

FIGURA 5-2

Disrupção e erros de previsão

A maior parte das inovações se ajusta a uma forma de curva em S. Os analistas que baseiam projeções em extrapolações lineares de dados passados podem fazer projeções extremamente errôneas. No ponto A, o analista subestima o potencial ao perder a área hachurada com linhas verticais claras. No ponto B, o analista superestima o potencial ao superestimar a área hachurada com linhas horizontais claras.

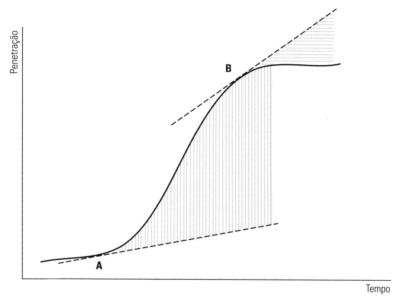

Fonte: Adaptado de FOSTER, Richard N.; KAPLAN, Sarah. Creative Destruction. Nova York: Doubleday, 2002.

Dicas para Geração de Ideias

Gerar ideias é a parte mais difícil do processo de formação de um negócio. Embora ter um consenso sobre o mercado-alvo e o objetivo estratégico ajude, esse estágio do processo requer criatividade e iteração. Constatamos que as técnicas a seguir são úteis ao gerar ideias.

Recorra a Analogias

Recorrer a analogias pode ser uma maneira útil para conceber soluções. Por exemplo, uma empresa estava pensando em desenvolver uma estratégia disruptiva no mercado imobiliário. A investigação da empresa levou-a a acreditar que algumas pessoas achavam que pagavam às imobiliárias comissões muito elevadas para vender seus imóveis. Durante uma sessão de ideias, um gerente disse: "E se fizéssemos com o mercado imobiliário aquilo que a Geek Squad fez com o setor de TI?". Isso levou a equipe a avaliar provedores emergentes no segmento de TI. Ela não apenas descobriu a oportunidade de uma oferta *à la carte* de uma equipe de especialistas, como também descobriu que uma série de empresas estava surgindo e que elas ofereciam um "leilão ao contrário" para serviços de TI. Em outras palavras, os gerentes poderiam ir a um site Web, como o elance.com ou o onforce.com, descrever o problema que estavam enfrentando e dizer o quanto estariam dispostos a pagar pela solução. Os fornecedores de serviços então fariam uma proposta pelo trabalho. A empresa viu uma oportunidade imediata para seguir o mesmo modelo no segmento imobiliário, criando um modelo de leilão ao contrário que iria tirar proveito das redes sociais.

Caso tenha se concentrado em um problema-chave, pergunte se um inovador em um setor de atividade diferente ou segmento suplantou um problema relacionado. Essa linha de pensamento pode trazer à luz novas ideias para crescimento.

Ao visualizar uma ideia, é fundamental permitir que a oportunidade oriente a criação da ideia, e não a sua visão das capacidades de sua empresa. Empresas em busca de crescimento disruptivo podem cair na armadilha de enquadrar tudo segundo sua visão, deixando de fora grandes oportunidades para crescimento. Os empreendedores buscam oportunidades sem se preocupar com os recursos que controlam. No início, não pergunte: "Temos condições de fazer tal coisa?". Pergunte: "Existe uma grande oportunidade à espera de ser capturada?".

Realize Sessões de Ideação Focadas

O processo aqui descrito funciona melhor se for um processo real em que uma equipe investe várias semanas explorando e criando oportunidades. As abordagens mais bem-sucedidas envolvem um mix de exploração individual e pensamento coletivo. Sessões intensivas de *brainstorming* imersivo e de priorização podem ser maneiras úteis de suscitar pensamento criativo e criar um alinhamento da equipe. Algumas empresas irão até mesmo comissionar várias equipes pequenas e "financiar" a equipe que desenvolver o melhor plano disruptivo.

Caso realize sessões de ideias, tente reunir pessoas que normalmente não interagem entre si. É frequente dizer que a inovação ocorre nas intersecções. As diferentes perspectivas provenientes de várias experiências podem trazer à luz soluções inovadoras. Peça que cada uma das pessoas convidadas leia trechos deste livro antes de se reunir e trazer uma ideia para a sessão. Em seguida, comece a trabalhar essas ideais. Nossa experiência sugere que coisas surpreendentes surgem desses tipos de sessões.

Procure por "Anjos Caídos do Céu"

Paradoxalmente, o primeiro lugar que normalmente indicamos para que as empresas procurem novas ideias são as ideias antigas, aquelas que foram rejeitadas no passado. Chamamos isso de "anjos caídos do céu". Muitas vezes, as empresas deixam passar grandes ideias que parecem ir contra as necessidades da atividade principal. Caso pegue essas ideias e as analise sob uma perspectiva diferente, muitas vezes poderá ver nelas uma oportunidade. Certas vezes as soluções são "ainda não estão no ponto". Com algumas modificações, uma solução que não fez sentido vários anos atrás poderia ser perfeitamente apropriada no momento.

Busque Sugestões Internas e Externas

Finalmente, considere a criação de sistemas para encorajar sugestões dentro e fora da empresa. Assim como os seres humanos usam apenas uma fração do poder de processamento de seus cérebros, a maioria das empresas explora apenas uma fração do poder inovador de seus funcionários. Criar concursos simples pode encorajar a criação de mais ideias. As empresas estão cada vez mais se voltando para fora de suas paredes também, buscando novas maneiras para que clientes proponham suas ideias inovadoras para avaliação. Por exemplo, em 2006, a Netflix anunciou um prêmio de US$ 1 milhão para qualquer indivíduo ou equipe externa capaz de desenvolver um sistema que aumentasse em 10% a precisão do mecanismo de recomendação de filmes da empresa. A partir de junho de 2007, dezoito mil equipes haviam proposto ideias, sendo que a equipe que chegou à frente conseguiu melhorar a precisão em 7,5%.[6]

Entretanto, caso opte por encorajar novas ideias, lembre-se do seguinte:

- **É raro que as ideias sejam inerentemente boas ou ruins.** Quase toda ideia parece diferente sob perspectivas diversas. Questione o que teria de ser verdadeiro para uma ideia ser interessante. Imagine como sua perspectiva poderia mudar caso você se colocasse no lugar de um concorrente ou cliente.

- **Uma linguagem comum pode ser uma coisa muito poderosa.** É difícil para alguém falando chinês conversar efetivamente com alguém falando russo. Da mesma forma, gestores que usam sistemas de linguagem diferentes relacionados à inovação normalmente não conseguem conversar entre si. Iniciativas explícitas para criar uma linguagem comum pode ser crítico para gerar ideias com sucesso.

- **Reforçar um programa é crítico.** Uma empresa de cinco mil funcionários anunciou com veemência que esperava receber ideias de seus funcionários. No primeiro mês desse programa, ela recebeu duzentas sugestões. Entretanto, a empresa se omitiu em dar um *feedback* aos funcionários em relação às ideias por eles propostas. Não surpreendentemente, no terceiro mês do programa, a empresa recebeu apenas uma meia dúzia de sugestões. Se alguém propõe uma ideia terrível, informe a pessoa gentilmente sobre o que há de errado com a ideia. Com esse *feedback,* o funcionário pode retornar, pensar mais sobre o assunto e, potencialmente, propor algo mais alinhado com seus objetivos. Obviamente, você também deve louvar as melhores ideias e promover resultados bem-sucedidos.

Desenvolvimento de Ideias Disruptivas

Resumo

Após analisar mercados para identificar oportunidades de disrupção, o próximo passo é formular ideias disruptivas. O presente capítulo forneceu a seguinte orientação para inovadores buscando criar novas ideias:

- Ao formular ideias disruptivas, lembre-se que as inovações disruptivas seguem alguns princípios simples:
  1. Vise clientes saciados ou não consumidores.
  2. Priorize o "razoável".
  3. Faça aquilo que concorrentes estabelecidos não querem fazer, não podem fazer ou consideram pouco atrativo fazer.
- Siga um processo de três estágios para desenvolver uma ideia disruptiva:
  1. Identifique sua área de exploração.
  2. Determine o seu objetivo estratégico (transformar, expandir, criar, defender).
  3. Decida qual alavanca ou alavancas acionar para atingir o seu objetivo estratégico.
- Caso esteja empacado, considere reavaliar ideias passadas, realizando um exercício de ideação entre vários departamentos ou lançando um concurso de inovações para toda a empresa.

Exercícios de Aplicação

- Crie um mapa de desempenho contrastando sua solução principal com a solução principal de seu concorrente. Com o que se pareceria uma imagem especular de sua solução?
- Avalie empreendimentos disruptivos recentes em seu setor de atividade ou outros afins. Exprima em uma frase a essência da disrupção.

- Volte os olhos para ideias passadas que sua empresa havia rejeitado nos últimos cinco anos. Existem oportunidades para trazer de volta qualquer uma dessas ideias?

Dicas e Truques

- Disrupção é mais que simplesmente novos produtos ou serviços. A inovação do modelo de negócios é uma maneira subutilizada de impulsionar crescimento disruptivo.

- Use ferramentas simples como o *Curriculum Vitae* de Ideias para facilitar a captura de ideias.

- Aborde a criação de uma solução sob a perspectiva de um empreendedor. Caso não possua nenhuma bagagem ou hábitos de sua empresa existente, que estratégia você usaria para criar e capturar um espaço emergente?

- Lembre-se que as ideias raramente brotam prontas da mente do inovador; adote os princípios disruptivos para formar uma estratégia e, consequentemente, maximizando suas chances de sucesso.

- Considere oportunidades de parceria. Existem outras empresas, com as quais sua empresa poderia trabalhar ou que poderiam ser adquiridas, possibilitando a criação de uma abordagem disruptiva?

CAPÍTULO 6

Avaliação da Adequação de uma Estratégia a um Padrão

As EQUIPES DE PROJETO ENCARREGADAS DE criar estratégias geradoras de crescimento inovador muitas vezes prosseguem na ilusão de que têm conhecimento de seus mercados-alvo — um legado cultural herdado do mundo das extensões da linha de produtos atual e outras inovações incrementais, em que gerentes de projeto precisam ter em mãos documentos que justifiquem o investimento em um novo projeto antes de ele realmente começar, porém ainda adotando uma abordagem tradicional. O crescimento novo, entretanto, quase que por definição, requer que uma empresa entre em um território que ela não conhece totalmente. Através da avaliação de abordagens em relação a um padrão definido, e não em relação a métricas ou obstáculos específicos, as empresas podem compreender rapidamente os pontos fortes e fracos de cada abordagem. Mais importante ainda, elas serão capazes de identificar as grandes questões que precisam responder antes de realmente poderem conhecer o potencial de um projeto. Este capítulo explica detalhadamente como avaliar o grau em que uma estratégia corresponde a um padrão comum para inovações bem-sucedidas. Após descrever como criar uma lista de verificação para orientar a análise baseada em padrões, descrevemos três maneiras diversas para uso desse padrão para avaliar uma estratégia.

Independentemente da abordagem escolhida, lembre-se que o importante em relação à análise baseada em padrões é o fato de muitas vezes não ser a resposta em si aquilo que importa, mas sim o *insight* resultante da análise sistemática de uma abordagem em relação a um padrão definido. Não estamos sugerindo que uma empresa use a análise baseada em padrões como uma ferramenta de tomada de decisão estrita; ainda existe muita falta de nitidez e incerteza para tal. Em vez disso, ela deve usar a análise baseada em padrões como uma contribuição para as discussões e decisões estratégicas em relação a oportunidades.

Elaboração de uma Lista de Verificação

Nossa análise de mais de uma centena de disrupções históricas e nosso trabalho com dezenas de empresas para criar oportunidades disruptivas indicam que a maior parte dos negócios bem-sucedidos na geração de crescimento compartilha alguns elementos-chave. A Tabela 6-1 descreve os doze itens que a pesquisa de Christensen e a experiência de campo da Innosight sugerem serem componentes críticos das estratégias bem-sucedidas na geração de crescimento inovador. Os nove primeiros elementos são universalmente aplicáveis; os últimos três são específicos para empresas já estabelecidas no mercado em busca de novos negócios que gerem crescimento. A tabela enumera o item e a lógica para justificar sua importância.

Embora esse padrão disruptivo básico seja válido em vários setores de atividade, as empresas precisam desenvolver suas próprias listas de verificação que reflitam tanto as idiossincrasias do mercado que estão almejando quanto suas próprias capacidades.

Uma maneira de personalizar o padrão de sucesso é analisar o histórico de seu segmento. Escolha dez a quinze inovações lançadas por sua empresa ou por um de seus principais concorrentes. Descubra os elementos comuns compartilhados pelas estratégias bem-sucedidas versus aquelas malsucedidas. Procure anomalias: estratégias que todo mundo tinha certeza que iam dar certo, mas que naufragaram, ou iniciativas que todo mundo tinha certeza que seriam um grande fracasso, mas que acabaram dando certo. Sintetize os resultados da análise histórica, sobreponha os elementos básicos descritos na Tabela 6-1 e você terá sua lista personalizada.

TABELA 6-1
Condições para o sucesso

Fator	Fundamento lógico
1. A tarefa identificada é importante para os clientes-alvo.	A tarefa almejada tem de ser importante; caso contrário, dificilmente o cliente irá adotar uma nova solução. Esta afirmação enfoca a tarefa, ou problema, *não* a solução (que vem depois). *Veja o Capítulo 4 para maiores informações.*
2. Os clientes não podem ter a tarefa realizada adequadamente, pois as soluções existentes são muito caras, muito difíceis de serem usadas ou requerem o deslocamento para locais inconvenientes.	Esta afirmação confirma que os clientes estão frustrados, pois não podem lidar adequadamente com a tarefa com as soluções de hoje. Esta afirmação busca, especificamente, revelar se existe ou não uma barreira restringindo o consumo. A barreira deve deixar os clientes insatisfeitos com aquilo que estão consumindo ou então resulta em serem "não consumidores", que adotam o mesmo tipo de comportamento compensador. *Veja os Capítulos 2 e 3 para maiores informações.*
3. A solução é razoável onde precisa ser e melhor onde tem de ser.	As soluções disruptivas oferecem um conjunto de desempenho fundamentalmente diferente, fornecendo desempenho "razoável" em dimensões que historicamente importam para o mercado tradicional e desempenho superior em dimensões historicamente negligenciadas como conveniência, acessibilidade, personalização ou preço. *Veja os Capítulos 3 e 5 para maiores informações.*
4. O cliente consideraria a solução como uma forma melhor para ter a tarefa realizada.	Esta afirmação confirma que a análise da solução provém de uma perspectiva do cliente. Muito embora uma solução disruptiva possa ser diferente, os clientes *devem necessariamente* considerá-la superior às soluções existentes. *Veja o Capítulo 4 para maiores informações.*
5. Uma posição segura no mercado pode ser atingida relativamente rápido com investimento relativamente baixo.	São grandes as chances de que sua primeira estratégia estará errada. Como tal, entrar em um mercado "com posição consolidada" inicial de forma rápida e barata embutem um grande ônus ao seguir um novo rumo (discutido com mais detalhes no Capítulo 7). Se o desenvolvimento do produto custa centenas de milhões de dólares e levará uma década, provavelmente não irá garantir uma estratégia altamente arriscada. A razão para a palavra "relativamente" aparecer aqui duas vezes é para forçar comparações com outros lançamentos. Lembre-se, a primeira realização em um mercado poderia ser um mercado-teste ou um lançamento discreto e localizado. *Veja o Capítulo 7 para maiores informações.*

continua

TABELA 6-1
Condições para o sucesso (*continuação*)

Fator	Fundamento lógico
6. Os parceiros escolhidos estão motivados a apoiar a busca da meta.	Normalmente, as empresas caem na armadilha de forçar uma solução disruptiva para parceiros (especialmente canais) que não estão naturalmente motivados a apoiar a oferta. A falta de motivação natural é um alerta sobre a viabilidade da estratégia. *Veja o Capítulo 5 para maiores informações.*
7. Concorrentes poderosos não serão motivados a reagir imediatamente (margens e/ou tamanho pouco atraentes).	Em um mundo ideal, um concorrente poderoso não reagiria imediatamente à introdução de um produto ou serviço inovador. As margens talvez pareçam pouco atraentes, o mercado pode começar pequeno ou poderia estar fora "da tela do radar" da empresa. Aqui, as palavras *poderoso* e *imediatamente* são importantes. Podem existir pequenos concorrentes em qualquer mercado, mas essa questão enfoca empresas grandes e dotadas de recursos que poderiam lançar um contra-ataque significativo. Qualquer grande oportunidade também atrairia a concorrência. O segredo é criar "espaço" antes de os concorrentes poderosos reagirem. *Veja o Capítulo 5 para maiores informações.*
8. Fornecer o produto ou serviço requer capacidades distintas daquelas que a maioria dos concorrentes possui ou poderia duplicar.	Se os concorrentes forem motivados a reagir, a próxima barreira que poderia permitir às empresas derrotar a concorrência seria uma capacidade difícil de ser replicada. Alguns exemplos de capacidades seriam fatores como força da marca, relacionamento com os canais, proteção da propriedade intelectual ou excelência na fabricação. *Veja o Capítulo 5 para maiores informações.*
9. A oportunidade tem potencial para criar valor a curto e longo prazo.	As inovações mais bem-sucedidas têm a capacidade de levar a outras inovações ou de impulsionar as vendas de produtos ou serviços secundários. Um sucesso estrondoso único inevitavelmente irá atrair a concorrência, tornando mais difícil sustentar margens atraentes e taxas de crescimento. De forma ideal, a oportunidade deve criar caminhos para a sucessão e a extensão dos produtos. *Discutido em maior profundidade no final desse capítulo.*

continua

TABELA 6-1

Condições para o sucesso (*continuação*)

10. A oportunidade se adéqua à estratégia geral da empresa e não viola uma "condição de contorno" não declarada.	Estratégias que violam a condição de contorno de uma empresa têm poucas chances de ser aprovadas e obter recursos. Se a estratégia viola efetivamente uma condição de contorno, ela precisa ser reformulada de forma a estar "dentro dos limites" ou então requer um agente da inovação muito ativo e experiente. *Discutido em maior profundidade no Capítulo 1.*
11. Os processos da organização selecionada permitirão ao novo empreendimento solucionar os desafios necessários exigidos para ser bem-sucedido.	Esta afirmação verifica se "procedimentos operacionais padrão" da entidade escolhida para comercializar o empreendimento ajudarão o novo empreendimento a ser bem-sucedido ou serão um obstáculo ao sucesso. Entre os processos que valem a pena ser avaliados, temos o de aprovação do produto, desenvolvimento do produto, marketing, fabricação e vendas. *Veja o Capítulo 8 para maiores informações.*
12. As prioridades da organização selecionada (por exemplo, estrutura de custos, necessidades de crescimento) apoiarão essa estratégia.	Esta afirmação verifica se será dada uma prioridade natural à oportunidade por parte da organização que a abriga. Oportunidades disruptivas talvez falhem nesse teste, pois as margens podem parecer pouco atraentes ou o mercado inicial muito pequeno. Tais circunstâncias requerem um profundo envolvimento da diretoria ou o ambiente organizacional correto. *Veja o Capítulo 8 para maiores informações*

Uma empresa que conduziu uma pesquisa dessa maneira foi a Ethicon EndoSurgery (EES), uma divisão de US$ 3 bilhões da Johnson & Johnson.[1] A EES vende instrumental cirúrgico para cirurgias minimamente invasivas, ou seja, cirurgias realizadas sem fazer incisões externas profundas que "invadem" o corpo. Ken Dobler lidera um grupo dentro da EES cuja incumbência é criar negócios geradores de crescimento. Dobler trabalhou para identificar cerca de uma dezena de inovações que haviam criado categorias inteiramente novas de equipamentos médicos. Ele rastreou o desenvolvimento de cada equipamento, por vezes até entrevistando o inventor que havia registrado a patente original para o equipamento. A análise de Dobler revelou um punhado de características específicas compartilhadas pelas histórias de sucesso, notadamente as seguintes:

- Possibilitavam a detecção precoce de doenças.
- Aceleravam o processo de dar alta ao paciente.
- Transferiam o local de atendimento médico para um local de custo mais baixo.
- Possibilitavam profissionais menos treinados a fazer mais.

A EES pode atribuir sua própria história de sucesso ao fato de seguir várias dessas regras. Seus instrumentos permitiram aos médicos realizar procedimentos como a cirurgia da vesícula biliar usando incisões relativamente pequenas. Pelo fato de o procedimento ser menos invasivo, os pacientes se recuperam mais rapidamente e podem ser tratados em uma instalação de custo menor.

Algumas vezes, os padrões resultantes dessa análise histórica podem ser bastante simples. Um executivo de um grande produtor de bens de consumo embalados que havia trabalhado com centenas de equipes de projeto usou sua experiência para desenvolver uma lista de verificação de três itens para equipes de projeto usarem na busca de iniciativas altamente disruptivas:

1. Os consumidores ficarão apaixonados pela ideia, pois ela pode ser diferente e melhor do que aquilo que usaram no passado.
2. Podemos *conceber* como iremos vencer os obstáculos tecnológicos.
3. Os membros da equipe ficarão suficientemente apaixonados pela ideia a ponto de deixarem de lado um outro trabalho e então persegui-la.

O primeiro ponto da lista acima garantiu que a equipe assumiria uma perspectiva inovadora no mercado, identificando o problema que o consumidor estava tentando resolver. Ele também garantiu que a proposta não fosse simplesmente um convite à criação de uma solução imitativa. O segundo garantiu que a equipe iria pelo menos pensar nos obstáculos tecnológicos inevitáveis que eram encontrados no caminho para o sucesso. O terceiro item ajudou a destrinchar se a equipe teria ou não a firmeza de levar a ideia adiante. O executivo tinha aprendido que se os membros de uma equipe de projeto não se apaixonarem por uma ideia, eles não lutariam contra a inevitável resistência corporativa. A falta de paixão sinalizaria uma incerteza subjacente em relação à ideia ser realmente boa ou não. Por outro lado, uma equipe de projeto apaixonada lutaria com bravura mesmo em face de forte resistência. O executivo sabia que teria de ter certeza que as equipes apaixonadas não se transformassem em equipes dogmáticas que ignorassem evidências, demonstrando que eles estavam errados. Mesmo assim, ele preferia uma equipe com grande paixão que uma com pouca.

Algumas vezes, as listas de verificação resultantes da análise inicial serão significativamente mais extensas que o exemplo dado. Um plano de saúde identificou diagnóstico domiciliar como uma área-chave para crescimento. Ele estava interessado em entender por que as vendas de certos diagnósticos realizados na casa do consumidor, como, por exemplo, kits para teste de gravidez e monitores de glicose sanguínea, "decolavam", ao passo que exames domiciliares para detecção de uso de entorpecentes "naufragavam". Ao analisar os diagnósticos domiciliares segundo uma perspectiva disruptiva, a Innosight ajudou a empresa a identificar as características compartilhadas por inovações bem-sucedidas e elaborou uma lista formada por vinte dessas características em relação às quais se avaliava o potencial de ideias para novos produtos. Eis alguns exemplos:

- A tarefa de diagnóstico é importante para o consumidor.
- Atualmente, o diagnóstico é muito difícil de ser realizado, inconveniente ou caro.
- Os resultados são conclusivos sem o emprego de testes adicionais ou a triagem de sintomas.
- A inovação do diagnóstico está ligada ao tratamento ou ação de acompanhamento.
- Obstáculos tecnológicos podem ser enfrentados.
- Há uma maneira efetiva de se comunicar com o consumidor-alvo.
- Influenciadores (profissionais de assistência, companhias seguradoras) apoiarão ativamente o diagnóstico.
- Os concorrentes não têm, atualmente, e não conseguirão obtê-la prontamente, a capacidade de fornecer esse produto.

Esta lista de verificação possibilitou que a empresa examinasse qualquer oportunidade de produto sob diversos ângulos, inclusive aqueles dos consumidores, concorrentes, canais de distribuição e órgãos reguladores. A diversidade de perspectivas permitiu à empresa evitar uma armadilha clássica: visão estreita sobre a inovação dentro da zona de conforto de uma empresa. Por exemplo, uma firma com forte cultura de engenharia tenderia a observar principalmente se ela seria capaz de resolver ou não um problema tecnológico difícil. Esse tipo de atitude focada no problema é importante, mas as empresas que deixam de examinar uma oportunidade sob diversos ângulos correm o risco de perder elementos importantes que podem retornar para atormentá-los no futuro.

Não se Esqueça das Circunstâncias de Mercado

Listas de verificação ideais levam em conta também as circunstâncias de mercado. Por exemplo, a Procter & Gamble tem repetidamente alavancado sua imensa força de distribuição para se introduzir com força em uma categoria de produtos. Apenas para citar um exemplo, em 1999, a gigante de bens de consumo comprou a Iama, um nicho na área alimentícia, por US$ 2,3 bilhões. Ao aperfeiçoar um produto que já era bom e disponibilizá-lo em milhares de mercearias onde ela concorria contra fornecedores fragmentado, a P&G criou uma marca de estrondoso sucesso. Entretanto, quando ela tentou entrar no mercado de biscoitos empacotados com seus biscoitos suaves Duncan Hines, na década de 1980, a história foi outra. Esse mercado não era fragmentado. Fortes concorrentes, como a Keebler e a Nabisco, reagiram ferozmente. Embora a P&G tenha alegado que os concorrentes infringiram suas patentes (e no final das contas ela ganhou uma ação judicial), ela teve de sair desse mercado. Portanto, sua ação clássica de consolidação e distribuição funcionou bem quando a concorrência era fragmentada, mas foi um terrível fracasso quando a concorrência envolveu duas poderosas empresas com predomínio no mercado. Uma lista de verificação que tivesse incluído questões sobre o peso de concorrentes potenciais talvez pudesse ter alertado a direção da empresa sobre o problema.

A Importância de Condições de Contorno Internas

Conforme discutido no Capítulo 1, é importante lembrar-se das condições de contorno internas ao criar uma lista de verificação personalizada. Por exemplo, uma empresa de mídia estabeleceu regras estritas em sua busca por oportunidades no mercado *wireless*: sem jogos, sem apostas e sem anúncios pessoais. A empresa sabia que essas limitações deixariam de fora oportunidades de crescimento promissoras, porém elas também evitariam que os gerentes perdessem tempo em ideias que os executivos do alto escalão rejeitariam em última instância. Repetindo, esses tipos de restrições podem ser libertadoras, ajudando a focar a energia criativa dos gerentes.

Três Abordagens para Avaliar Ideias

Após concordar com a lista de verificação básica, você está pronto para avaliar a adequação da estratégia proposta ao padrão de sucesso. A seguir descrevemos três abordagens diferentes que podem ser adotadas para avaliar com que grau uma estratégia se adéqua a um padrão: (1) realizar uma avaliação simples da adequação, (2) determinar riscos e fatores desconhecidos e (3) comparar várias estratégias. Independentemente da abordagem adotada, lembre-se de ser o mais abrangente possível e examine uma oportunidade sob várias perspectivas. Fique atento quanto a provas para apoiar sua avaliação. Nos primeiros estágios de uma inovação, normalmente estaremos tentando adivinhar ou usando nossa intuição. Isso não é de todo ruim, porém, é importante nesse estágio inicial separar conhecimento de hipóteses (falaremos mais a esse respeito no Capítulo 7) e acompanhar as hipóteses críticas com cuidado.

Finalmente, antes de realmente começar a avaliar uma estratégia, certifique-se de que você e sua equipe têm um entendimento comum sobre o que o projeto é realmente. Use uma ferramenta como o Idea Résumé, descrita no Capítulo 5, para orientar a discussão. Fazer a equipe discutir o Idea Résumé normalmente traz à tona mal-entendidos ou discordâncias surpreendentes entre os membros da equipe. Discussões de alto nível podem ter mascarado discordâncias críticas que são importantes assinalar logo no início.

Realização de uma Avaliação Simples da Adequação

No nível mais básico, faça uma pergunta simples sobre cada elemento da lista de verificação: "*Concordo plenamente* que minha estratégia se adéqua a esse fator, *concordo parcialmente* ou *não concordo*?". Atribua pontos a cada resposta, como nos jogos de perguntas encontrados em revistas populares. Some os pontos e você terá uma avaliação rápida do quão bem sua estratégia se adéqua à lista criada com sucesso.

A Innosight, por exemplo, desenvolveu uma ferramenta simples chamada Disrupt-o-Meter para auxiliar as empresas a avaliar rapidamente se uma abordagem proposta se adéqua ou não ao padrão disruptivo.[2] A Ferramenta 6-1 replica essa ferramenta. Ela mostra as nove áreas de análise, o fundamento lógico para cada área, as respostas (variando de menos para mais disruptiva) e as escolhas estratégicas que um inovador poderia fazer para aumentar o potencial disruptivo de uma ideia.

A ferramenta obviamente supersimplifica a análise de uma ideia e não funcionará perfeitamente para toda inovação. Mas ela ajuda efetivamente a fazer uma verificação rápida se uma equipe está ou não seguindo uma abordagem disruptiva. Devemos mencionar, entretanto, um inconveniente sutil. Já observamos algumas vezes equipes alentadas pelos resultados ruins do Disrupt-o-Meter. "Bem", dizem eles, "pelo menos temos uma boa estratégia de apoio!". O oposto de uma boa estratégia disruptiva não é uma boa estratégia de apoio; é uma estratégia disruptiva ruim. Para verificar o potencial de apoio de uma ideia, usaríamos uma lista de perguntas completamente diferentes.

Modelo de aplicação: Vonage *versus* Skype.
Duas das empresas de tecnologia mais badaladas em 2005 foram a Vonage, de New Jersey, e a Skype, de Luxemburgo. Ambas as empresas ofereciam serviços de telefonia através da internet, mas seguiam abordagens radicalmente distintas. A Vonage oferecia um serviço que imitava o serviço de telefonia tradicional, com os usuários conectando um dispositivo em suas conexões internet de alta velocidade para fazer e receber ligações a preços baixíssimos. Por outro lado, a solução da Skype era similar ao Instant Messenger da AOL. Após baixarem um software gratuito que lhes permitia fazer e receber ligações através de seus computadores, os usuários poderiam ligar gratuitamente para outros usuários do Skype e ligar para não usuários a taxas baratas.

FERRAMENTA 6-1

Disrupt-o-Meter

Para usar a ferramenta, responda cada questão para uma estratégia. Atribua 0 ponto para cada uma das respostas "menos disruptivas", 5 pontos para cada resposta intermediária e 10 pontos para cada resposta "mais disruptiva". Verifique onde a sua pontuação o coloca no arco do "Disrupt-o-Meter".

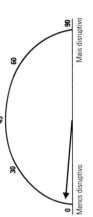

Menos disruptivo → Mais disruptivo

Área	Menos disruptivo (0 pontos)	Medianamente disruptivo (5 pontos)	Mais disruptivo (10 pontos)	Fundamento Lógico	Oportunidades estratégicas
Nossa meta no primeiro ano é...	o mercado de massa	um grande mercado	um mercado de nicho	As soluções disruptivas começam tipicamente em mercados limitados onde nos introduzimos e estabelecemos uma posição inicial consolidada.	• Focar em grupos de clientes menores • Mudar-se para nova região geográfica • Visar o contexto novo
O cliente acredita que a tarefa almejada precisa ser...	feita melhor	realizada a um custo menor	ser realizada de forma mais fácil	O cliente deve buscar melhorias em novas dimensões como simplicidade e conveniência.	• Lidar com tarefas mais focadas
O cliente achará que a oferta é...	perfeita	boa	razoável	Os clientes devem achar que a solução é razoável logo no início.	• Fazer com que a solução fique mais fácil de ser usada • Número menor de recursos para conseguir um preço menor
O preço será...	elevado	médio	baixo	A fixação de preços é complicada, mas as soluções disruptivas geralmente são baratas quando comparadas a soluções existentes.	• Cortar o preço em 50%
O modelo de negócios é...	aquilo que sempre fizemos no passado	com alguns pequenos ajustes	radicalmente diferente	As abordagens disruptivas normalmente seguem modelos de negócios muito diferentes.	• Acrescentar elemento (por exemplo, serviço) • Eliminar elemento
O canal para o mercado é...	100% para o canal existente	pelo menos 50% para um novo canal	canal inteiramente novo	As abordagens disruptivas normalmente usam canais para o mercado distintos daqueles usados por produtos e serviços já bem estabelecidos (as empresas iniciantes devem responder a essa é á questão anterior segundo uma perspectiva de empresa já estabelecida no mercado).	• Escolher novo canal • Ir direto ao consumidor
Os concorrentes pensarão que...	preciso fazer isso amanhã	preciso examinar isso com cuidado	não me importo com isso	As soluções disruptivas se aproveitam da fragilidade da concorrência e de "áreas cegas".	• Reformular o modelo de negócios • Parceria com o concorrente
As receitas no primeiro ano serão...	imenso	médio	pequeno	Paciente para o crescimento, impaciente para lucros, implica início lento e firme.	• Começar com mercado-teste
O investimento necessário ao longo dos próximos 12 meses é...	acima da média	médio	abaixo da média	As soluções disruptivas tipicamente não envolvem soluções high-tech e, portanto, exigem investimentos relativamente pequenos para prosseguir.	• Reduzir o investimento em 50%

Qualquer um que acompanhou esse mercado sabe que a Vonage empacou enquanto a Skype decolou. A Innosight avaliou as duas empresas usando o Disrupt-o-Meter em setembro de 2005 (veja a Tabela 6-2).[3]

A solução da Skype se adéqua muito mais aos padrões disruptivos. A eBay enxergou o potencial disruptivo da empresa, adquirindo a Skype por US$ 2,6 bilhões (embora a eBay tivesse de contabilizar como perda cerca de US$ 1 bilhão desse preço de aquisição no final de 2007). Embora a Vonage crescesse rapidamente, a empresa achou difícil estabelecer um modelo de negócios vencedor. As ações da empresa despencaram 60% seis meses após ela ter se tornado uma sociedade anônima em maio de 2006.

TABELA 6-2

Avaliação feita com o Disrupt-o-Meter em setembro de 2005

Área	Vonage	Skype
Nossa primeira meta é...	Com propaganda intensiva, a Vonage visava claramente o mercado de massa. (0 ponto)	A Skype dependia de uma propaganda boca a boca, focando primeiramente um mercado de nicho, ou seja, entusiastas da tecnologia e pessoas em busca de ligações internacionais mais baratas. (10 pontos)
O cliente acredita que a tarefa almejada precisa ser...	Os clientes da Vonage procuravam preços menores. (5 pontos)	Os usuários do Skype queriam uma opção fácil e barata para comunicação por voz de longa distância. (10 pontos)
O cliente achará que a oferta é...	A solução da Vonage não era tão boa quanto uma linha fixa, mas "dava para o gasto". (10 pontos)	O serviço da Skype poderia ser não confiável, porém também "dava para o gasto", particularmente para consumidores cuja única alternativa era pagar preços elevados para chamadas internacionais. (10 pontos)
O preço será...	A solução da Vonage era relativamente barata, porém ainda parecida com os serviços de telefonia fixa. (5 pontos)	O serviço da Skype era gratuito. (10 pontos)

TABELA 6-2
Avaliação feita com o Disrupt-o-Meter em setembro de 2005 (*continuação*)

Área	Vonage	Skype
O modelo de negócios é...	O modelo de negócios da Vonage espelhava os modelos tradicionais, muito embora com preços menores e infraestrutura mais barata. (10 pontos)	O modelo da Skype era único no mercado, baseado em propaganda e pequenas taxas. (10 pontos)
O canal para o mercado é...	A Vonage usava a internet e canais de mercado de massa como o Best Buy. (10 pontos)	A Skype dependia quase que exclusivamente do boca a boca e downloads diretos, concentrando-se também em construir uma comunidade de usuários que iria ser importante para os anunciantes. (10 pontos)
Os concorrentes pensarão que...	A Vonage visava um mercado principal dos grandes provedores de telecomunicações, que estavam motivados a reagir. (0 ponto)	A Skype se encontrava, inicialmente, fora das telas de radar dos principais provedores. (10 pontos)
As receitas no primeiro ano serão...	A Vonage procurava crescer o mais rápido possível. (0 ponto)	Os baixos custos de infraestrutura da Skype permitiram a ela começar pequena. (10 pontos)
O investimento necessário ao longo dos próximos 12 meses é...	A solução tecnológica da Vonage não exigia grandes investimentos, porém sua campanha de marketing, sim. (5 pontos)	A Skype poderia manter os custos baixos à medida que a comunidade em crescimento do Skype fazia o marketing do produto organicamente. (10 pontos)
Pontuação final	45	90

Determinação de Riscos e Fatores Desconhecidos

A segunda abordagem consiste em uma análise mais detalhada para elaborar uma lista mais completa de riscos e fatores desconhecidos. Este método consiste em fazer três perguntas sobre cada fator de sucesso identificado:

1. Até que ponto este fator é imprescindível, isto é, se a abordagem não se adequar perfeitamente a esse elemento do padrão, as chances de sucesso são muito pequenas? (Viabilidade tecnológica normalmente é um fator imprescindível.)
2. A que ponto você concorda que a abordagem sugerida se adéqua a esse fator?
3. Quais são as evidências que sustentam sua avaliação? Em outras palavras, considere se você se baseia em dados convincentes, na intuição ou simplesmente em conjecturas. Por exemplo, dados convincentes referentes a uma importante tarefa ainda não atendida poderiam ser o comportamento de compra real ou os resultados de uma pesquisa de mercado bem elaborada e com amostra grande (embora a pesquisa de mercado em um mercado novo possa induzir a erros). Você poderia ter uma percepção baseada em dados de uma oferta análoga ou grupos de sondagem com amostras pequenas. Uma conjectura deveria ser relativamente autoexplicativa.

Responder a essas três perguntas deve ajudar a classificar cada fator em uma de quatro áreas:

1. ***Pontos fortes*** — Fortes evidências de que sua abordagem observa o padrão de sucesso.
2. ***Pontos fracos*** — Evidências de que sua abordagem talvez *não* coadune com o padrão de sucesso, mas esse elemento do padrão *não* é um fator imprescindível.
3. ***Destruidor de oferta potencial*** — Evidências de que sua abordagem talvez *não* coadune com o padrão de sucesso e esse elemento do padrão *é* um fator imprescindível.

Avaliação da Adequação de uma Estratégia a um Padrão

4. *Incertezas* — Falta de evidências não deixam claro se sua abordagem realmente coaduna ou não com o padrão de sucesso.

Por exemplo, talvez determinemos que um fator imprescindível está fazendo com que o cliente considere nossa solução melhor que as alternativas existentes. Baseados em um mercado-teste experimental, no qual se obteve um enorme *feedback* positivo, concordamos plenamente que nossa abordagem se adéqua a esse fator e temos os dados para suportar-nos. Esse é um ponto forte que podemos alavancar. Em seguida, avaliamos se faltará a um concorrente poderoso a motivação necessária para reagir. Determinamos que não se trata de um fator imprescindível, pois ainda podemos criar uma estratégia viável mesmo se os concorrentes reagirem. Baseados na análise de mudanças estratégicas recentes e entrevistas com os gerentes que recentemente saíram do concorrente, acreditamos que existe uma boa chance de que o líder de mercado irá reagir. Esse é um ponto fraco que iremos querer monitorar cuidadosamente e descobrir como atenuar. O terceiro fator considerado é se nossa abordagem tecnológica é viável ou não. Para esse fator imprescindível, protótipos sugerem alguma incerteza. Este é um destruidor de oferta potencial. Afinal de contas, se a tecnologia não funcionar, não temos uma estratégia real. Finalmente, ainda não investigamos se o canal de distribuição parceiro que esperamos usar suportará nossa estratégia ou não. Esta é uma incerteza que precisa ser testada.

Seguir essa avaliação pode ser uma excelente maneira de ganhar um maior entendimento sobre a estratégia e ajudar a determinar as etapas seguintes. Fica claro que qualquer destruidor de oferta potencial deve ser enfrentado imediatamente. Podemos pensar em maneiras de aprender mais sobre incertezas e atenuar ou monitorar pontos fracos. (A Ferramenta 6-2 é uma planilha simples desenhada para ajudar as empresas interessadas a seguir essa abordagem.)

Técnicas analíticas mais sofisticadas como modelos de simulação de Monte Carlo podem dar um *insight* ainda maior sobre uma determinada estratégia. O site da Innosight dispõe de uma versão complementar de uma ferramenta denominada Sistema de Avaliação de Oportunidades Innosight, que usa essa técnica para facilitar a rápida avaliação de uma iniciativa de crescimento.

Eis duas dicas para pessoas que optem por seguir essa abordagem:

1. Separar concordância de evidências. É muito importante considerar incerteza e evidências como duas variáveis discretas. Muitas vezes, vimos equipes que estavam incertas sobre um fator penalizarem implicitamente suas ideias mesmo sem terem fortes evidências. Poderia resultar que a intuição estivesse inativa e a solução fosse mais viável do que pensávamos.

FERRAMENTA 6-2

Formulário de avaliação de ideias em branco

Instruções

Fator de sucesso: Descreva um item na lista de verificação identificada (por exemplo, "Visa uma importante tarefa a ser realizada").

Fator imprescindível: Assinale os fatores que, se não verdadeiros, podem ser "destruidores de ofertas", significando que não existe uma maneira provável de que a estratégia será bem-sucedida.

Concordância: Especifique o grau com o qual a abordagem se adéqua ao fator (concordam plenamente, concordam parcialmente, discordam parcialmente, discordam plenamente).

Evidências: Cite evidências que apoiem sua avaliação (dados, intuição, conjecturas).

Avaliação: Usando as tabelas abaixo, esse fator é um ponto forte, um ponto fraco, uma incerteza ou um destruidor de oferta potencial?

Etapas seguintes: O que poderia ser feito para aprender mais ou modificar a avaliação?

Fator de sucesso	Fator imprescindível?	Concordância	Evidências	Avaliação	Etapas seguintes

FERRAMENTA 6-2
Formulário de avaliação de ideias em branco (*continuação*)

Fatores imprescindíveis

	Evidências		
	Dados	Intuição	Conjecturas
Concordam plenamente	Ponto forte	Ponto forte	Destruidor de oferta potencial
Concordam em parte	Ponto forte	Destruidor de oferta potencial	Destruidor de oferta potencial
Discordam em parte	Destruidor de oferta potencial	Destruidor de oferta potencial	Destruidor de oferta potencial
Discordam plenamente	Destruidor de oferta potencial	Destruidor de oferta potencial	Destruidor de oferta potencial

Outros fatores

	Evidências		
	Dados	Intuição	Conjecturas
Concordam plenamente	Ponto forte	Ponto forte	Incerteza
Concordam em parte	Ponto forte	Incerteza	Incerteza
Discordam em parte	Ponto fraco	Incerteza	Incerteza
Discordam plenamente	Ponto fraco	Ponto fraco	Ponto fraco

2. Ser seletivo na escolha dos fatores imprescindíveis. Dos doze fatores enumerados na Tabela 6.1, geralmente colocamos os itens 1 (uma importante tarefa não atendida), 4 (o cliente considera a solução superior) e 9 (tem potencial para criar valor) nessa categoria. Os demais fatores são importantes, mas nossa experiência sugere que as equipes podem elaborar soluções alternativas razoáveis mesmo se suas estratégias não se adequarem muito ao padrão.

Comparação de Várias Estratégias

As duas abordagens descritas anteriormente são maneiras de avaliar estratégias individuais. Porém, independentemente de ser uma grande empresa examinando um portfólio de estratégias distintas ou uma empresa menor com várias maneiras de executar uma única estratégia, é preciso ser capaz de comparar rapidamente as estratégias para decidir onde se concentrar.

Uma maneira simples de fazer isso é criar um "mapa", comparando estratégias em várias dimensões. Por exemplo, uma empresa do setor de defesa pegou o seu décimo quinto elemento e o subdividiu em três "baldes". O primeiro balde de perguntas avaliava o potencial disruptivo de cada ideia. O segundo analisava a adequação estratégica da ideia ou o grau com que a empresa tinha o desejo e a capacidade de perseguir uma ideia.[4] O terceiro balde fornecia estimativas grosseiras do potencial positivo de cada oportunidade. Através de técnicas simples para pontuar as oportunidades em cada uma dessas áreas, a empresa foi capaz de representar as oportunidades em um gráfico como aquele mostrado na Figura 6-1.

O eixo horizontal do gráfico representa o primeiro balde, medindo o potencial disruptivo (de pequeno para grande); o eixo vertical representa o segundo balde; medindo o grau com o qual a empresa tem a capacidade e o desejo de agarrar a oportunidade (de elevado para baixo) e o tamanho de uma "bolha" representa o terceiro balde, fazendo uma estimativa grosseira do potencial positivo da oportunidade. A área sombreada indica a certeza da colocação e do tamanho.

Esse "mapa de potencial disruptivo" ajudou a empresa a classificar rapidamente as oportunidades potenciais. As oportunidades que caíam no quadrante inferior direito obtinham a aprovação para prosseguir. Ideias que caíam no quadrante superior direito (potencial elevado, porém fora de uma área que a empresa queria ou poderia buscar), no quadrante inferior esquerdo (áreas de importância estratégica para a empresa, porém potencial reduzido) ou no superior esquerdo (potencial reduzido e fora da zona de conforto da empresa) foram rejeitadas. A empresa avaliou as ideias cuidadosamente na faixa intermediária, buscando moldar oportunidades para aumentar seu potencial ou diminuir seu risco.

Avaliação da Adequação de uma Estratégia a um Padrão

FIGURA 6-1
Mapa de potencial disruptivo

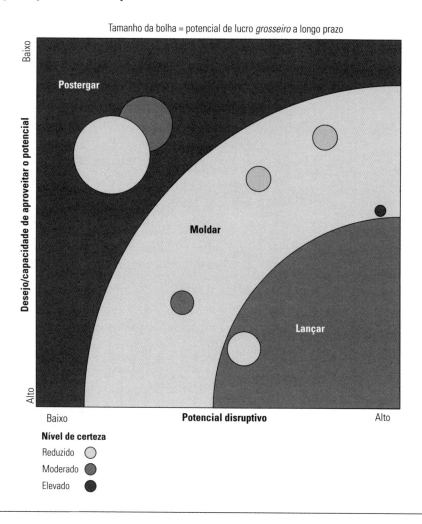

Uma equipe de uma empresa de bens de consumo embalados usou uma técnica semelhante para avaliar várias estratégias de lançamento para um projeto disruptivo em estágio inicial. A equipe estava firmemente alinhada em relação à sua meta final: criar uma marca de US$ 1 bilhão que iria permitir aos seus consumidores solucionar por conta própria um problema confuso e complicado. Historicamente, os consumidores poderiam contratar profissionais de alto nível a um preço elevado para tratar do problema adequadamente ou então se contentar com remédios próprios não muito efetivos. A solução da equipe, se funcionasse, seria uma verdadeira "virada de mesa". Obviamente, ela embutia vários riscos, que iam de uma tecnologia ainda não provada a problemas de segurança potenciais, até a necessidade de realizar a coordenação entre vários pontos da empresa. A equipe usou a ferramenta para avaliar três "mercados com posição consolidada". O primeiro deles era um lançamento para o mercado de massa tradicional. Embora essa abordagem se adequasse às capacidades da empresa, ela não atendia ao padrão disruptivo, além de haver um grande risco agregado a ela. A bolha apareceu no quadrante inferior esquerdo do mapa de potencial disruptivo. Em seguida, a equipe considerou a possibilidade de levar o produto a prestadores de serviços de alto nível. Pelo fato de essa abordagem significar solicitar a um canal desconhecido dar prioridade a uma solução que parecia inferior e não lucrativa quando comparada a soluções profissionais, ela se encaixava no quadrante superior esquerdo. Finalmente, a equipe avaliou o potencial de se aproximar de profissionais do mercado de baixo custo que não tinham condições de arcar com a solução de alto nível existente. Embora a equipe tivesse que formar algumas capacidades para atender esse mercado, tivesse de "pular" para outros mercados para atingir sua meta final de receitas e soubesse que essa abordagem não era apropriada para a versão final "faça você mesmo", era esse mercado que melhor se adequava aos elementos-chave do padrão disruptivo e que oferecia o caminho mais rápido para uma aplicação comercial inicial.

Três Importantes Lições

As abordagens descritas neste capítulo podem ajudar os inovadores a ganhar conhecimento concernente até mesmo à mais obscura das estratégias de crescimento. Finalizamos este capítulo discutindo três importantes lições que aprendemos, ajudando muitas empresas a seguir tais abordagens.

Lição 1: Toda Avaliação é uma Oportunidade de Formar uma Ideia

Avaliar sistematicamente uma estratégia em relação a uma lista de verificação predefinida normalmente cria oportunidades em tempo real para ajustar essa mesma estratégia visando aumentar suas chances de sucesso. Por exemplo, uma equipe de projeto da P&G estava avaliando uma estratégia para levar uma de suas principais marcas para a China. A equipe sabia que sua solução tinha de custar muito pouco e ainda assim oferecer desempenho suficiente em dimensões com as quais os consumidores se preocupavam. Mas, de modo a tornar o produto suficientemente barato para competir no mercado chinês, a P&G teria de eliminar funções que consumidores exigentes em cidades da alta renda considerariam fundamentais. O processo de avaliação levou a P&G a moldar sua estratégia para começar em cidades chinesas menores, onde os consumidores que achavam que as alternativas existentes eram muito caras e provavelmente iriam aceitar esses produtos limitados de primeira geração. À medida que a P&G fosse corrigindo problemas inevitáveis na fabricação de um produto de baixo custo como esse e fosse melhorando sua qualidade, ela seria capaz de lançar o produto em cidades maiores com consumidores mais exigentes.

Lição 2: Evitar Intencionalmente as Cifras Pode ser Liberador

Muitos inovadores experientes devem estar se questionando: "Mas e as cifras?". Obviamente, as cifras não podem ser ignoradas. Entretanto, nossa experiência sugere que a maioria das empresas força as equipes a elaborar estimativas financeiras detalhadas muito precocemente. O grau de precisão de qualquer estimativa financeira nos primeiros dias de um empreendimento gerador de crescimento novo é, necessariamente, limitado. Usar métricas como valor presente líquido ou retorno sobre o investimento como diretrizes iniciais é adequado. Usá-las estritamente como ferramenta de classificação para tomar decisões é temerário.

Empresas que classificam projetos de inovação disruptivos usando essas métricas tendem a achar difícil dar prioridade a projetos voltados a mercados aparentemente pequenos e imensuráveis que tão frequentemente servem para se fincar uma posição inicial sólida visando estratégias de crescimento vigorosas. Consequentemente, elas colocam os projetos em mercados grandes e mensuráveis no topo de suas listas de prioridades. Mas mercados grandes e mensuráveis normalmente são ambientes hostis para estratégias geradoras de crescimento inovador. Muitas vezes, os produtos novos deixam de produzir benefícios novos, diferenciados e significativos ou provocam uma reação devastadora por parte dos concorrentes existentes.

Em vez de ficar se martirizando com cifras precisas, avalie a ordem de magnitude, ou seja, o "número de zeros". Determine se as receitas geradas por uma oportunidade terão oito zeros no final (US$ 100 milhões), ante cinco zeros no final (US$ 100.000). Em seguida, concentre-se em como testar as hipóteses críticas por trás dessas estimativas. Pense no longo prazo ao trabalhar dessa maneira. Lembre-se, as iniciativas de crescimento muitas vezes tendem a levar tempo para amadurecer e concretizar seu potencial. Siga a diretiva: "Adequado no curto prazo, superior no longo prazo".

Pelo fato de as estratégias inovadoras diferirem fundamentalmente das extensões incrementais de produtos já existentes, elas exigem um processo de avaliação apropriadamente diverso. O foco inicial deve ser na adequação ao padrão de sucesso. Apenas depois de as equipes adquirirem um maior conhecimento sobre sua abordagem, a realização de métricas torna-se mais significativa e útil.

Caso a equipe da P&G que estava introduzindo sua megamarca na China tivesse se concentrado cedo demais em métricas detalhadas, provavelmente ela teria feito sua maior prioridade começar nas maiores cidades chinesas. Afinal de contas, essa abordagem surgiria para gerar as maiores cifras de vendas anuais, bem como valor presente líquido no primeiro ano de introdução do produto. Prestando atenção em sua lista de verificação, a equipe determinou que essa abordagem iria, na realidade, levar ao insucesso e optou, ao contrário, por uma que a levaria ao sucesso (o Capítulo 7 discute com maior profundidade como identificar e testar hipóteses).

Lição 3: *Pense Tanto a Curto Quanto a Longo Prazo*

Equipes que tentam realizar análises baseadas em padrões normalmente se deparam com uma questão capciosa. Deveriam elas analisar o mercado-alvo final que pretendem atingir ou simplesmente avaliar o primeiro mercado "com posição consolidada" que estão tentando atender? Nossa experiência mostra que vale a pena avaliar tanto o ponto de partida quanto o de chegada.

Algumas empresas com as quais trabalhamos ignoraram esse estabelecimento inicial de um pé de apoio no novo mercado, mergulhando de cabeça logo no início na avaliação do potencial de seu destino final. Porém um longo histórico de pesquisa sobre a inovação sugere que queimar etapas e avançar muito rápido raramente funciona. Se as empresas puderem identificar um trampolim para essa meta final, elas terão muito mais chances de chegar lá do que aquelas que optaram por arriscar o tudo ou nada. A empresa tem de ganhar uma posição segura no mercado para adquirir o direito de entrar em outros mercados também.

Entretanto, não basta apenas vencer a etapa de fincar um pé no novo mercado. Consideremos as diferentes jornadas seguidas pelas marcas iPod da Apple e a Crest Whitestrips da P&G. A Apple começou com *players* básicos com cinco, dez e vinte gigabytes de disco rígido com o tamanho aproximado de um maço de cartas. Depois, ela introduziu sua marca secundária, porém de menor capacidade, a Mini. Através do contínuo lançamento em um ritmo incessante de novas versões maiores ou menores em sua linha de produtos — o Shuffle, do tamanho de uma goma de mascar; o minúsculo Nano; *video player*, a linha de produtos Touch —, a Apple foi capaz de se manter à frente de seus concorrentes e impulsionar um crescimento fenomenal nas vendas.

A Crest Whitetrips foi um grande sucesso de mercado ao ser lançada. Esse produto simples, que possibilitava às pessoas clarear seus dentes em casa, encontrou um sólido mercado com ponto de apoio para crescimento futuro, atingindo vendas próximas dos US$ 200 milhões apenas nos Estados Unidos (enquanto a Apple, em 2002, havia vendido menos de US$ 100 milhões em iPods). Entretanto, a P&G não tinha um novo plantel de produtos adicionais para dar continuidade à introdução inicial da Whitestrips no mercado, e à medida que concorrentes tanto com marcas estabelecidas como com marcas próprias se precipitavam sobre o mercado, o crescimento de vendas da P&G diminuía. A inovação é como uma luta de boxe. Pode-se ganhar o primeiro *round*, mas mesmo assim perder a luta caso não consigamos nos esquivar dos inevitáveis contragolpes. Portanto, embora o destino final de uma inovação possa se desviar significativamente da visão original, é preciso ter algum plano para o que acontece em seguida, caso sejamos efetivamente bem-sucedidos nesse primeiro *round*.

Resumo

Ser bem-sucedido na criação de inovações geradoras de novo crescimento requer tornar-se um *expert* no reconhecimento e no emprego de padrões para avaliar e formar ideias. Avaliar uma estratégia em seu estágio inicial requer:

- A elaboração de uma lista de verificação personalizada que capture o padrão de sucesso pertinente em um mercado.
    — Comece com a lista de verificação disruptiva de doze itens.
    — Avalie outros sucessos e insucessos, internos e externos, para aumentar essa lista.
    — Lembre-se de incluir também condições de contorno.
- O emprego da lista de verificação em uma das três maneiras a seguir:
    — Realizar uma avaliação rápida do tipo "jogo de perguntas".
    — Conduzir uma avaliação mais detalhada, avaliando o grau ao qual o fator é um fator imprescindível, a conformidade com o padrão e seu grau de certeza.
    — Usar mapas multidimensionais para comparar várias estratégias.

Exercícios de Aplicação

- Realize uma pesquisa na Web com a frase exata "disruptive innovation" ou "disruptive technology". Avalie as empresas que se dizem disruptivas em relação às ferramentas apresentadas nesse capítulo. Elas se adéquam ao padrão?

- Reúna um grupo de pessoas para usar o Disrupt-o-Meter e avaliar uma das inovações de grande potencial em que sua empresa está trabalhando.

- Converse com um colega sobre uma inovação que você acaba de ficar *sabendo* que tinha um potencial imenso, mas que sua empresa abandonou porque as cifras não justificavam.

Dicas e Truques

- Conserve uma lista sempre atualizada de todas as hipóteses que você está fazendo em sua avaliação. Elas se mostrarão de vital importância no próximo estágio do processo.

- Não se desencoraje caso tenha que fazer uma série de conjecturas durante sua avaliação. Um dos pontos de maior valor de uma avaliação sistemática é separar conhecimento das hipóteses.

- Não fique obcecado pelas cifras. De qualquer maneira é quase certo que elas estarão erradas nos estágios iniciais.

- Lembre-se que o processo de avaliação é tão valioso quanto os seus resultados. Observe oportunidades para remodelar a estratégia de modo a maximizar suas chances de sucesso.

PARTE TRÊS

Construção do Negócio

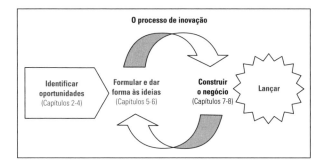

A parte final do processo de inovação em três fases consiste em construir o negócio através do desenvolvimento de um plano que leve uma ideia adiante e forme uma equipe para começar as atividades em estágio inicial. O Capítulo 7 explica como levar adiante uma ideia altamente incerta de uma maneira que maximize suas chances de sucesso. O Capítulo 8 descreve como formar e gerenciar equipes para trabalhar com ideias disruptivas. Repetindo, a palavra escrita exige que esses capítulos apareçam de forma linear, mas essas duas atividades podem acontecer com velocidades muito diferentes. E como o processo geral de identificação de oportunidades, formação e moldagem de ideias, bem como de construção de um negócio, é altamente iterativo, ele será tipicamente repetido várias vezes até que uma ideia atinja sua velocidade de fuga.

> *Veja, a visão é "estamos indo para a Califórnia" e "iremos dirigir". Isso significa bagagem para cinco dias e levar cartões de crédito, mas não me pergunte onde iremos jantar na quinta-feira, pois não posso informá-lo a esse respeito.*
>
> — Whilly Shih, professor da Harvard Business School, discutindo como ele abordou a estratégia na época em que liderou a iniciativa da Eastman Kodak de mudar para imagem digital

CAPÍTULO 7

Domínio de Estratégias Emergentes

TER UMA ESTRATÉGIA que pareça se adequar ao padrão de sucesso e resultados das leituras de diagramas do Disrupt-o-Meter é um excelente começo. Entretanto, o trabalho do inovador acaba de começar. Com a avaliação em mãos, o próximo desafio é decidir o que fazer especificamente para levar uma ideia adiante.

A jornada pode ser perigosa. Lembre-se das iniciativas da Apple no início dos anos 1990 ao ser a pioneira do mercado de PDA (*Personal Digital Assistant*). Ficou famoso o fato de ela ter investido milhões para criar um produto largamente ridicularizado, o Newton. Entretanto, não foi apenas a Apple que interpretou mal as coisas. A Sony, a Motorola, a Hewlett-Packard e uma série de outras grandes empresas também falharam em suas tentativas de criar essa categoria. Ao todo, essas empresas torraram mais de US$ 1 bilhão seguindo estratégias destinadas ao fracasso nesse mercado.[1] Quem ganhou o espaço, então? Uma pequena firma debutante chamada Palm, Inc.

A elevada taxa de insucesso de empresas sagazes em um novo espaço não deveria ser uma surpresa: um número enorme de evidências sugere que empresas que estão entrando em novos mercados tendem a começar com a estratégia *errada*. Essa afirmação simples tem implicações profundas. Ninguém iria querer injetar dinheiro em uma estratégia fatalmente falha, porém as empresas têm, repetidamente, cometido esse erro ao investir muito precocemente em uma estratégia.

Seguir a assim conhecida "estratégia emergente" pode ajudar as empresas a aumentar suas chances de sucesso afrontando sistematicamente os principais riscos e incertezas que tipificam ideias incertas (veja o quadro "Revisão Teórica: Estratégia Emergente"). Este capítulo descreve três etapas simples que os gerentes podem seguir para dominar os processos de estratégia emergente:

1. Identificar áreas de incerteza críticas.
2. Realizar experimentos engenhosos.
3. Ajustar e redirecionar baseado nos resultados dos experimentos.

Seguindo esses procedimentos, as empresas podem rapidamente ajustar — ou suspender — ideias inconsistentes, aumentando suas chances de sucesso final.

Revisão Teórica: Estratégia Emergente

Usaremos uma metáfora visual simples para reforçar o conceito de estratégia emergente (observe a primeira figura da página seguinte). A figura tem um arco, representando todas as possíveis estratégias que um inovador poderia seguir. Diante de um mercado incerto, as empresas muitas vezes deixam de deliberar sobre possíveis estratégias, correndo rápida e arduamente em direção à fronteira do arco. Porém, assim que atingem o seu destino, normalmente reconhecem que sua aparentemente sólida estratégia está repleta de inconsistências, algumas delas fatais.

O desafio ocorre quando, após ter investido substancialmente tempo e dinheiro, a empresa se dá conta de que o sucesso requer seguir uma estratégia fundamentalmente diferente. Por exemplo, após ter investido US$ 350 milhões no desenvolvimento de seu PDA, o Newton, a Apple se deu conta de que as pessoas estavam interessadas em um produto que fosse *complementar*, e não um substituto de seus computadores. Imagine então a situação de um pobre gerente dizendo: "Acabo de gastar US$ 350 milhões provando que não sei o que estou fazendo. Se me forem dados outros US$ 350 milhões, aí sim poderemos fazer algo interessante". (veja a segunda figura da página seguinte)

Esse tipo de conversa não dá certo. O Capítulo 8 do livro *The Innovator's Solution* descreve uma abordagem diferente. Baseado no trabalho de Robert Burgleman, Rita Guntheer McGrath, Ian Mac-Millan, Henry Mintzberg e outros, ele sugere que os inovadores em circunstâncias altamente incertas seguem uma estratégia emergente. Em vez de agir determinadamente como se conhecessem a estratégia correta, eles usam uma abordagem que ajuda a estratégia correta borbotar, ou emergir, do mercado.[a]

Os inovadores que adotam estratégias emergentes, pegam então um ponto inicial de aprendizado e ajuste, conforme ilustrado pelo triângulo da figura. Eles investem um pouco, ganham muito e ajustam suas estratégias — normalmente várias vezes — no sentido do sucesso.

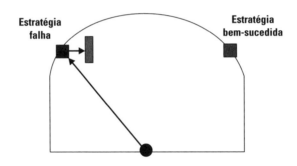

a. Veja BHIDE, Amar, *The Origin and Evolution of New Business* (Oxford e Nova York: Oxford University Press, 2000); BURGELMAN, Robert A., *Strategy is Destiny* (Nova York: Free Press, 2002); McGRATH, Rita, MacMILLAN, Ian, "Discovery-Driven Planning", *Harvard Business Review*, jul/ago, 1995; MINTZENBERG, Henry, WATERS, James, "Of Strategies, Deliberate and Emergent", *Strategic Management Journal* 6 (1985): 257.

Passo 1: Identificar Áreas de Incerteza Críticas

Antes de começar a seguir em uma nova direção, faça um inventário cuidadoso daquilo que é bom, ruim e incerto. Inicie o processo definindo com o que se pareceria uma oportunidade genericamente "boa". Que tipo de receita uma oportunidade deve gerar de forma contínua para ser atrativa? Que tipo de margem bruta ela deveria obter? Que impacto ela teria sobre os ganhos? Quando ela deveria produzir fluxos de caixa positivos? Crie logo de início um consenso sobre quais devem ser essas respostas.

Com esse acordo em mãos, elabore cuidadosamente todas as hipóteses que devem ser verdadeiras para a estratégia em que está trabalhando para ter chances de alcançar essas projeções. Enumere também todos os riscos que você imagina possam se interpor no caminho para o sucesso.

Observe como a estratégia emergente muda imediatamente seu foco de atenção da *resposta* em si para as *hipóteses* que sustentam a resposta. Muitas vezes, as empresas pressupõem que seu lugar geométrico de análise deva ser formado pelas projeções financeiras da oportunidade. Quando se tem pouca certeza em relação a quase todas as entradas de um modelo financeiro, se envolver em debates acirrados sobre tais projeções é, sinceramente, uma perda de tempo. Lembre-se das palavras de Scott Cook, fundador da Intuit: "Para cada uma de nossas falhas, tínhamos planilhas que pareciam formidáveis, na tentativa de justificá-las".[2] Fazer com que os números deem certo não é interessante. Entender *por que* os números poderiam dar certo, sim. Chegue a um consenso sobre qual deveria ser a resposta e, então, envolva-se em debates calorosos sobre quais entradas o conduziriam a tal resposta.

Caso tenha conduzido corretamente a análise dos capítulos precedentes, você já deve ter em mãos uma boa lista de hipóteses. Convém ser extenso ao "engordar" essa lista de hipóteses e riscos. Por exemplo, uma equipe com a qual a Innosight trabalhou em um produtor de bens de consumo embalados *acreditava* que havia refletido sobre todas suas hipóteses. De fato, a equipe havia criado uma lista com cerca de quinze itens que ela considerava essencial estar correta para criar um mercado no qual o seu produto possa ser bem-sucedido. À medida que a Innosight foi trabalhando com os membros da equipe, entretanto, ficou evidente que eles haviam apenas analisado superficialmente as hipóteses da oportunidade e riscos. Ao longo de uma sessão de trabalho que levou um dia todo, a equipe expandiu a lista para cerca de uma centena de hipóteses e riscos distintos cobrindo várias categorias diferentes, como consumidor-alvo, tecnologia, fluxos de receitas, custos exigidos, canal com o mercado e parcerias necessárias. A discussão ajudou o chefe da equipe a ver onde sua equipe se encontrava alinhada e onde não.

Se for realizar uma sessão de *brainstorming* sobre hipóteses, certifique-se de ter representantes de vários departamentos da empresa. Muitas vezes, os representantes de áreas técnicas farão hipóteses sobre o que o mercado deseja, ao passo que os representantes do departamento de marketing construirão hipóteses sobre o que a solução pode realizar. Reunir esses diferentes grupos logo de início pode garantir que todos eles estejam abordando o problema de uma maneira consistente.

Quanto mais uma empresa se afastar de sua atividade principal, mais importante é refletir cuidadosamente sobre as hipóteses e riscos, pois normalmente a empresa ignora hipóteses implícitas dentro de sua atividade principal. Uma empresa que vende produtos baratos como cereais para o café da manhã não precisa se preocupar, por exemplo, com devoluções de produto, pois a maioria dos consumidores não vai perder tempo devolvendo uma caixa de cereais. Mas, se a empresa começasse a vender um processador de cereais personalizado custando mais de US$ 100, ela teria de pensar cuidadosamente no impacto de uma taxa de devolução de 5 % a 15% sobre o seu modelo de negócios. De maneira similar, quando a Disney abriu a Euro Disney (hoje em dia Disney Europe), ela partiu do pressuposto de que os consumidores europeus seguiriam os mesmos padrões dos consumidores em outros mercados. Porém os consumidores europeus estavam acostumados com ingressos mais baratos, não ficavam em hotéis por tantas noites, comiam menos e compravam mercadorias mais baratas. Deixar de considerar tais hipóteses levou a Euro Disney a uma estratégia mal concebida com perdas financeiras enormes.[3]

Para verificar se você mapeou completamente hipóteses e riscos, certifique-se de ter pelo menos tentado responder às perguntas da lista a seguir. À medida que for respondendo cada questão, controle a contagem tanto dos elementos dos quais não tem certeza (hipóteses) quanto daqueles com os quais se preocupa (riscos).

- Quem serão os primeiros clientes a pagar?
- Como eles ficarão cientes de sua solução?
- Como eles lhe pagarão?
- Quem mais estará envolvido na compra? Por que eles irão apoiar a compra?
- Quantas vezes eles terão de adquirir a solução para o seu modelo de negócios funcionar?
- Por que eles comprariam sua solução novamente?
- Que problema sua solução resolve?
- Como os clientes almejados resolvem esse problema atualmente?
- Em que aspectos sua solução será melhor que as existentes? Em que aspectos ela será pior?
- Por que os consumidores tolerariam as limitações de sua solução?
- A adoção de sua solução implicaria a mudança de hábitos dos clientes? Em caso positivo, o que o leva a crer que eles agirão dessa forma?
- O que você está fazendo que é proprietário?
- Quais serão os custos fixos incorridos para atingir o seu mercado inicial?
- Que custos variáveis farão parte do seu modelo de negócios?
- Como sua empresa obterá receitas?
- Quanto terá que ser gasto para comercializar o produto?
- Como sua empresa obterá lucros?

- Quem irá vender a sua solução?
- Por que eles iriam vender a sua solução e não outras?
- Qual será a marca adotada?
- Quais serão os concorrentes a serem enfrentados? Por que você venceria tais concorrentes?
- A oportunidade apresenta pontos positivos substanciais? Por quê?
- Que opções estratégicas seriam criadas ao seguir essa abordagem?
- Por que o alto escalão da empresa (ou investidores) ficaria entusiasmado com essa oportunidade?
- Que obstáculos internos previsíveis se interporiam no caminho para o sucesso?
- É necessário obter a aprovação de um órgão regulador? Em caso positivo, como ela seria obtida?
- Em que área geográfica a solução será lançada?

Aplicando Engenharia Reversa nas Cifras Financeiras

Partir das respostas para chegar às hipóteses pode ser uma maneira útil de revelar hipóteses financeiras também importantes. Parta de um lucro ou receita almejada em um período de três ou cinco anos. Vá voltando para determinar todas as hipóteses que estão por trás desse resultado financeiro. Procure situações análogas ou *benchmarks* que sugiram que tais hipóteses são razoáveis. De modo alternativo, descreva um cálculo simples que "caberia em um guardanapo de coquetel" e que explique por que sua ideia é fascinante. Veja se a história passa pelo teste de plausibilidade básico. Essa abordagem ajuda não apenas a revelar hipóteses financeiras fundamentais, mas também muitas vezes abre oportunidades para se pensar de maneira mais abrangente sobre o modelo de negócios de sua ideia.

Priorizando Hipóteses e Riscos

Uma lista com uma centena de hipóteses e riscos pode ser intimidadora. Para classificar sua lista segundo a prioridade, comece fazendo duas perguntas para classificar as hipóteses em categorias abrangentes:

1. Qual o impacto de estar errado em relação a uma hipótese ou não ser capaz de superar um risco? Ataque primeiramente as áreas para as quais um resultado adverso seria catastrófico. Em seguida, considere aquelas para as quais um resultado adverso forçaria uma reengenharia importante de sua estratégia. Finalmente, trabalhe nas áreas para as quais um resultado adverso exigiria apenas alguns pequenos ajustes na abordagem.
2. Qual o seu grau de confiança de que sua hipótese está correta ou de que você será capaz de suplantar um risco? Muitas vezes, assistimos gerentes superestimar demasiadamente sua confiança referente a hipóteses e riscos críticos. Para tentar destrinchar áreas de incerteza, pergunte o que você estaria disposto a sacrificar caso sua avaliação estivesse errada. Um ano de seu salário? Uma semana de seu salário? Nenhum centavo de seu salário? Esse exercício um tanto irônico ajuda os gerentes a constatar rapidamente que eles sabem muito menos do que imaginavam saber.

A Figura 7-1 fornece uma maneira simples de classificar as hipóteses e riscos. Primeiramente, determine se suas hipóteses e riscos se encontram na Zona 1 (testar agora), Zona 2 (testar em seguida) ou Zona 3 (testar por último).

A raiz do problema do cliente — a "tarefa a ser realizada", na linguagem deste livro — muitas vezes aparece na Zona 1. Afinal de contas, é difícil gerar crescimento se o cliente não se preocupa com o problema para o qual você está tentando oferecer uma solução. A determinação de preços poderia ser uma hipótese da Zona 2, já que diferentes preços reduzidos no varejo afetam muitas outras peças do quebra-cabeça. Finalmente, a área geográfica que será responsável por grande parte das vendas poderia ser uma hipótese da Zona 3. Embora a geografia possa afetar as despesas de comercialização e de pessoal, o fato de uma região do mundo liderar outra tende a não exigir mudanças drásticas na estratégia original.

Assim que tiver classificado suas hipóteses e riscos, faça uma terceira pergunta sobre os itens em cada categoria:

3. Com que facilidade se aprende mais? Se todos os demais fatores continuarem os mesmos, as primeiras áreas a serem atacadas em uma dada zona são aquelas que tornam mais fácil adquirir mais conhecimento. Considere o custo de realizar um experimento, o tempo necessário para ver resultados definitivos e a experiência adquirida ao realizar o experimento designado.

FIGURA 7-1

Matriz de prioridades de hipóteses e riscos

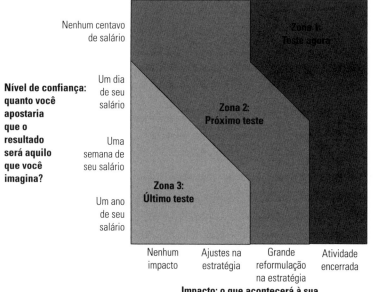

Fazendo essas três perguntas, você poderá começar a peneirar a longa lista de hipóteses e riscos de modo a determinar aquelas que exigem atenção imediata. A lista de verificação das hipóteses na Ferramenta 7-1 pode ajudar a orientar essa atividade.

Consideremos a experiência de Robin Wolaner, fundadora da revista *Parenting*. No final dos anos 1980, Wolaner estava buscando um novo empreendimento após deixar seu cargo de editora-executiva da revista *Mother Jones*. Suas conversas com amigos que tinham filhos fizeram com que ela acreditasse que poderia existir uma oportunidade para uma revista de alta qualidade cujo mercado-alvo seriam os pais. Wolaner estimava que custaria cerca de US$ 5 milhões para completar a ideia. Ao trabalhar com consultores, ficou claro que a hipótese crítica a ser enfrentada era sua intuição de que existia uma abertura de mercado para a sua solução. Sua próxima tarefa era desenvolver uma maneira simples e barata de testar essa hipótese (discutida posteriormente neste capítulo).

Em um exemplo similar, um plano de saúde para o qual a Innosight prestou consultoria considerava a introdução de um tratamento inovador para uma moléstia que aflige milhões de pessoas. A empresa tinha dezenas de hipóteses sobre a eficácia do produto, a habilidade da empresa em lidar com os órgãos reguladores, seu canal com o mercado, bem como sobre a estratégia de preços.

A equipe de projetos havia despendido semanas se concentrando em uma determinada área de incerteza: deveria ela manter ou não o produto na prateleira por vários anos de modo a poder usar pontos de venda para distribuição em mercados de massa como farmácias e lojas de desconto. A equipe tinha certeza que conseguiria enfrentar esse desafio, mas acreditava que, se assim o fizesse, teria de fazer um grande investimento. Embora essa área fosse importante, a empresa se deu conta de que suas hipóteses mais críticas eram que as recomendações dos médicos levariam a uma adoção experimental do produto e que aqueles consumidores que experimentassem o produto se tornariam consumidores regulares.

Se tais hipóteses não fossem comprovadas, a empresa teria de reformular de forma drástica o seu plano de entrada no mercado ou até mesmo sucatear o produto. Dadas essas condições, a estabilidade na prateleira poderia ser considerada irrelevante. Assim que a equipe tivesse identificado as áreas mais importantes, ela estaria em condições de elaborar experimentos mais engenhosos que permitiriam à equipe lidar com essas áreas de forma eficaz em termos de custo e dentro dos prazos estabelecidos.

FERRAMENTA 7-1

Lista de verificação de hipóteses

Instruções

Hipótese: O que precisa funcionar para a oportunidade ser viável?

Perigo: O que acontece se uma hipótese não for provada? A *atividade é encerrada*, é preciso *redirecionar*, bastariam *pequenos ajustes* ou isso não teria *nenhum impacto*?

Confiança: O quão confiante você está em relação à sua hipótese? Você apostaria um ano de seu salário? Uma semana de seu salário? Nenhum centavo de seu salário?

Zona de teste: De acordo com o diagrama da Figura 7-1, essa zona é uma zona 1 (testar agora), zona 2 (testar em seguida) ou zona 3 (testar por último)?

Teste sugerido: O que poderia ser feito para conhecer melhor a hipótese?

Facilidade para testar: O teste é fácil de ser realizado, ligeiramente difícil ou muito difícil?

Classificação: Quando esse teste deveria ser realizado?

Hipótese	Perigo	Confiança	Zona de teste	Teste sugerido	Facilidade do teste	Classificação

Passo 2: Realizar Experimentos Engenhosos

Experimentos engenhosos e estratégias de mitigação de riscos são o cerne de uma boa estratégia emergente. Em vez de arriscar recursos em estratégias incertas, as empresas podem investir um pouco para conhecerem bem as principais incertezas contidas em suas abordagens.

Os experimentos podem ir desde atividades simples como pequenos grupos de discussão até aquelas mais complicadas como lançar um mercado de teste localizado. A lista a seguir descreve uma grande variedade de experimentos, desde aquele mais fácil e barato até o mais difícil e caro para ser executado.

Avaliação das melhores práticas internas. Converse com outras pessoas dentro da empresa que lidaram com hipóteses e riscos similares para descobrir qual foi o resultado de suas iniciativas. Use tais informações para avaliar se suas hipóteses e riscos foram priorizados ou não de forma correta. Sempre tome cuidado para não pressupor que você pode ser melhor do que o melhor.

Pesquisas de mercado secundárias. Pesquisas externas focadas podem ajudar a identificar rapidamente progressos em um mercado ou a oferecer uma abertura para as ações que os concorrentes estão realizando. Entretanto, tome cuidado para, nos relatórios de pesquisas de mercado, não ler em demasia sobre mercados inexistentes (refira-se ao quadro "O Desafio de Medir Mercados Inexistentes").

Benchmarking externo. Observe os concorrentes do mercado para analisar como eles lidaram com problemas similares. Se o seu sucesso se baseia em fazer algo melhor do que jamais foi feito, pergunte ao menos se aquela hipótese é razoável ou não. Pesquisas de mercado ou relatórios de analistas podem ser excelentes fontes de informação, assim como consultores que se especializaram em um determinado segmento.[4]

Modelagem matemática/simulações. Combine suas hipóteses financeiras para verificar como o modelo matemático poderia funcionar. Considere diferentes cenários para ver o que acontece quando as hipóteses mudam. Use essa abordagem para encontrar os verdadeiros "pontos fundamentais" em seu modelo. Tente também encontrar hipóteses básicas que influenciem várias outras.

O Desafio de Medir Mercados Inexistentes

Medir mercados inexistentes apresenta quatro desafios principais:
1. **Não existem dados ainda.** Quando um mercado ainda não existe, não há relatórios de pesquisa de mercado como referência nem conjuntos de dados coletados em períodos anteriores para se analisar.
2. **Não existem produtos comparáveis.** Sem a existência de dados, a tendência natural é procurar analogias adequadas. Entretanto, para mercados realmente novos, normalmente não existem analogias históricas adequadas para se estimar as taxas de interesse e de penetração. Basear estimativas em analogias incorretas pode levar a conclusões totalmente incorretas.
3. **Os clientes atuais fornecem dados inadequados.** Quando um novo produto ou serviço tem características disruptivas — isto é, troca algumas dimensões de desempenho por novos benefícios de simplicidade, conveniência ou preços baixos — tentar estimar o tamanho do mercado conversando com clientes existentes naqueles que podem parecer ser mercados similares é extremamente perigoso. Os clientes existentes irão diminuir e denegrir a inovação, pois eles são capazes de compará-lo apenas com produtos e serviços com os quais estão acostumados a consumir.
4. **Os clientes novos fornecem dados pouco confiáveis.** Os clientes são notoriamente ineficientes ao visualizar como usariam produtos ou serviços que ainda não estejam usando ou que ainda não existem. Consequentemente, o valor prognóstico de pesquisas de mercado em mercados emergentes é pequeno. Além disso, mercados novos muitas vezes se desenvolvem de maneira surpreendente e resultam em clientes inesperados, tornando difícil ter certeza até mesmo se os dados estão sendo coletados das fontes corretas. Finalmente, para clientes que ainda não estão consumindo um produto ou serviço lhes faltam pontos de referência confiáveis, tornando suas reações aos preços correspondentemente não confiáveis.

Evidências

Uma série de estudos de caso ilustra a dificuldade de se medir mercados inexistentes.[a] Por exemplo:

- No seu livro *Innovator's Dilemma*, Christensen analisou os volumes previstos, antes do lançamento do produto, para os quatro anos seguintes de cinco novas unidades de disco rígido, previsões estas realizadas pela revista *Disk/Trend*, um respeitado periódico industrial. Ele constatou o seguinte:
  — Nos lançamentos dos dois produtos em mercados sustentadores e conhecidos, as previsões foram extremamente acuradas com uma aproximação na casa dos 8% e 7%, respectivamente, do volume efetivamente vendido pela empresa.
  — Já em mercados desconhecidos e disruptivos, as previsões ficaram bem fora da realidade. As previsões para os três lançamentos disruptivos tiveram erros de 265%, 35% e 550%.
- Nos anos 1950, a IBM contratou Arthur D. Little para estimar o tamanho do mercado de fotocopiadoras para que a IBM pudesse decidir se valeria a pena ou não adquirir as patentes da Xerox. Em seu livro *Reengineering the Corporation*, Michael Hammer e James Champy escreveram: "A ADL concluiu que mesmo que a revolucionária máquina capturasse 100% do mercado de cópias via papel carbono, ditografia e hectografia — as técnicas usadas na época para copiar documentos —, ela ainda não recompensaria o investimento necessário para a IBM entrar no mercado de copiadoras".
- No final da década de 1970, a AT&T contratou a McKinsey & Co. para estimar o potencial do mercado de telefones sem fio. A McKinsey estimou que, no ano 2000, o mercado mundial *poderia* ser de 900.000 telefones sem fio. Em 2007, eram vendidos 900.000 telefones a cada 18 horas. Não foi apenas a McKinsey que errou na previsão: a estimativa mais otimista previa um mercado total de 10 milhões de assinantes.
- Um relatório elaborado por uma empresa de pesquisa de mercado em maio de 2002 previa que seriam vendidos 900.000 MP3 *players* com disco rígido em 2003. Somente a Apple vendeu 940.000 iPods com disco rígido em 2003. O mercado total de MP3 *players* baseados em discos rígidos era superior a 2,5 milhões de unidades.

- Apenas um ano antes, o relatório de uma pesquisa de mercado errou sua previsão em quase 200%.

a. CHRISTENSEN, Clayton M. *The Innovator's Dilemma*, 2. ed. (Nova York: HarperBusiness, 2000), p. 144-146; HAMMER, Michael; CHAMPY, James. *Reengineering the Corporation*. (Nova York: HarperCollins, 2003; "Cutting the Cord", *The Economist*, 7/out/1999; "From Tivo to the iPod, Hard Disk Drives Penetrate Consumer Eletronics Products", InStat/MDR, maio/2002; "Worldwide Compressed Audio Player 2004-2008 Frecast: MP3 Reaches Far and Wide", International Data Corporation, ago/2004.

Jogos de guerra competitivos. Coloque-se na posição de seus concorrentes e imagine o que eles fariam em resposta à sua abordagem. Esse exercício pode ajudá-lo a encontrar maneiras através das quais poderá influenciar a sua estratégia de modo a torná-la pouco atraente para seus concorrentes. Ele também poderá ajudá-lo a desenvolver sistemas que identificam movimentações da concorrência logo no início.

Análise de patentes. As patentes podem conter uma grande gama de informações sobre o espaço de mercado emergente. Atividades relacionadas à obtenção de patentes ou solicitações de licenças para órgãos reguladores são indicadores de como as empresas estão abordando um espaço de mercado bem antes de eles anunciarem suas estratégias oficiais.

Grupos de discussão. Os grupos de discussão podem ser úteis para dar início a conversações com os clientes. Entretanto, tenha cuidado para não analisar demais um determinado grupo. Uma opinião isolada e potente pode acabar dominando uma discussão e sempre é perigoso tirar conclusões de amostras pequenas. Tente estimular o grupo de discussão, encorajando-o a ter discussões mais abrangentes.

Mesa-redonda com líderes de opinião. Reunir líderes de opinião em um espaço definido com um conjunto de perspectivas diversas pode ajudá-lo a ver coisas que, de outra forma, você poderia ignorar. Na realidade, ter um mecanismo regular de interação com líderes de opinião pode ser uma capacidade muito útil.

Observação de clientes. Conforme discutido no Capítulo 4, observar clientes pode ser uma excelente maneira de identificar as verdadeiras tarefas de inovação que as pessoas estão tentando ter cumpridas. Embora a observação de clientes possa tomar muito tempo e ser cara, algumas vezes não há nenhum substituto a não ser ir a campo e observar as pessoas lidando com o problema que você espera ajudá-los a resolver ou que usem a solução por você fornecida.

Testes de conceito. Os testes de conceito consistem em descrever para os clientes um conceito totalmente formulado para avaliar sua propensão de adquirir o conceito. Algumas empresas, como a Nielsen Company, oferecem serviços que medem as respostas de clientes a conceitos e comparam essas respostas a exemplos passados de novos produtos para simular curvas de adoção tecnológica. Empresas que dependem de tais testes para melhorias em uma atividade principal precisam tomar muito cuidado ao usá-los para trabalhar em uma iniciativa: muitos especialistas dizem que os testes de conceito podem ser muito ambíguos quando o produto ou serviço é completamente novo para o público.

Pesquisas de mercado quantitativas. Pesquisas de mercado quantitativas mais detalhadas podem ajudá-lo a estabelecer tamanhos de mercado, a entender como os clientes sacrificariam avanços em recursos, bem como ajudariam a identificar "clusters" de clientes. Está se tornando cada vez mais fácil elaborar e executar pesquisas quantitativas de qualidade usando a Web e outras ferramentas.

Protótipos. Independentemente do esforço empreendido, é difícil obter *feedback* significativo para uma ideia descrita em um pedaço de papel. Similarmente, podem existir interações imprevisíveis entre componentes de um produto que são invisíveis até o momento em que ele for realmente construído. Os protótipos são capazes de testar tais interações, fornecendo ao mesmo tempo um veículo mais tangível com o qual coletar informações dos clientes. Alguns gerentes acham que a prototipagem é relevante apenas para empresas que constroem produtos físicos, porém criar painéis via Web ou mapas de processos também pode ajudá-lo a obter um melhor entendimento de ofertas intangíveis.

Mercados de teste. Algumas das melhores hipóteses, como determinação de preços, relações com o canal distribuidor e comportamento do comprador, são difíceis de serem simuladas ou testadas de forma precisa antes de se entrar efetivamente no mercado. Criar um mercado de teste localizado em uma determinada região ou entre um grupo de clientes é a única maneira de oferecer um *insight* crítico sobre essas variáveis. De acordo com nossa experiência é importante tentar simular um mercado real o tanto quanto possível. Ou seja, embora seja possível mascarar o mercado de teste de modo que ele aparentemente seja bem-sucedido, agir dessa forma não está de acordo com os interesses a longo prazo da empresa.

De modo similar, existem várias técnicas para minimizar riscos importantes.

Emprego de consultores e empresas terceirizadas. Contratar pessoas é arriscado. Caso você contrate alguém em período integral e sua estratégia mudar, você terá de esperar que o seu empregado mude com a estratégia ou colocar essa pessoa em uma outra função. Os consultores normalmente aconselham às empresas pequenas contratar CEOs em tempo integral apenas após ter sido estabelecido um modelo de negócios, pois inevitavelmente o novo CEO trará consigo o seu último modelo de negócios para a nova empresa.[5] Se esse modelo de negócios for falho, o CEO pode levar a empresa à falência. Esquemas de trabalho mais flexíveis podem oferecer uma proteção contra esses pontos fracos. Muitas vezes vale a pena gastar um pouco mais mensalmente em nome dessa flexibilidade extra.

Proteção de patentes. Patentes sólidas podem ajudar a diminuir o risco de reação da concorrência. Entretanto, tome cuidado para não superestimar o poder de qualquer patente. Se uma empresa poderosa estiver decidida a encontrar uma maneira de entrar no mercado, ela encontrará uma forma de evitar até mesmo a aparentemente mais segura das patentes.

Parcerias. Os riscos podem se apresentar de forma bem diversa conforme as competências de uma empresa. Relembremos novamente o caso de Robin Wolaner e a revista *Parenting*. Como empreendedora, Wolaner considerou riscos ameaçadores questões como satisfação total e produção. Para uma grande editora, esses riscos seriam considerados triviais. Grandes empreendedores são bons em transferir os riscos para parceiros, para quem seriam mais gerenciáveis. Da mesma forma, investimentos em ações, acordos de divisão de lucros, alianças estratégicas e *joint ventures* podem oferecer oportunidades para aprender mais a respeito de uma oportunidade sem comprometer quantidades enormes de recursos.

Contratos dependentes. Os contratos dependentes são como o mercado de ações. A execução do contrato é dependente de algum evento. As empresas contratadas de forma dependente podem ajudar a garantir que um risco que possa arruinar seu negócio seja enfrentado antes de se avançar para a próxima etapa.

Marcos. Caso decida trabalhar com um parceiro, em vez de ter um contrato "vitalício", estabeleça previamente marcos que facilitem mudanças de curso.

A Chave para o Sucesso: Investir Pouco, Ganhar Muito

A regra mais importante que se deve ter em mente ao elaborar e executar exercícios de construção de conhecimento é mantê-los o mais simples e baratos possível. Lembre-se do dito *"Investir Pouco, Ganhar Muito"*. Para implementá-lo faça sempre o seguinte:

- Crie um protótipo antes de construir.
- Teste antes de se comprometer.
- Faça empréstimos antes de comprar.

- Subcontrate antes de contratar permanentemente.
- Terceirize antes de progredir.
- Pesquise antes de realizar.

A maneira através da qual os irmãos Wright testaram as hipóteses fundamentais por trás de seus primeiros aviões demonstra o poder de seu comprometimento com o "manter as coisas simples e baratas". Muitos pretendentes a aviadores chegam ao ponto de construir seus próprios aviões com os quais tentarão voar. Entretanto, se as hipóteses por trás de suas estratégias forem falhas, o avião poderá cair e o piloto poderá vir a perecer. Os irmãos Wright adotaram uma estratégia diferente. Eles construíram modelos em escala reduzida, que na realidade eram um predecessor dos atuais túneis do vento. Essa abordagem permitiu a eles ficar experimentando rapidamente vários projetos sem arriscarem a própria vida em busca daquele com maior chance de funcionar. Um executivo sintetizou a lição aprendida com o estudo de caso dos irmãos Wright dizendo: "Entendi. Precisamos de menos mortes e mais pipas!".

As empresas normalmente têm opções experimentais mais baratas à sua disposição do que elas imaginam. Poderíamos considerar algumas das seguintes possibilidades:

- Fazer um lançamento restrito a uma determinada área geográfica.
- Usar os próprios funcionários para realizarem um *beta test* de seus produtos.
- Utilizar "mercados prognósticos", nos quais os participantes compram e vendem "cotas" em estratégias como se fossem ações.
- Divulgue sua ideia entre amigos e família.
- Passe um dia como se fosse o cliente.
- Vasculhe informações de acesso público na Web.
- Converse com um investidor, um especialista no setor ou um empreendedor.
- Pesquise iniciativas análogas.

O CEO da P&G, A. G. Lafley, compara o trabalho de sua empresa em inovação disruptiva com a carteira de um investidor. "Acredito que devamos administrar nosso portfólio de inovações disruptivas como o faz um investidor, pois a taxa de sucesso é muito pequena", diz Lafley. "O que queremos é ter rapidamente um protótipo rudimentar e de baixo custo para consumidores potenciais, para que possamos avaliar se a tarefa será realizada efetivamente. Encontramo-nos em um processo iterativo. Também gostaríamos de nos envolver em um tipo de ambiente transacional relativamente rápido, onde o cliente terá de participar monetariamente para experimentar o novo produto ou serviço."

Voltemos aos dois exemplos introduzidos previamente para vermos como eles testaram suas hipóteses fundamentais. Wolaner precisava encontrar uma maneira de validar sua intuição de que existia um mercado para a revista *Parenting*. Ela levantou fundos na casa dos US$ 150.000 de modo a realizar uma pesquisa via mala direta para tratar dessa hipótese fundamental (hoje em dia, uma pesquisa dessas seria facilmente realizada através da Web por uma pequena fração do preço). O investimento inicial avaliou o negócio em aproximadamente US$ 500.000. A resposta à pesquisa superou as expectativas de Wolaner. Havia ficado evidente que os clientes estavam interessados na revista. Com essa hipótese fundamental validada, Wolaner começou a buscar fundos adicionais para realizar seu plano. Ela foi à Time Inc. (hoje parte da Time Warner), sobre a qual circulavam rumores que iria lançar sua própria revista. A empresa investiu no negócio, este se transformou em um tremendo sucesso e, finalmente, a Time comprou a revista de Wolaner por algo em torno de US$ 10 milhões.

A equipe de planos de saúde decidiu realizar um lançamento "sigiloso" em várias regiões. Ela vendeu o produto *on-line*, trabalhou próxima a médicos importantes nesses mercados para que "orientassem o tráfego inicial" e monitorou de perto como os consumidores estavam usando o produto e se o seu emprego levava ou não a comportamento repetitivo. De forma interessante, a equipe descobriu que dois de seus mais bem-sucedidos mercados estavam sendo orientados *não* por médicos locais, mas por formadores de opinião importantes naquelas cidades que tiveram um gostinho do produto. A equipe descobriu que inovação na embalagem também seria um elemento fundamental para o consumidor adotar o produto, bem como o trabalho junto a comunidades *on-line* de indivíduos sofrendo da mesma moléstia. À medida que a equipe monitorava os resultados de seus exercícios de construção de conhecimento, ela foi capaz de avançar para o próximo e crucial estágio do processo: ajustamento e redirecionamento.

Passo 3: Ajustamento e Redirecionamento

O estágio final do processo de domínio de uma estratégia emergente é aplicar as lições dos exercícios de construção de conhecimento. Redirecionar uma estratégia pode ser traumático. Gestores que dedicaram tempo e energia perseguindo um determinado caminho podem apegar-se a esse caminho em face de fortes evidências compensatórias. O sucesso requer uma estranha mistura de humildade (reconhecer que, apesar de seus melhores esforços, sua abordagem inicial estava errada) e confiança (não desistir em face de resultados adversos).

Normalmente, é esse passo final que faz com que empresas bem-intencionadas se equivoquem. Considere as sábias palavras do editor de um jornal refletindo sobre as incursões iniciais de sua organização na Web: "Dado o ritmo de nossa expansão, acho que não cometemos erros rápido o bastante e não aprendemos a partir deles com frequência suficiente. O problema não estava apenas acionando [os experimentos], algumas vezes estava desativando-os". O problema essencial era que a empresa não usava o conhecimento obtido com os experimentos para ajuste, deixando de lado estratégias que emergiram como inúteis e redirecionando estratégias incertas que ainda tinham potencial.

Para garantir que esse passo tenha sido seguido, force a si mesmo, bem como sua equipe, a reavaliar sistematicamente a abordagem em marcos regulares. Ao atingir esses marcos, considere cuidadosamente o que sua recém-descoberta indica para ser feito. Você terá quatro opções básicas:

- *Dobre*. As informações apontam claramente para uma estratégia bem-sucedida sem nenhuma incerteza evidente de que possa arruinar seu negócio, portanto, avance rapidamente.

- ***Continue a explorar.*** Todos os sinais parecem positivos, mas ainda existem hipóteses não testadas; portanto, continue experimentando.
- ***Redirecione.*** Investigações sugerem que a estratégia atual não é viável, porém uma outra abordagem poderia ser; portanto, mude a estratégia e comece a experimentar novamente.
- ***Arquive.*** Não há nenhum caminho claro avante; portanto, prossiga com outros projetos até que algo mude para tornar a oportunidade mais atrativa.

Todo mundo sabe que, no final, a Palm, Inc. venceu empresas cheias de recursos, como a Sony, na corrida para criar o mercado para PDAs. Porém as pessoas esquecem que a primeira estratégia da Palm também era falha. O primeiro produto da empresa, o Zoomer, "fazia um monte de coisas, a maioria delas mal", de acordo com o artigo de uma revista.[6] Após o fiasco do produto, porém, a Palm tinha dinheiro suficiente no banco para mais uma rodada de uma estratégia com potencial de dar certo. Ela interagiu com usuários do Zoomer para descobrir por que eles estavam tão desapontados com o produto. Assim que a Palm percebeu que as pessoas estavam procurando um dispositivo que complementasse seus computadores, a empresa desenvolveu um dispositivo simples que forçou os usuários a empregar um estilo de escrita simples e intuitivo, em vez de um software de reconhecimento de escrita manual complicado e propenso a *bugs*. O Palm Pilot, sincronizado de forma perfeita com o computador do usuário, garantindo um único repositório de dados. A abordagem redirecionada do Palm decolou, criando um poderoso negócio gerador de crescimento.

As respostas para as quatro respostas a seguir podem ajudá-lo a determinar o caminho apropriado para seguir em frente:

1. Quanto risco ainda resta?
2. Quanto custará a próxima rodada de testes?
3. Qual o nível de aprendizado que esses testes fornecem?
4. Qual o potencial positivo da oportunidade?

Domínio de Estratégias Emergentes

Quando não se pode mais diminuir o risco residual, quando os testes se tornam cada vez mais caros e o aprendizado cada vez mais escasso, e quando fica cada vez mais difícil ver o potencial positivo, pode ser o momento de partir para outro projeto. O segredo é tomar decisões rapidamente. Já vimos empresas que estavam procurando construir suas capacidades inovadoras tentar levar adiante dezenas de ideias simultaneamente. Iniciar com várias ideias é importante, mas o sucesso exige a coragem de abandonar aquelas com poucas chances de sucesso e redirecionar aquelas que estão indo na direção errada. Se as empresas esperarem demais para tomar tais decisões, elas acabarão desviando recursos para iniciativas infrutíferas ou continuarão a executar uma estratégia fatalmente incorreta.

Geralmente, ao decidir por continuar ou redirecionar, volte para o primeiro passo descrito anteriormente (ou, quem sabe, considere a possibilidade de usar a tática descrita no Capítulo 5 para reformular a estratégia). Veja se você trouxe à luz toda e qualquer hipótese nova. Reformule sua lista de hipóteses e comece a executar um novo conjunto de experimentos. Continue observando as etapas até atingir o ponto no qual uma estratégia de sucesso tenha realmente emergido. Os sinais a seguir indicam que você atingiu esse ponto:

- A relação entre pontos conhecidos e desconhecidos aumentou (sabemos mais e estamos pressupondo menos).
- As hipóteses e riscos mais importantes foram resolvidos.
- Já temos um modelo de negócios viável.

Identificar de forma absoluta esse ponto de inflexão (ou saber se é tempo de encerrar um projeto) requer uma boa dose de intuição e discernimento. Entretanto, caso realmente identifique um ponto de inflexão, mude a escala de equilíbrio de seu foco, passando da experimentação para a execução. Você não vai querer continuar a fazer iterações assim que tiver ficado claro que se encontra no caminho correto!

Embora a General Motors tenha tido a sua cota de problemas ao longo das últimas duas décadas, um grande sucesso foi a criação de seu negócio de telemática chamado OnStar. Seu CEO, Rick Wagoner, acredita que um dos segredos para o sucesso da OnStar foi o desejo de mudar de caminho. "Em um novo negócio é preciso começar com uma estratégia, mas após cerca de quatro dias provavelmente ela já terá sido mudada. Foi de forma muito semelhante o que aconteceu com a OnStar... Foi fascinante ver como ela se desenvolveu e mudou a maneira através da qual eu encarava oportunidades no restante de nosso negócio. Não é necessário entendê-la completamente. Se você acredita que ela está correta, vá em frente e ajuste-a à medida que for progredindo."

Estratégia Emergente como Acelerador da Inovação

Vários especialistas em processos aconselham as empresas a cortar o número de projetos à medida que elas assumem de modo a acelerar o processo de inovação. De forma contraintuitiva, as empresas que adotaram a estratégia descrita no presente capítulo conseguem, na verdade, acelerar o processo global através do aumento do número de projetos considerados.

Muitos atrasos de lançamentos de produtos ocorrem justamente no início do ciclo de desenvolvimento. Pelo fato de os processos em estágios controlados típicos limitarem estritamente o número de processos simultâneos assumidos, os obstáculos no primeiro estágio tornam-se muito grandes. Os gestores retardam a proposta de projetos até poderem investir na criação de um documento financeiro muito detalhado que justifique o investimento. Entretanto, pelo fato de o projeto ainda não existir realmente, eles não têm os recursos para investir no desenvolvimento de casos de negócios e, portanto, as ideias caem no limbo.

Através da redução dos obstáculos iniciais — exigindo apenas uma análise básica formulada em torno do reconhecimento de padrões e reconhecendo explicitamente as incertezas —, os executivos podem avaliar rapidamente um número muito maior de projetos e, portanto, visualizar mais ideias logo no início, possibilitando que subordinados proponham projetos mais facilmente.

Algumas empresas, na realidade, transformaram esse tipo de experimentação e ajuste em um componente básico de seus modelos de negócios. A Google ficou famosa por lançar no mercado novos serviços como o GoogleBase (o produto gratuito da Google voltado para anúncios classificados) e o GoogleTalk (seu sistema de mensagens instantâneas). Se um novo serviço mostrar sinais de sucesso, a Google intensifica os investimentos. Se ele não decolar, a Google "tira a tomada da parede" e vai em busca de outras oportunidades.

Empresas em outros segmentos que se tornaram a melhor em redirecionamento com ciclos rápidos podem usar o poder da estratégia emergente para aumentar suas chances de criar negócios atrativos com geração de crescimento.

O Poder da Escassez: Dois Estudos de Caso

Um dos aparentes mistérios da inovação é como os empreendedores são capazes de regularmente bater grandes empresas. Isso mesmo, as grandes empresas têm de lidar com sua burocracia, mas a abundância de seus recursos normalmente as coloca em vantagem. Certas vezes, financiamento adicional é um martírio. Equipes de projeto com muito dinheiro podem continuar na trilha errada por tempo demasiado. Aqueles com recursos escassos, entretanto, têm de se virar para encontrar maneiras inovadoras que, de outra forma, não teriam descoberto.

Consideremos a experiência da StubHub, um importante revendedor de ingressos *on-line*. Se, por exemplo, você quiser ingressos para um jogo do Boston Red Sox contra o New York Yankees, você poderá ir ao site stubhub.com para adquirir os ingressos para a partida com ingressos inevitavelmente esgotados. Os preços dos ingressos na StubHub são quase sempre bem acima do valor normal, mas, se estiver disposto a pagar um extra, conseguirá comprar ingressos até mesmo para os eventos mais procurados.

No início de 2006, estimativas sugeriam que até 30% dos lugares nos eventos principais eram de revendas. Em 2005, a StubHub, empresa sediada em São Francisco, gerou mais de US$ 200 milhões em vendas nesse crescente mercado. A eBay adquiriu essa empresa por US$ 310 milhões em janeiro de 2007.

Seu fundador e CEO, Jeff Fluhr, teve a ideia na época em que estudava administração em Stanford. Após ter entrado em um concurso de planos de negócios, deixou a universidade para criar seu novo negócio. Porém ele teve dificuldades para levantar fundos após o estouro da bolha.com no início dos anos 2000. Sua estratégia inicial era criar um sistema de transações de ingressos capaz de vender para outros portais e provedores *on-line* como o MSN da Microsoft. Quando essa abordagem começou a sucumbir, sua empresa tentou algo diferente. Em 2003, ela começou a colocar anúncios no Google para atrair clientes para comprarem seus ingressos diretamente do site Web da empresa. Após obter alguns resultados positivos, a empresa decidiu que essa abordagem de venda direta oferecia um modelo de negócios muito mais lucrativo.

Essa mudança afetou radicalmente a estratégia da empresa. Enquanto anteriormente ela tinha ingressos listados no eBay, agora ela própria concorria com a eBay. Em vez de cobrar dos revendedores uma taxa para figurar em seu site como fazia a eBay, a StubHub optou por pegar parte do preço de venda de cada ingresso como receita. Os revendedores poderiam optar por um preço fixo, um leilão ou um preço que declinava à medida que um evento se aproximava. A StubHub ficava com 15% do preço de compra dos revendedores e cobrava uma taxa de 10% do preço de aquisição dos compradores (mais taxa de entrega).

Imagine agora o quão diferente teria sido esse processo caso Fluhr trabalhasse em uma grande empresa. A grande empresa muito provavelmente teria investido antecipadamente muito dinheiro, instruindo seus gerentes a seguir o plano de negócios aparentemente bem-sucedido de criar um mecanismo de transações de ingressos para venda a outros fornecedores. Em vez de descartar o plano ao surgirem sinais de que ele não estava funcionando direito, ela sem dúvida nenhuma teria pacientemente aguardado até que ele desse certo. Afinal de contas, é preciso investir para crescer, não é mesmo? A empresa teria se abstido de experimentar outras abordagens e muito provavelmente teria ignorado pequenos indícios de que uma trajetória diversa prometia maiores riquezas.

A busca obstinada de uma estratégia fatalmente malsucedida teria possibilitado, então, que um outro empreendedor identificasse as fraquezas estruturais do modelo de negócios da grande empresa e entrasse no mercado com uma abordagem diferente. Provavelmente a grande empresa demitiria esse empreendedor classificado como "muito pequeno para que nos importemos". Apenas muito mais tarde ela se daria conta de que sua estratégia estava errada, abandonaria o projeto ou gastaria uma quantia enorme redirecionando no sentido do sucesso (ou adquirindo a bem-sucedida empresa empreendedora).

Enfrentando o Insucesso

Em vez de estudar as lições obtidas com o fracasso — ou celebrar a oportunidade de avançar em uma outra direção —, muitas empresas procuram ocultar o insucesso. Pior ainda, muitas empresas penalizam aqueles que trabalharam em projetos malsucedidos e, em público, transformam em párias aqueles gerentes de equipes fracassadas. Em contrapartida, gerentes com alto potencial começam a evitar trabalhar em equipes de projeto que eles imaginam possa ter uma grande chance de insucesso. Resultado? Empresas que receiam o insucesso acabam dando prioridade a ideias de pouco risco, baixo retorno e que não criam crescimento significativo.

Os inovadores precisam aceitar o aprendizado advindo do insucesso. Afinal de contas, se você falhar rápido e com poucos gastos, você prestou um grande serviço à empresa, garantindo que os recursos sejam alocados apropriadamente.

Muitas histórias de sucesso têm como origem algum tipo de insucesso. Em 1991, o medicamento Sildenafil da Pfizer não obteve sucesso em aliviar de forma significativa a angina ou dores no peito. Milhões de dólares em desenvolvimento escoados pelo ralo? Não exatamente. Acabou descobrindo-se que o Sildenafil tinha um efeito colateral e, sete anos depois, a Pfizer introduziu o Viagra, grande sucesso em vendas como medicamento para disfunção erétil. O "insucesso" do Sildenafil facilitou uma grande oportunidade incidental.[a]

Algumas empresas estão começando a desenvolver mecanismos para encorajar o tipo certo de insucesso. Consideremos a Merck. A empresa farmacêutica emprega milhares de cientistas procurando identificar novas drogas que possam ajudar os consumidores a ter uma vida mais saudável. Mesmo assim, algumas vezes os cientistas irão perseguir obstinadamente uma direção de pesquisa mesmo estando claro que suas chances de sucesso são ínfimas.

Embora tal obstinação leve, ocasionalmente, a um sucesso inesperado, muito frequentemente é um retrato da definição de fanático do filósofo George Santayana: um homem que redobra o seu esforço quando se esquece de seu objetivo.

Para enfrentar esse problema, em 2007, a Merck começou a premiar com ações da empresa aqueles cientistas que indicassem logo de início uma iniciativa malsucedida.

"Não podemos esconder a verdade, podemos apenas retardar o seu descobrimento", declarou o diretor de pesquisa e desenvolvimento da Merck, Peter Kim, à revista *BusinessWeek*. "Se você for um bom cientista, vai querer despender o seu tempo e o dinheiro da companhia em algo que conduza ao sucesso."[b]

Existem, obviamente, alguns tipos de insucesso que não devem ser recompensados. Quando as pessoas falham por cometerem erros bobos ou assumem riscos não garantidos, certamente elas *não* devem ser premiadas. Mas o tipo certo de insucesso pode conter as sementes para o sucesso futuro.

Consequentemente, em vez de ficarem ocultando e esquecendo o insucesso, as empresas deveriam procurar entender por que o erro aconteceu e o que pode ser aprendido a partir dele. Quem sabe ao estudar um insucesso, seja revelado um *insight* que indique o caminho no sentido de uma estratégia de crescimento valiosa.

a. McGREGOR, Jena. "How Failure Breeds Success", *BusinessWeek*, 10/jul/2006.
b. WEINTRAUB, Arlene. "Is Merck's Medicine Working"?, *BusinessWeek*, 30/jul/2007.

Se esse cenário parece ruim, esteja atento: as empresas com posição de predomínio no mercado muitas vezes acabam tendo problemas ainda maiores. Algumas vezes elas gastam grandes quantias em ativo fixo como plantas industriais ou escritórios. Ao verem sinais de que estão seguindo a estratégia errada, o investimento em ativos fixos não se vai, dificultando a mudança de rumo.

Consideremos o caso da Prodigy Communications Corporation. Foram investidos mais de US$ 1 bilhão de dólares na *joint venture* entre Sears e IBM para ser uma pioneira no segmento de serviços *on-line*. Esse dinheiro foi investido para criar uma infraestrutura para suportar serviços que ela imaginava que os consumidores usariam, a saber, processamento de transações e fornecimento de informações.

Entretanto, em 1992, a empresa se deu conta de que seus 2 milhões de consumidores estavam usando o sistema basicamente para *e-mail*. Pelo fato de a Prodigy não ter desenvolvido o sistema para tal finalidade, ela começou a cobrar taxas extras para assinantes que enviassem mais de 30 mensagens por mês.

Conforme citado no livro *The Innovator's Solution*, "em vez de ver o *e-mail* como um sinal de estratégia emergente, a empresa tentou filtrá-lo, pois deliberadamente a tarefa da gerência era implementar a estratégia original. Por sorte, a AOL (American Online) entrou no mercado depois, após os clientes terem descoberto que o sistema de *e-mail* era a razão primária para assinar um serviço *on-line*. Com uma infraestrutura tecnológica ajustada para sistema de mensagens e sua marca 'Você tem mensagens', a AOL alcançou um sucesso muito maior."[7]

Uma frase simples sintetiza a lição da StubHub e Prodigy: a escassez é a vantagem do empreendedor. Os empreendedores são criativos e ágeis não por opção, mas por necessidade. Eles precisam descobrir rapidamente se uma abordagem funciona ou não e, caso não funcione, precisam mudar de rumo para encontrarem o sucesso. Do outro lado da moeda, o martírio de capital em excesso pode fazer com que as empresas com muitos recursos caminhem com rapidez e arduamente na direção errada por muito tempo.

Armadilhas a Serem Evitadas

Nesse ponto, alguns administradores podem estar assentindo com a cabeça, imaginando: "Conseguimos isso. Trouxemos a abordagem de capital de risco para dentro de nossa organização." Nossa experiência sugere que muitas empresas que pensam que estão operando segundo a regra "investir pouco, ganhar muito" estão, na verdade, caindo em uma das seguintes armadilhas:

1. Não estão propensas a abandonar projetos com falhas graves.
2. Comprometem muito capital logo cedo, permitindo que a equipe siga a abordagem incorreta por muito tempo.
3. Elas deixam de adaptar suas estratégias mesmo diante de informações que sugerem que sua abordagem atual é incorreta.

Um fator causal para todas essas armadilhas é o receio do insucesso que domina muitas grandes organizações. Conforme discutido no quadro "Enfrentando o Insucesso", as empresas estão começando a aprender que são as lições obtidas com os tantos, assim chamados, insucessos que merecem celebração.

Em suma, se estiver investindo muito dinheiro em um mercado altamente incerto, faça uma pausa. Pode ser que você esteja no caminho certo. Mas são grandes as chances de que você não esteja. Certamente, você pode ganhar muito num jogo de roleta caso aposte todas as suas fichas em um determinado número e esse número for o sorteado — mas é bem difícil sobreviver dessa maneira.

Resumo

Um segredo para ser bem-sucedido na criação de novos negócios geradores de crescimento é dominar a estratégia emergente. Três etapas podem ajudar a liberar o poder de uma abordagem emergente:

1. Identificar as hipóteses e riscos mais críticos onde o nível de perigo é alto e o nível de incerteza é pequeno.
2. Elaborar e executar exercícios de construção de conhecimento para determinar se as hipóteses principais são verdadeiras ou se você é capaz de minimizar os principais riscos.
3. Usar os resultados dos exercícios de construção de conhecimento para ajustar e redirecionar a estratégia.

Restringir recursos para forçar a criatividade pode ser uma maneira importante para facilitar a aplicação desse processo.

Exercícios de Aplicação

- Examine um fracasso de mercado bem conhecido. Tente avaliar que hipóteses a equipe de projeto fez e que se mostraram incorretas.

- Reúna uma equipe multidisciplinar e realize sessões de *brainstorming* para criação de experimentos criativos e baratos voltados para lidar com as maiores hipóteses por trás de uma ideia arriscada que você tenha.
- Pergunte à sua equipe de projeto o que ela faria caso tivesse metade dos recursos e tivesse de lançar um produto ou serviço na metade do tempo.

Dicas e Truques

- Não pare de gerar hipóteses até ter pelo menos cinquenta delas. Se tiver um número menor, você ainda não pensou em todos os pontos que têm de dar certo.
- Faça continuamente a seguinte pergunta: "O que um empreendedor faria?". Reformular os desafios dessa maneira pode fazer virem à tona soluções ocultas.
- Procure analogias em outros segmentos para ganhar confiança nas hipóteses ou encontrar maneiras criativas de testar suas hipóteses.
- Celebre tanto os sucessos quanto os insucessos, pois estes últimos normalmente resultam em aprendizado útil.
- Imagine o que você faria caso tivesse US$ 10.000 para resolver um problema. E se não tivesse nenhum dinheiro.
- Não use números como o único árbitro na tomada de decisão. Eles podem fornecer informações úteis para priorizar oportunidades, porém a intuição e o discernimento também são de importância fundamental.

CAPÍTULO 8

Formação e Coordenação de Equipes de Projeto

UM DOS MAIORES desafios enfrentados por administradores procurando criar novos negócios que gerem crescimento é formar e coordenar equipes encarregadas de gerar novo crescimento. Os líderes precisam responder a uma série de questões fundamentais como, por exemplo:

- Devo montar a equipe com meus "melhores e mais brilhantes" ou com os meus "diamantes brutos"?
- Precisarei trazer pessoal de fora?
- Preciso de representantes de quais funções na equipe?
- Como a equipe deve se relacionar com o restante da empresa?
- Como devo interagir com a equipe?
- Quanto de autonomia a equipe deve ter?
- A quem a equipe deve se subordinar?

A arte da formação e coordenação de equipes aparentemente apresenta até maior imprevisibilidade do que o mais intrincado dos problemas tecnológicos. Considere a seguinte dicotomia. Os princípios do Seis Sigma sugerem que uma empresa deve tolerar uma taxa de erros de 0,00034% em seus processos de fabricação. Entretanto, a maioria dos gerentes irá admitir que uma em quatro decisões de contratação de pessoal acaba sendo um erro. Equipes que trabalham ativa e alegremente em sua atividade principal podem ter grande dificuldade em dominar o crescimento disruptivo. E equipes que começam a transbordar potencial disruptivo podem lenta e sutilmente desviar-se do caminho disruptivo. Em suma, formar e gerenciar equipes é uma barreira invisível crítica que torna difícil até mesmo para as empresas com posição de predomínio no mercado e bem administradas se darem conta de seu potencial inovador.

O presente capítulo dá diretrizes para os executivos formarem uma equipe voltada para o sucesso e conduzir essa equipe adiante em um rumo que rechace os "anticorpos corporativos" que podem desperdiçar oportunidades de grande potencial.

Desafio 1: Formar uma Equipe Bem-Sucedida

O Capítulo 10 do livro *The Innovator Solution's* descreve a importância das "condições iniciais". Se começarmos a montar uma equipe de projeto com o conjunto correto de condições iniciais, as respostas corretas se tornarão prontamente evidentes para a equipe. Por outro lado, se começar com as condições erradas, as repostas corretas serão difíceis de se ver. Condições iniciais incorretas podem conduzir a uma equipe disfuncional que fica rodando em círculos e que acaba achando difícil fazer progresso.

Infelizmente, a maioria das organizações não possui uma forma padronizada de criar e comissionar equipes de projeto que estão trabalhando em iniciativas disruptivas. Líderes experientes que buscam formar uma equipe bem-sucedida deveriam primeiramente criar os estatutos da equipe que estabeleçam os objetivos e graus de liberdade para então suprir a equipe com gerentes que cursaram as "escolas da vida".

Estabelecimento de Objetivos e Graus de Liberdade

Equipes encarregadas de criar novos negócios que gerem crescimento precisam, desesperadamente, de orientação a respeito de seus objetivos e graus de liberdade. Deixando que elas mesmas se virem por conta própria, as equipes acham que podem fazer coisas que não poderiam fazer, acumulando riscos que a empresa não está disposta a considerar. Pior ainda, elas podem presumir que *não* podem fazer coisas que *poderiam* fazer. As equipes que acabam caindo nessa armadilha acabam criando estratégias de crescimento pouco estimulantes e similares às atividades principais existentes. Essa falta de clareza pode deixar as equipes paralisadas ou fazer com que elas gastem muito tempo analisando um problema que simplesmente não é importante.

Para lidar com esse problema, sugerimos criar os estatutos da equipe: um documento simples de uma página que coloca logo de início a equipe na direção certa.

Comece os estatutos com os objetivos da equipe. Talvez você não saiba qual será a estratégia de crescimento final — na realidade, o Capítulo 7 explica que são grandes as chances de sua estratégia estar errada de modo significativo. Entretanto, devemos ter uma boa ideia do objetivo estratégico global. Talvez seja gerar crescimento em um mercado adjacente identificado. Talvez estejamos procurando encontrar uma forma de alavancar uma determinada tecnologia de uma forma nova. Independentemente do objetivo, achamos útil sintetizar o objetivo estratégico da equipe em uma sentença simples.

Após essa sentença, deve seguir uma descrição daquilo que a equipe precisa fazer inquestionavelmente, daquilo que ela pode considerar fazer e o que está fora de questão. Baseie-se nas metas corporativas e nas restrições desenvolvidas no Capítulo 1, de modo a oferecer orientação para a equipe sobre dimensões como cliente-alvo e alcance geográfico, canal de distribuição, receita com regime permanente e meta de margens, tipo de oferta, marca e tática. Deixar bem claro logo de início quais são esses parâmetros — e estar disposto a alterá-los à medida que chegam novas informações — pode ajudar a garantir que a equipe se concentre nas atividades corretas.

Finalmente, os estatutos devem detalhar as duas a quatro hipóteses críticas que a equipe planeja enfocar ao longo dos próximos meses. Codificar essas hipóteses e especificar os marcos esperados para 90 e 180 dias ajuda a equipe priorizar suas ações. Mais importante ainda, o pessoal mais experiente envolvido no projeto deve rever e assinar os estatutos para garantir alinhamento. Os estatutos não devem ser um exercício feito apenas uma vez; vale a pena rever os objetivos, os graus de liberdade, as hipóteses críticas e os marcos, aproximadamente, a cada seis meses.

A Ferramenta 8-1 apresenta uma planilha simples para orientar o exercício de elaboração dos estatutos.

FERRAMENTA 8-1

Guia para elaboração dos estatutos da equipe

Objetivo da equipe (descreva o objetivo geral da equipe em uma única sentença)

Graus de liberdade

Complete a tabela abaixo através da identificação de todas as dimensões críticas para uma estratégia em seu segmento. Em seguida, para cada dimensão, determine o que é "desejável" (aquilo que você quer), "discutível" (aquilo que será considerado) e aquilo que é "impensável" (o que está fora dos limites).

Área	Desejável	Discutível	Impensável
Cliente-alvo			
Centro de distribuição			
Receitas em regime permanente			
Tipo de oferta			
Marca			
Fonte de receitas			
Fornecedores e parceiros			
Tática (por exemplo, aquisições)			
Abordagem de entrada no mercado (por exemplo, mercado-teste)			

Hipóteses críticas
1.
2.
3.
4.

Marcos de 90 dias
1.
2.
3.

Marcos de 180 dias
1.
2.
3.

Assinatura do chefe da equipe _____
Assinatura do superior responsável _____

Formando Equipes para o Sucesso

Além de criar um estatuto claro, os executivos precisam formar as equipes adequadamente. O desafio de conseguir montar a equipe certa deveria ser algo familiar a todos aqueles pertencentes a uma grande organização. Algumas vezes as empresas tentam reunir os "melhores e mais brilhantes". Usar esses funcionários de primeira linha é tentador: eles estão próximos do problema e gerentes contratados normalmente têm experiência em lidar com eles. Mas os melhores e mais brilhantes também são normalmente as engrenagens vitais do mecanismo principal que impulsiona a equipe. Embora possa haver um bom banco de reservas e processos importantes para garantir que esse núcleo continue operando ativamente, perder um gerente importante pode fazer com que o mecanismo emperre de forma prejudicial. Além disso, as pessoas que são melhores em administrar a atividade principal têm uma sólida base em processos de trabalho e padrões de tomada de decisão que talvez não funcionem bem no novo ambiente. O pensamento deles provavelmente também seja o de se manter focado no mercado principal, mesmo se eles estiverem física ou financeiramente separados da empresa controladora.

A alternativa é prover as equipes com "diamantes brutos". A inovação requer fazer as coisas de forma diferente, a polêmica continua; portanto, procuraremos pessoas que pensem de forma diferente. Entretanto, é pouco provável que reunir tantas pessoas diferentes seja o veículo que irá direcionar as pessoas para o crescimento. Normalmente, falta a tais equipes a disciplina necessária para levar as ideias adiante. Talvez falte a eles também a circunspeção organizacional apropriada para influenciar os recursos internos.

Ao ir em busca de inovações disruptivas, é melhor escolher membros para a equipe que tenham frequentado "escolas da vida" e acostumados a lidar com desafios do tipo que provavelmente serão encontrados (refira-se ao quadro "Escolas da Vida" para ter uma ideia da estrutura básica).[1]

Para usar o modelo de "escolas da vida", faça duas perguntas básicas:

1. Quais problemas efetivamente *sabemos* que serão encontrados?
2. Quem encontrou esse problema — seja dentro como fora da organização?

Embora os desafios que as equipes encontrarão sejam muitas vezes idiossincráticos, há algumas escolas da vida que geralmente são úteis para os gestores proverem pessoal para projetos disruptivos.

Escolas da Vida

A base acadêmica para a teoria das "escolas da vida" é articulada pelo professor Morgan McCall em seu livro *High Flyers: Developing the Next Generation of Leaders*.[a]

De acordo com McCall, em vez de buscarem gerentes "perfeitamente adequados" que foram bem-sucedidos em tarefas cruciais a ele atribuídas, as empresas devem buscar gerentes que frequentaram as "escolas da vida" apropriadas, que as ajudarão a identificar e a nutrir novos negócios geradores de crescimento.

McCall afirma que as habilidades gerenciais e intuição, as quais possibilitam que as pessoas sejam bem-sucedidas em novas atribuições, são moldadas através de experiências vividas em atribuições prévias ocorridas em suas carreiras. Uma unidade de negócios pode ser imaginada então como uma escola, onde os problemas com os quais os gerentes se depararam constituem o "currículo" oferecido por essa escola.

Portanto, as habilidades que se espera dos gerentes dependem muito de quais "cursos" eles fizeram ao frequentarem as diversas escolas da vida.

a. McCall, Morgan. High Flyers: Developing the New Generation of Leaders. Boston: Harvard Business School Press, 1998).

- ***Lidaram com a ambiguidade***. A ambiguidade é característica dos projetos disruptivos. Gestores que trabalharam em situações altamente ambíguas, em geral, são bem preparados para projetos disruptivos; aqueles que trabalharam em cargos em que tinham de eliminar ou minimizar impiedosamente a ambiguidade talvez sejam os mais indicados para circunstâncias disruptivas.

- ***Tomaram decisões com confiança baseados no reconhecimento de padrões e no discernimento.*** A disrupção requer intuição, discernimento e a capacidade de reconhecer padrões. Muitas funções de responsabilidade exigem que os gerentes tomem decisões impiedosamente baseados em números ou regras estabelecidas.

- ***Experimentaram e encontraram clientes inesperados para um produto ou serviço.*** Em algumas empresas, a identificação de oportunidades de mercado exige planejamento e pesquisa meticulosos. Abordagens ajustadas especificamente para oportunidades relativas à atividade principal atual podem perder completamente oportunidades disruptivas. Os gestores têm de se sentir à vontade ao seguir abordagens inovadoras para descobrir as necessidades dos clientes.

- ***Usaram uma ampla rede de contatos para superar uma barreira ou resolver um problema.*** Em algumas organizações, ser bem-sucedido exige comportar-se de acordo com as regras da empresa, como, por exemplo, aderir à estrutura hierárquica e organizacional ou não buscar respostas fora da empresa. Solucionar desafios disruptivos requer habilidade para estabelecer uma rede de contatos de modo a superar barreiras, inteligentemente afastar-se um pouco das regras ou buscar a resposta fora da empresa.

- ***Operaram em ambientes "restritos".*** Gestores que trabalharam em ambientes opulentos se deram o luxo de pacientemente seguir um caminho predeterminado e cuidadosamente analisar pontos desconhecidos importantes. Em ambientes restritos os gestores têm de pelejar e andar às cegas para ser bem-sucedidos.

- ***Demonstraram disposição para agir.*** Muitos gestores analisam decisões importantes de forma atenta e cautelosa, procurando buscar um amplo consenso antes de tomar uma decisão. Embora essa seja uma metodologia muito valiosa para decisões importantes que afetam o negócio principal de uma empresa, ela pode paralisar ideias disruptivas. Lembre-se, a primeira estratégia quase sempre será incorreta. Busque gerentes que avançaram mesmo que sejam necessários ajustes posteriores.

Identificar na equipe lacunas críticas em termos dessas escolas da vida pode ajudar no fornecimento de informações para decisões relativas ao preenchimento de vagas internas. É bem provável que os gestores que lidaram com desafios identificados não são aqueles que normalmente surgem no topo da lista para empreendimentos proeminentes. Buscas disruptivas quase sempre requerem experiências muito diversas daquelas que um gestor teria tido ao lidar com a atividade principal da empresa. Na realidade, muitas dessas escolas da vida poderiam ter sido originadas das experiências acumuladas por gestores em outras fases de suas carreiras. Algumas vezes, a análise pode mostrar a necessidade de contratar alguém de fora que teve uma chance maior de lidar com o problema do que o gerente existente na empresa atualmente. A ING Direct é um modelo de banco puramente *on-line* lançado em 1997 pela potência global em serviços financeiros, a ING. Sem filiais físicas, a ING Direct tem gastos indiretos pequenos e pode então cobrar taxas reduzidas (o que, no mundo bancário de varejo, significa um maior interesse por parte dos consumidores). O modelo de baixo custo tem sido um sucesso clamoroso, possibilitando à ING atingir novos mercados e clientes. O CEO da ING, Arkadi Kuhlman, acredita que os empreendimentos disruptivos requerem ideias novas. "Quando se parte do zero", diz ele, "as pessoas são agregadas pela paixão e amor — você contrata pessoas que são um tanto diferentes do tipicamente encontrado no mercado". Um novo funcionário contratado, e que se encaixe bem na empresa, pode injetar novas ideias capazes de mudar o modo de pensar da equipe em vários aspectos.

Estudo de caso: Pandesic.
O Capítulo 7 do livro *The Innovator's Solution* descreve um estudo de caso que ilustra a necessidade de identificar as escolas da vida corretas. O estudo de caso trata de uma empresa chamada Pandesic, uma *joint venture* formada pelas gigantes Intel e SAP em 1997.[2]

A missão da Pandesic era desenvolver e comercializar uma versão mais simples e mais barata do software de ERP (sistemas de gestão empresarial) da SAP voltada para pequenas e médias empresas. Em seu cerne, a Pandesic era uma ideia bastante disruptiva. Historicamente, a SAP tinha como meta produtos voltados para empresas enormes e vendê-los através de canais de distribuição como a Accenture.

Intel e SAP proveram a Pandesic com seus melhores gerentes — líderes que conduziram com sucesso iniciativas nos negócios principais da SAP e da Intel. Em oito meses, a Pandesic já havia atingido a casa dos cem funcionários e em um ritmo acelerado estabeleceu filiais na Europa e Ásia.

Os executivos da Pandesic decidiram, então, levar para o mercado o novo pacote de ERP da empresa, mais barato e mais simples de ser implementado, através dos mesmos canais de distribuição usados para os sistemas SAP voltados para grandes empresas. O produto, inicialmente destinado a ser uma solução ERP simples para pequenas empresas e comercializada via internet, acabou se transformando em uma solução de ponta a ponta completamente automatizada.

O resultado era previsível. Os canais de distribuição atuais não se sentiam nada motivados a comercializar o produto mais simples e mais barato da Pandesic, os quais não precisavam de suporte para implementação, enquanto eles poderiam ganhar muito mais dinheiro com os produtos tradicionais e de larga escala da SAP.

A Pandesic acabou fracassando de forma lamentável. Tendo vendido um número muito pequeno de sistemas, encerrou suas atividades em fevereiro de 2001, após ter gasto mais de US$ 100 milhões.

O que poderia ter acontecido caso a SAP e a Intel tivessem contratado gerentes com escolas de vida diferentes? Esses gerentes poderiam ter percebido que vender o produto da Pandesic através do mesmo canal usado para os produtos tradicionais da SAP era um grande erro. Na realidade, a natureza do erro teria se revelado óbvia caso tivessem lidado com um problema como esse antes, em uma "escola" que eles tivessem frequentado anteriormente.

Os líderes da Pandesic *não* eram incompetentes — eles fizeram o que lhes parecia ser mais sensato baseados em suas próprias escolas da vida. Eles simplesmente não haviam frequentado as escolas corretas para saber fazer as perguntas certas referentes a um empreendimento disruptivo.

Desafio 2: Gerenciamento das Interfaces entre a Equipe e a Organização

Não deveria ser nenhuma surpresa que a alta cúpula da empresa desempenha um papel fundamental no que tange à disrupção. Alguns anos atrás, por exemplo, um engenheiro que trabalhava em uma grande empresa de alta tecnologia e que havia sido bem-sucedido no lançamento de um negócio gerador de crescimento disruptivo estava presente em uma conferência com Clayton Christensen. O engenheiro descrevia como o CEO da empresa estava intimamente envolvido na criação do novo negócio, trabalhando próximo da equipe e tomando as decisões principais. Um ouvinte levantou a seguinte questão: "Estou prestes a lançar um projeto disruptivo em minha empresa. Não estou certo de que meu CEO tenha realmente entendido o espírito da coisa. O que devo fazer?". O engenheiro respondeu: "Sair da empresa".

A resposta foi um tanto irreverente, mas correta em seu sentido. Sem o apoio do CEO, as chances a longo prazo desse ouvinte seriam muito pequenas. A equipe proporia ações que não fariam "sentido" para a empresa. Eles se deparariam com barreiras inextricáveis e, no final, acabariam fracassando.

Além de "chegar lá", executivos conduzindo equipes à medida que avançam devem monitorar cuidadosamente duas interfaces específicas. A primeira delas é aquela entre a alta cúpula e a equipe. Empresas que pretendem fazer coisas de forma diferente precisam mudar radicalmente a interação usual entre a gerência e as equipes de projeto. A segunda interface é entre a equipe e o restante da empresa. Se forem deixadas de lado, forças invisíveis dentro da organização podem lentamente dissipar a energia disruptiva de um projeto. Os executivos do alto escalão propensos à disrupção precisam garantir que as equipes não sejam vítimas desses anticorpos corporativos.

Gerenciamento da Interface entre o Alto Escalão e a Equipe

Os executivos têm de mudar o discurso ao gerenciar equipes encarregadas de avançar no sentido disruptivo. À medida que um número cada vez maior de empresas adotou processos em estágios controlados para administrar a inovação, emergiu uma mentalidade "nós-contra-eles". As equipes se apresentam ao alto escalão, que agem então como "guardiões", abrindo o portão para deixar os projetos passarem ou então fechando o portão até que a equipe retorne com números melhores ou maiores evidências. Quando a estratégia correta é desconhecida ou impossível de ser conhecida — como tão frequentemente ocorre com iniciativas de crescimento inovador —, os executivos precisam ser solucionadores de problemas, não ditadores.

Em seu livro *The Ten Faces of Innovation*, o fundador e CEO da IDEO, Tom Kelley, descreve como o culto do advogado do diabo pode ser um exterminador da inovação.[3] Concordamos com ele. A alta cúpula acha que está cumprindo sua função ao desempenhar o papel de advogado do diabo. Na verdade, não está. Existe, de fato, uma grande abundância de advogados do diabo. Qualquer idiota consegue apontar dez problemas relacionados com uma estratégia realmente inovadora. Entretanto, é preciso uma verdadeira técnica para ser capaz de resolver tais problemas. Advogados do diabo existem em abundância, solucionadores de problema são escassos.

Como vários executivos da P&G, Karl Ronn não se amedronta no que tange a resolver problemas. Quando Ronn era diretor de pesquisa e desenvolvimento da divisão de produtos para cuidados com o lar da empresa, ele supervisionava marcas como Mr. Clean, Dawn, Swiffer e Febreze. Quando uma equipe trabalhava em um prolongamento da linha de produtos, ele recebia resultados em marcos predeterminados. Mas quando a P&G estava desenvolvendo produtos extremamente inovadores, como o produto Swiffer original ou o Mr. Magic Clean Eraser, Ronn atuava de forma totalmente diversa. Em vez de rever resultados de decisões acordadas, ele e o diretor daquela unidade de negócios iam aos laboratórios revisar protótipos e participar o dia todo de sessões de *brainstorming*. Esse forte engajamento permitia aos executivos ter uma melhor ideia dos novos produtos e compartilhar sua sabedoria com a equipe. "Não se trata de unidades com total autonomia, onde eliminamos a média gerência", disse Ronn. "Ao contrário, estamos lá para ajudá-los e também aprender sobre o negócio antes de termos que investir nele."

Geralmente os gerentes do alto escalão supervisionando estratégias geradoras de crescimento inovador precisam frequentemente se engajar com os gerentes que os estão desenvolvendo e implementando. Reuniões programadas apenas a cada trimestre retardam o progresso ou então levam as equipes a tomar decisões importantes sem a orientação do alto escalão.

Uma maneira útil de imaginar o papel da alta gerência no suporte a iniciativas de crescimento é pensar na distinção entre assistir televisão e usar um computador. Assistir televisão envolve tipicamente "se recostar, inclinando-se para trás", ao passo que usar um computador envolve "inclinar-se para frente" para interagir. Os executivos podem se recostar e rever avanços referentes aos negócios existentes, mas eles têm de "se inclinar para frente" e arregaçar as mangas no que tange a iniciativas inovadoras. Pode parecer desalentador para executivos já superatarefados ter de alocar tempo para atividades que normalmente eles delegariam. Muitos executivos nos diriam: "Eu simplesmente não tenho tempo para trabalhar dessa maneira". Respondemos perguntando-lhes quais atividades poderiam possivelmente ser mais importantes do que a criação de negócios geradores de crescimento que irão impulsionar o sucesso da equipe ao longo da próxima década. Afinal de contas, supostamente esses executivos chegaram aonde se encontram por possuírem maior sabedoria e *insight* estratégico. Não há melhor lugar para aplicar essa sabedoria que na busca de crescimento inovador.

Obviamente, a alta cúpula não pode estar fortemente engajada em todos os projetos. Se o projeto for em um mercado bem conhecido, é apropriado que atuem como um "guardião" tradicional. Como também não devem abdicar de seu papel de tomadores de decisão que determinam quando uma equipe aprendeu o suficiente para continuar avançando de forma mais independente. Mas se nem os gestores do alto escalão nem a equipe souberam a resposta, os primeiros devem quebrar a ideia de "nós contra eles" e usar suas habilidades de pensamento estratégico para ajudar a equipe a resolver problemas.

As empresas muitas vezes fazem interessantes descobertas quando procuram mudar as maneiras através das quais o alto escalão e as equipes de projeto interagem. Uma interação dessas aconteceu na reunião inicial de um grande conselho voltado para a inovação criado por uma grande operadora de planos de saúde. A empresa criou esse conselho para desenvolver estratégias de crescimento inovador altamente diferenciadas.

Enquanto o grupo discutia como ele operaria, um gerente de produto engoliu em seco e disse ao CEO: "O senhor sabe, dado o nível de incerteza em relação a algumas dessas estratégias, provavelmente não iremos produzir estações com apresentações em PowerPoint que são tão grossas quanto as estações que produzimos para nossas reuniões 'regulares'". "Por que isso seria um problema?", respondeu o CEO. "Eu não leio mesmo essas apresentações. Na verdade, você as produz apenas porque imagina que eu tenha interesse nelas. Você nunca me perguntou sobre isso."

Ao longo dos meses seguintes, a empresa começou a desenvolver uma rotina na qual as equipes poderiam ter uma discussão produtiva sobre oportunidades altamente complicadas usando documentos sucintos em PowerPoint que enquadravam alguns dos problemas destruidores do negócio e ações relacionadas à inovação.

Sugestões para as equipes.
As abordagens a seguir podem, ao menos, mudar o diálogo entre as equipes e sua gerência:

- Engajar o alto escalão da empresa em uma sessão para geração de hipóteses de modo a ilustrar como a equipe está cuidadosamente considerando aquilo que ela não conhece.

- Convidar os executivos para observar um grupo de discussão ou clientes de modo a poderem experimentar o que é vivido pelos clientes.

- Incluir os executivos nas sessões de *brainstorming*, de modo que eles possam ter um maior senso de propriedade das soluções emergentes.

- Enviar mensagens de e-mail fornecendo regularmente atualizações focadas para dar ao alto escalão uma ideia do progresso e dos desafios.

- Limitar intencionalmente o número de slides PowerPoint usados durante discussões com o alto escalão da empresa, de modo a certificar que uma apresentação não desbanque a discussão estratégica.

Outra metodologia é procurar um agente da inovação que possa ser um defensor crítico dentro da organização, ajudando a suplantar os inevitáveis obstáculos que surgem no caminho para o sucesso. Por exemplo, uma equipe em um grande conglomerado classificado como uma das cem maiores empresas na *Fortune* estava trabalhando em uma inovação com mudança de estratégia que exigia uma coordenação cuidadosa e próxima entre as unidades de negócios em países diferentes e um fornecedor de tecnologia externo. A equipe definiu seu agente da inovação "ideal" como uma pessoa com as seguintes características:

- Influente nas diversas unidades de negócios.
- Eficaz no tratamento com a equipe de alto escalão da empresa.
- Visionário e apaixonado pelos novos produtos e por inovação em geral e, especificamente, por nosso programa.
- Empreendedor disposto a correr riscos, bem como a fazer coisas de modo diferente.
- Preparado para entender questões comerciais e técnicas, bem como à vontade com novas tecnologias.
- Experiente no trabalho com parceiros externos.
- Disposto a dedicar ao projeto pelo menos um ou dois dias por mês (5% a 10% do tempo pessoal).
- Rico em capital político e disposto a usá-lo.

A equipe avaliou uma dezena de candidatos e encontrou um superior responsável que poderia ajudar a superar os desafios que ela estava enfrentando.

Gerenciamento da Interface entre a Equipe e a Organização

O peso das evidências históricas sugere que é necessária grande autonomia para as empresas serem bem-sucedidas na criação de negócios disruptivos em relação à atividade principal atual. Um exemplo comumente citado é o setor varejista. Quase todos os varejistas de mercadorias em geral fracassam na transição para o varejo de baixo custo. A Dayton Hudson, com sede em Minneapolis, criou uma subsidiária chamada Target. Hoje em dia, as pessoas conhecem o nome da subsidiária, não da empresa controladora. Outras empresas líderes de mercado como a Hewlett Packard e a IBM seguiram abordagens semelhantes na criação de negócios disruptivos.

Obviamente, qualquer administrador sabe que não é uma simples questão de abrir um empreendimento à parte. Na realidade, as mais vibrantes histórias de sucesso de negócios disruptivos nos últimos tempos — como o iPod da Apple e a Swiffer da Procter & Gamble — surgiram da atividade principal de uma empresa com posição de predomínio no mercado.

Em termos gerais, criar um empreendimento separado que se afaste muito do negócio principal atual pode refutar as novas capacidades vitais do empreendimento que irão aumentar as chances de sucesso a longo prazo. Além disso, o fato de simplesmente colocar uma equipe em um local fisicamente separado normalmente não é suficiente: mesmo empreendimentos que parecem separados podem começar a ter o aspecto do negócio principal em formas que destroem seu potencial disruptivo.

Portanto, de forma apropriada, muitas empresas optam por manter um delicado equilíbrio. Elas procuram dar bastante autonomia a seus projetos disruptivos, mas ainda esperam que a equipe interaja com as principais funções internas do negócio principal e, quem sabe, até mesmo "acabem pousando" em uma unidade operacional. A próxima seção discute como as empresas que buscam manter esse equilíbrio identificam e amenizam pontos de conflito potenciais.

Identificação de pontos de conflito.
Toda organização bem-sucedida é organizada de forma apropriada para fazer o necessário para ser bem-sucedida. Toda organização bem-sucedida *não* é organizada apropriadamente para fazer o que ela *não* precisa fazer para ser bem-sucedida. Leia a sentença novamente. A intencional lógica circular começa a ilustrar a faca de dois gumes que são as capacidades. Os fatores que realmente tornam as organizações *capazes* de fazer algumas coisas as tornam completamente *incapazes* de fazer outras. Os disruptores triunfam sobre empresas com posição de predomínio no mercado por se aproveitarem justamente do fato de essa empresa já ter muitas obrigações assumidas.

Nenhum administrador quer condenar um novo empreendimento de grande potencial a um rápido fracasso. Mas quando uma empresa realmente grande tenta fazer algo que ela é totalmente incapaz de fazer, o fracasso pode vir bem depressa. Em suma, certas vezes uma empresa deve "agraciar" seu novo empreendimento com "presentes" que realmente se interpõem no caminho para o sucesso.

Então o primeiro passo para estruturar o novo empreendimento apropriadamente é elaborar um "balancete das capacidades" que indique meticulosamente o que a equipe de projeto e a empresa são capazes ou não de fazer.

O quadro simples de recursos, processos e prioridades apresentado nos livros *The Innovator's Solution* e *Seeing What's Next* fornece uma maneira fácil e rápida de construir seu balancete de capacidades.[4] Lembre-se, o modelo presume que as capacidades de uma empresa vêm em três variantes:

1. Os recursos, ou ativos fixos à disposição de uma organização.
2. Os processos, ou padrões de iteração e coordenação que governam a maneira através da qual uma empresa trabalha.
3. As prioridades (que em trabalhos anteriores foram denominadas "valores"), ou as regras implícitas ou explícitas para tomada de decisão que uma empresa usa para optar entre estratégias alternativas.

Os recursos são, tipicamente, os mais flexíveis das três classes de ativos. Os recursos podem tanto ser contratados como despedidos. Eles tanto podem ser comprados como vendidos. Eles tanto podem ser tomados como empréstimo como também podem ser emprestados a outros. Devido à sua flexibilidade inerente, os recursos não são fatores imensos na determinação das capacidades de uma organização. Não obstante, vale a pena enumerar recursos como dinheiro, patentes, pessoal e canais de distribuição.

Os processos são, por natureza, inflexíveis. Eles são desenhados para realizar uma determinada coisa e fazê-la bem. Entre alguns processos típicos temos: manufatura, distribuição, desenvolvimento do produto, seleção, contratação e treinamento de pessoal, planejamento e orçamento, bem como pesquisa de mercado. Para cada processo é útil avaliar as entradas no processo, a maneira através da qual o processo funciona e as saídas prováveis. Pergunte em que tarefas os processos são particularmente bons na sua realização e em quais outras eles são ruins, por natureza.

A categoria final das capacidades são as prioridades. Para avaliar as prioridades de sua organização, faça perguntas como as seguintes:

- Quais são nossas margens brutas? Quais são nossas margens líquidas? O que encaramos como sendo um retorno sobre o investimento aceitável?
- O quão grande deve ser uma oportunidade para ser considerada?
- O que é considerado o propósito principal da firma? (um plano de saúde, por exemplo, simplesmente não poderia considerar um produto que não fosse cientificamente embasado — "remédios milagrosos", no linguajar deles.)
- O que nossos clientes querem que façamos? O que os levaria a rebelarem-se?

Alguns ativos da empresa se enquadram em várias categorias. Uma marca, por exemplo, é um recurso que uma empresa pode adquirir, vender ou licenciar. Mas as marcas não são, na verdade, muito flexíveis; devido às prioridades de uma empresa podem levá-la a limitar o uso de sua marca. Da mesma forma, embora os indivíduos possam ser flexíveis, o conhecimento coletivo adquirido por uma equipe intacta pode ser difícil de ser replicado.

Ao completar seu balancete de capacidades, lembre-se do princípio contábil das partidas dobradas. Quais são as coisas que *não* podemos fazer? Compare seus ativos e passivos com aquilo que você acredita ser sua necessidade para a oportunidade escolhida ser bem-sucedida. Concentre-se nas lacunas de capacidade ou lugares em que estão faltando as capacidades necessárias ou onde suas capacidades reais vão contra aquilo que é preciso para o sucesso. Essas são as interfaces que devem ser cuidadosamente observadas, pois elas correm o risco de arruinar sua estratégia disruptiva.

Modelo de balancete de capacidades: jornais gratuitos.
Na década passada, uma série de empresas havia introduzido jornais diários gratuitos. A pioneira nesse aspecto foi a Metro International, uma empresa sueca que introduziu sua primeira oferta gratuita no sistema metroviário de Estocolmo em 1995. Seu jornal do tipo tabloide tinha artigos curtos e com ganchos sobre os principais eventos do dia. Vários artigos eram das agências de notícias Associated Press e Reuters. Outros artigos já tinham um tom mais irreverente daquele que seria encontrado em jornais tradicionais. A Metro distribuía o jornal gratuitamente em pontos centrais. Muitas empresas norte-americanas estabeleceram, a partir de então, seus próprios diários gratuitos como o *Red Eye*, da Tribune Company em Chicago, ou o *Express*, da Washington Post Company em Washington D.C.

Se uma empresa jornalística hipotética fosse considerar o lançamento de seu próprio diário gratuito, como ela deveria completar seu balancete de capacidades?

As empresas jornalísticas possuem ativos razoáveis que pareceriam se adequar à oportunidade como mecanismos de distribuição estabelecidos, jornalistas de alto nível e pessoal para venda de anúncios. Embora referente à época em que este livro estava sendo escrito e o modelo de negócios do jornal principal estivesse sofrendo ataques violentos, a maioria dos jornais ainda gera fluxo de caixa suficiente para investir em novas oportunidades.

A maior parte dos processos em empresas jornalísticas típicas suportaria a criação de um jornal diário gratuito. Por exemplo, os processos de produção existentes suportam a criação de publicações para nichos específicos.

Entretanto, dois processos merecem um exame mais minucioso. Um deles é o processo de vendas de anúncios. O raciocínio por trás do lançamento de um jornal gratuito é atingir o público jovem que não assina o jornal diário tradicional; os anunciantes de jornais não tradicionais como bares e restaurantes poderiam estar extremamente interessados em atingir esse grupo de consumidores. Para vender anúncios, as empresas jornalísticas tradicionalmente têm representantes de vendas assalariados para contas estabelecidas; mas esse processo talvez não se adequasse à natureza da nova oportunidade.

Em segundo lugar, o processo editorial na maioria dos jornais envolve a criação de conteúdo original de alta qualidade. Embora todos os jornais utilizem material fornecido pelas agências de notícias, a maioria normalmente não monta artigos curtos com tom irreverente.

Finalmente, uma empresa jornalística teria como prioridade um jornal gratuito? A maioria das empresas jornalísticas obtém 30% de suas receitas de assinaturas. A Metro consegue fazer dinheiro sem esse fluxo de receitas por ter desenvolvido uma fórmula de lucro diferente, reduzindo os investimentos na criação e distribuição de conteúdo. Um representante de vendas tradicional talvez considerasse um anunciante não tradicional muito pequeno para ser levado em consideração. Finalmente, os jornalistas poderiam considerar abaixo de suas reais capacidades trabalhar em uma publicação "pouco intelectual". Parece claro que as empresas jornalísticas convencionais *não* iriam considerar uma oportunidade de jornal diário gratuito como alta prioridade.

Essa rápida análise indica que nossa empresa jornalística hipotética iria se sentir em dificuldades caso tentasse lançar um diário gratuito bem no meio de suas operações principais sem desenvolver uma estratégia para minimizar esses problemas relacionados a interfaces. Entre as empresas bem estabelecidas que lançaram com sucesso esse tipo de publicação, quase todas deram grande autonomia às novas operações de forma a tratar desses problemas.

Gerenciamento de conflitos.
Com os conflitos potenciais identificados, o alto escalão da empresa precisa descobrir como administrar as interfaces organizacionais de modo a *maximizar* a capacidade de uma equipe de usar as capacidades do negócio principal e *minimizar* conflitos iminentes.

Criar uma unidade separada desses conflitos certamente é uma opção. Entretanto, essa abordagem deixa muitas empresas insatisfeitas, pois ela diminui sua habilidade de alavancar ativos da atividade principal e difundir a aprendizagem.[5] Empresas para as quais falta pouco para atingir autonomia completa precisam decidir como evitar as origens do dilema do inovador: as decisões incrementais tomadas pela gerência média que amoldam as estratégias de modo a se conformar com aquilo que foi feito antes, em detrimento de uma abordagem alternativa que poderia levar a um maior potencial de crescimento.

O professor Vijay Govindarajan, da Amos Tuck School de Dartmouth, tem uma maneira útil de cercar esse problema. Ele argumenta que o segredo para qualquer novo empreendimento gerador de crescimento é *tomar emprestado*, de modo seletivo, da atividade principal atual e, ao mesmo tempo, *esquecer* as antigas ortodoxias que poderiam inibir o sucesso.[6]

Para aqueles que trabalham em empresas grandes e bem administradas, a tentação de tomar emprestado o máximo possível do negócio tradicional será irresistível. Afinal de contas, os recursos parecem ser até quase de graça e o acesso a eles certamente irá dar a eles uma vantagem fundamental em relação a empreendedores externos que jamais poderiam sonhar ter acesso a recursos tão maravilhosos assim. Entretanto, é preciso considerar com cuidado os custos ocultos que vêm junto com esses ativos. Govindarajan nos dá as seguintes indicações para ajudar as empresas a decidir se deveriam ou não tomar esses empréstimos:

- Tome emprestado apenas onde é possível obter uma vantagem competitiva crucial.
- Nunca considere reduções incrementais de custo como uma justificativa suficiente para tomar emprestado.
- Logo de início, crie elos de ligação entre a atividade principal e a nova entidade.
- Evite conflitos de interesse agudos (se corre o risco de canibalização).

Mesmo as empresas seguindo essa prescrição e cuidadosamente tomando emprestado apenas os elementos certos, a alta cúpula precisa agir com cautela para evitar recordar aquilo que estão tentando esquecer.

Gerenciamento de conflitos: três estudos de caso.
Os estudos de caso a seguir descrevem como três empresas diferentes procuraram administrar de forma ativa conflitos inerentes ao buscar estratégias disruptivas dentro de grandes organizações.[7]

Formação e Coordenação de Equipes de Projeto

A primeira empresa estava adotando uma nova abordagem que constava em trabalhar com uma ampla gama de fornecedores para introduzir rapidamente produtos personalizados. A estratégia era bem diferente do negócio principal da empresa, que supunha operar com um pequeno número de fornecedores vitais.

Em sua atividade principal, a empresa havia desenvolvido um processo extremamente rigoroso (e demorado) para validar se um dado fornecedor atendia ou não seus elevados padrões de qualidade. Esse moroso processo funcionava muito bem caso a empresa estivesse agregando um fornecedor vital do qual ela iria depender por anos. Entretanto, o processo seria traumático para a nova estratégia que dependia de uma rápida personalização adequada. Até um fornecedor receber o sinal verde do sistema tradicional, uma oportunidade poderia ter sido desperdiçada.

Através dessa constatação, a alta cúpula da empresa forneceu à equipe cartões de "aprovação rápida", baseados no popular programa da Disney que permitia às pessoas evitarem longas filas em atrações com grande procura. Desde que a equipe fosse capaz de fornecer provas convincentes de que o emprego de um novo fornecedor não traria problemas para a empresa, ela poderia deixar de passar pelo processo de aprovação tradicional. Felizmente, a maioria dos fornecedores em questão trabalhava com outros participantes do mercado, tornando bem fácil passar por essa prova de fogo.

A Motorola, gigante no setor de telefonia celular, aplicou um princípio similar para ter sucesso com seu telefone ultrafino chamado RAZR. A direção da Motorola percebeu uma oportunidade para ir contra as tendências do setor. Embora os concorrentes na época estivessem numa corrida para acrescentar mais recursos e funcionalidade nos aparelhos de telefonia celular, a Motorola optou por limitar os recursos e se concentrar na forma, criando o telefone mais compacto e fino do mercado.

Normalmente, quando a Motorola planejava desenvolver um novo aparelho, representantes das principais regiões geográficas da empresa (Europa, Ásia e assim por diante) pesavam o conceito. As regiões solicitariam os tipos de características e funções que elas gostariam que fossem incluídas no produto. Cada região faria uma previsão do número de unidades vendidas do modelo por elas imaginados. Os planos regionais agregados ajudariam a Motorola a decidir então se ela deveria ou não investir no lançamento do aparelho.

Aí começava então um complicado jogo. Se uma equipe de desenvolvimento ignorasse características que uma determinada região julgava serem críticas, essa região projetaria um volume baixo de vendas para esse aparelho. A previsão reduzida a deixaria numa posição mais confortável para obter aprovação para levar o projeto adiante. As equipes de desenvolvimento sabiam que deveriam promover o apaziguamento entre as regiões, caso contrário seus projetos teriam uma vida apagada. Embora esse sistema garantisse que os produtos refletissem alguns *feedbacks* críticos do mercado fornecidos pelas regiões, ele forçaria os projetistas a desenvolver produtos que atingissem um termo de compromisso e que seriam aceitos por todos, embora não chegasse a encantar nenhuma deles.

Por sorte, a direção da Motorola reconheceu corretamente que ela tinha de blindar a equipe do RAZR caso quisesse introduzir uma inovação de sucesso estrondoso. O alto escalão da empresa deu "cobertura" para o programa e a equipe. A direção não considerou a equipe desse programa nas projeções financeiras estritas necessárias para outros programas; ela não estava nem mesmo incluída no plano de negócios do setor. A direção reconhecia que esse produto era tão diferente de qualquer um dos demais projetos de desenvolvimento da Motorola que ele foi mantido separado do processo tradicional. Conforme disse Roger Jellicoe, um diretor de operações que gerenciou o projeto de desenvolvimento do RAZR, "esse era o tipo de projeto para o qual o processo [padrão] jamais havia sido destinado".

Ao eliminar esse projeto do processo normal, o alto escalão possibilitou que a equipe desenvolvesse um produto inovador de modo suficientemente rápido para deleitar os clientes e pegar os concorrentes com a guarda baixa. O RAZR superou todas as expectativas de tempo de vida do produto em seus três *primeiros meses*.

No final de 2007, o então CEO da Motorola, Ed Zander, refletiu sobre o que havia possibilitado ao RAZR ter sido um produto tão bem-sucedido: "O fato de ele ter sido feito internamente na empresa por apenas trinta pessoas em um projeto secreto — sem nenhuma participação do cliente ou da operadora de telefonia. Não tínhamos condições de obter nenhum apoio, mas fizemos uma aposta e em julho de 2004 o anunciamos. A previsão inicial era algo em torno de 600.000 unidades e acabamos de vender nosso primeiro milhão".

A linha de produtos RAZR foi um sucesso inquestionável. Entretanto, o fato de a Motorola não ter dado continuidade à linha de produtos com produtos de sucesso similar é uma das razões para sua divisão de aparelhos telefônicos ter encontrado dificuldades em 2007. Conforme discutido no próximo capítulo, conseguir dominar a inovação requer mais do que um sucesso isolado. Requer a criação de capacidades de tornar a inovação e o crescimento sistemáticos.

Um terceiro exemplo de como uma empresa tratou conflitos internos foi a forma como a Cisco Systems administrou sua aquisição da Linksys em 2003. A Cisco pagou US$ 500 milhões pela Linksys, basicamente para ter acesso ao modelo disruptivo de negócios dessa empresa. A Cisco vendia equipamentos de ponta para grandes empresas, ao passo que a Linksys vendia soluções simples para indivíduos. A Cisco investia pesado em pesquisa e desenvolvimento, e tinha uma força de vendas de primeiro nível; a Linksys praticamente não realizava nada em termos de pesquisa e desenvolvimento e comercializava seus produtos através de canais varejistas. A Cisco tinha uma margem bruta de 70% enquanto a Linksys tinha 40%.

Após adquirir a Linksys, o então vice-presidente, Charlie Giancarlo, tinha de decidir como administrar esse novo ativo agora sob sua responsabilidade. Giancarlo reconheceu, de forma apropriada, que a pior coisa que ele poderia fazer seria integrar a Linksys diretamente ao negócio principal da Cisco, já que essa integração poderia destruir as capacidades pelas quais a Cisco havia pagado. Portanto, Giancarlo designou uma equipe de "bloqueadores" para atuar como interface entre a organização principal e sua nova divisão. Essa equipe garantia que a Linksys recebesse os ativos apropriados da organização principal para melhorar sua capacidade de crescimento sem estar submetida aos sistemas e estruturas que talvez pudessem tirá-la do caminho disruptivo. Por exemplo, a Cisco não submetia a Linksys ao seu rigoroso processo de plano estratégico, entendendo que passar por esse processo poderia forçar a Linksys a começar aderir às regras de tomada de decisão tradicionais da Cisco.

As empresas que foram bem-sucedidas na administração de aquisições disruptivas normalmente seguiram arranjos semelhantes. Por exemplo, quando a Best Buy adquiriu a Geek Squad (vide Capítulo 5), ela trabalhou com cuidado para proteger a cultura da Squad. Conforme descrito pelo CEO da Best Buy, Brad Anderson: "Desde o início encaramos a Geek Squad como sendo a adquirente da Best Buy, e não o contrário. Isso porque a empresa que tinha de mudar era a Best Buy".

As empresas descritas neste capítulo foram bem-sucedidas por terem blindado as equipes dos anticorpos corporativos que poderiam desarmar suas estratégias disruptivas. De forma mais genérica, as técnicas a seguir podem ajudar as empresas a garantir que as equipes disruptivas evitem pontos de conflito naturais:

- Garantir que exista um experiente e efetivo agente da inovação capaz de romper barreiras, arbitrar diferenças fundamentais, dar "cobertura" significativa em geral e servir como elo de ligação com a organização principal quando necessário.
- Usar métricas diferentes para o sucesso.
- Dar à equipe substancial autonomia com uma estrutura de subordinação otimizada e controle sobre os recursos e decisões fundamentais.
- Fornecer cartões de "aprovação rápida" ou outras formas alternativas que permitam às equipes evitar processos com alto potencial para causar conflitos.
- Permitir às equipes buscar recursos externos. Equipes completamente endividadas com recursos internos não têm outra escolha a não ser aderir às regras internas da empresa principal.
- Nomear um líder poderoso e bem relacionado, com visão multifuncional e autonomia na tomada de decisão.

Muitas dessas características relembram o que a literatura acadêmica denomina "equipe de peso".[8] Esse tipo de equipe ajuda as empresas a quebrar os padrões de comportamento estabelecidos e rapidamente encontrar soluções extremamente distintas. Notadamente, as equipes de peso são, em geral, constituídas por elementos com dedicação exclusiva. Em vez de atuarem como representantes de departamentos específicos, esses elementos representam a equipe. Em vez de seguirem procedimentos operacionais padronizados, essas equipes quebram e redefinem os procedimentos. Essa abordagem é particularmente útil quando há um alto grau de interdependência entre as diversas funções e forem grandes as chances de a equipe seguir uma abordagem que naturalmente não faria sentido para o negócio principal.

Escolher uma zona de aterrissagem para a equipe.
Por fim, as empresas precisam considerar onde um novo empreendimento irá finalmente "pousar". Algumas vezes, essa zona de aterrissagem é óbvia: se uma equipe estiver seguindo uma estratégia altamente disruptiva que não se adéqua às capacidades do negócio principal, ela será bem-sucedida apenas como um negócio independente. Outras vezes, a zona de aterrissagem é mais sutil. Embora o projeto possa ter um impacto disruptivo no mercado, ele naturalmente também se adéqua aos processos e prioridades de uma unidade de negócios ou grupo de produtos existentes. Ou ele poderia se tornar a base de uma nova família de produtos que poderiam substituir as existentes.

Embora não seja necessário conectar uma equipe imediatamente à sua zona de aterrissagem final, pode ser útil planejar essa aterrissagem com antecedência. Consideremos, por exemplo, a indicação de um membro experiente da zona de aterrissagem mais provável para atuar como um experiente agente da inovação ou avaliar o que pode ser feito para tornar a nova oferta relativamente "compatível em termos de conexão" com a zona de aterrissagem final.

Resumo

Gerenciar equipes de projeto é uma das tarefas mais desafiadoras que um executivo em busca de crescimento disruptivo irá enfrentar. O presente capítulo discutiu como as empresas podem superar dois desafios: formar equipes voltadas para o sucesso e administrar a interface entre a equipe e a organização.

- Para vencer esse primeiro desafio, as empresas devem

  — Criar os estatutos da equipe que estabeleçam seus objetivos, os graus de liberdade, as hipóteses e os marcos.

  — Prover equipes para o sucesso, garantindo que os administradores tenham frequentado "escolas da vida" apropriadas para superar desafios previsíveis.

- Para vencer o segundo desafio, as empresas devem

  — Mudar a dinâmica entre a alta cúpula e as equipes de projeto, onde a primeira adota um modo de pensar mais "inclinar-se para frente" ou "para resolução de problemas".

  — Blindar as equipes, de forma proativa, das capacidades corporativas que se constituam em uma trajetória inadequada para as necessidades da nova iniciativa.

Exercícios de Aplicação

- Faça uma retrospectiva da sua própria carreira. Tente mapear as escolas da vida por você frequentadas nos últimos tempos. Que experiências você deveria procurar para aumentar sua capacidade de trabalhar em projetos disruptivos?

- Complete um balancete das capacidades para uma empresa com posição de predomínio no mercado que tenha fracassado diante de mudanças disruptivas. Destaque as deficiências que dificultaram o sucesso dessa empresa.

- Converse com um colega sobre uma maneira criativa através da qual uma equipe interna tenha superado uma barreira interna.

Dicas e Truques

- Se alguém disser "Deixe-me desempenhar o papel de advogado do diabo", vire a mesa dizendo: "Sei que isso é um problema. Não sei a resposta. Qual é a sua proposta?".

- Tome cuidado com estratégias de crescimento que se baseiam em solicitar um recurso interno inicialmente alocado para fazer algo que não faça sentido para esse recurso. Nessas circunstâncias, aloque o recurso interno para a equipe ou garanta que você tenha liberdade para *não* seguir os procedimentos operacionais de praxe.

- Evite selecionar realizadores para novos empreendimentos que exijam experimentação. Gestores que tiveram um excelente desempenho em sustentar inovações para a atividade principal da empresa talvez sejam os piores no que tange a criar novos empreendimentos.

PARTE QUATRO

Construção de Capacidades

Empresas que estão buscando gerar crescimento por meio de inovação precisam mais do que um sucesso isolado. Elas precisam institucionalizar a inovação de forma a tornar a busca do crescimento mais repetível e rotineira. Esta seção explora como as empresas podem garantir que suas estruturas e processos internos, bem como interações externas, apoiem (e não frustrem) iniciativas para criação de novos negócios geradores de crescimento. O Capítulo 9 delineia as estruturas e processos que facilitam a criação contínua de iniciativas de crescimento inovador. Finalmente, o Capítulo 10 descreve como implementar uma série de métricas que auxiliam no processo da inovação.

"Tentamos realmente selecionar grupos de pessoas cuja vida fosse reinventar ou romper com o negócio principal existente."

— Nick Valeriani, diretor da Divisão de Estratégia e Crescimento, Johnson & Johnson

CAPÍTULO 9

Organizando-se para a Inovação

MUITOS DOS ESTUDOS DE CASO de empresas já estabelecidas que foram bem-sucedidas na criação de novos negócios geradores de crescimento detalham um sucesso isolado. Empresas que acertaram uma única vez ou uma série de vezes — como a ING, ao criar sua oferta de rápido crescimento, o ING Direct; a Motorola, ao pegar de guarda baixa o mercado de telefonia celular com o seu aparelho ultrafino, o RAZR; e a Procter & Gamble, ao estabelecer categorias completamente novas com produtos como Swiffer, Febreze e Crest Whitestrips — certamente merecem respeito e admiração. Os gestores dessas histórias de sucesso sabem muito bem o quão difícil é esquivar-se às forças que tornam tão capciosa para as empresas com posição de predomínio no mercado a criação de negócios que geram crescimento movidos por inovação.

Entretanto, o fator punitivo em relação à inovação é que a competição nunca acaba. Crie um novo mercado e outras empresas se juntarão à corrida. Esquive-se de uma ameaça e lá surge outro atacante faminto e de olho em seu espaço de oportunidade.

O sucesso requer, então, mais do que vencer uma única vez, exige desenvolver capacidades amplas que permitam a uma empresa neutralizar repetidamente ameaças disruptivas e agarrar novas oportunidades. Para atingirem esse objetivo, as empresas precisam se organizar de modo a maximizar sua habilidade de alavancar vitórias individuais e produzir em série negócios geradores de crescimento bem-sucedidos, ano após ano.

O presente capítulo descreve como as empresas podem construir estruturas inovadoras que as auxiliem a enfrentar desafios de inovação específicos e envolver tais estruturas com sistemas e modos de pensar apropriados.

Criação de Estruturas Propícias à Inovação

"Organizar-se para inovar" não é uma tarefa pequena. Ela vai além de prover uma equipe dos recursos necessários e da autonomia para perseguir uma ideia específica. Trata-se de criar um ambiente onde equipes cuidadosamente formadas possam, de forma confiável, examinar, priorizar e desenvolver uma série de oportunidades de crescimento.

Também é importante notar que "organizar-se para inovar" é diferente de "organizar para P&D". A inovação vai além da pesquisa e desenvolvimento. Um mecanismo de inovação apropriadamente estruturado considera novos modelos de negócios, abordagens criativas para financiamento, estratégias de parceiras únicas e, obviamente, alavancas de tecnologia mais tradicionais.

Há um sem-número de maneiras de se organizar para inovar. Em um dos extremos temos o exemplo da divisão FutureWorks da Procter & Gamble, uma equipe bem dotada de pessoal e dedicada a identificar, desenvolver e alimentar plataformas de crescimento inovador para a empresa. No outro extremo teríamos a unidade de Aprendizagem & Desenvolvimento contida na gigante do setor agroquímico, a Syngenta. O objetivo da pequena unidade é construir as qualidades inovadoras e de liderança dos executivos e gerentes da empresa. As grandes empresas muitas vezes — e de forma apropriada — possuem várias estruturas de inovação operando simultaneamente.

Não existe uma maneira única que atenda a todos os meios de organizar a inovação. Ao contrário, as empresas precisam garantir que as estruturas que eles criam sejam apropriadas, dados os desafios de inovação que eles enfrentam.

Geralmente, uma estrutura específica pode alcançar um de quatro objetivos estratégicos:

1. *Estimular* a inovação através da ampliação da consciência e formação de habilidades.
2. *Conduzir* a inovação através da defesa de iniciativas inovadoras e da eliminação de obstáculos que, de outra forma, limitariam o potencial de ideias inovadoras serem bem-sucedidas.
3. *Encabeçar* a inovação através do fornecimento de recursos e ambiente para levar adiante ideias, do conceito à comercialização.
4. *Fortalecer* a inovação e habilitar o crescimento através da construção de alianças, da aquisição de capacidades ou do investimento em iniciativas inovadoras fora da organização.

Os três primeiros objetivos se relacionam a estruturas de inovação que existem *dentro de* uma organização. O quarto consiste em reforçar essas e outras estruturas existentes através de relações estratégicas com partes externas.

A seção a seguir discute cada uma dessas ações estratégicas, explica as circunstâncias que garantem um determinado tipo de estrutura e fornece modelos de estruturas; a Tabela 9-1 sintetiza esses elementos.

Unidades de Treinamento e um Conselho Consultivo para Estimular a Inovação

Empresas que buscam estimular a inovação normalmente acreditam que suas organizações têm a infraestrutura básica correta para comercializar ideias inovadoras. Entretanto, elas reconhecem a necessidade de melhorar a capacidade da organização de identificar oportunidades e desenvolver negócios bem-sucedidos em termos de crescimento. Entre os sinais específicos de que as empresas precisam estimular a inovação temos tanto a falta de ideias incitantes para crescimento quanto de uma perspectiva interna solidificada sobre a inovação. Para enfrentarem esses desafios, as organizações podem formar *unidades de treinamento* ou *conselhos consultivos*.

As *unidades de treinamento para inovação* ajudam a formar cultura e habilidades específicas para a inovação. Elas constroem metodicamente as habilidades e mudam o modo de pensar do pessoal do negócio tradicional estimulando, portanto, a inovação interna. Como geralmente eles se encontram fora da organização, desenvolvendo o produto ou serviço primário, eles tendem a desempenhar um papel consultivo dentro da organização.

Uma unidade de treinamento pode residir dentro de uma infraestrutura de treinamento estabelecida ou existir como um grupo de recursos especializados e focados na inovação. As unidades de treinamento devem procurar desenvolver estudos de caso específicos de setores de atividade e da empresa para ajudar a conectar conceitos de inovação mais próximos dos gerentes. Embora poucas organizações possam citar uma ladainha de histórias de sucesso disruptivas, toda empresa possui alguns estudos de caso que ajudam a ilustrar o poder dos princípios disruptivos. Essas unidades de treinamento também deveriam ser um elo de ligação com recursos externos para identificação de informações e ferramentas que poderiam ser apropriadas para a organização principal.

TABELA 9-1
Estruturas e desafios da inovação

Elo "frágil" no processo de inovação	Desafios de inovação específicos	Exigência estratégica	Estruturas potenciais
Identificação de oportunidades	• As ideias são insuficientes para atingir objetivos de crescimento. • A maior parte das ideias é sustentadora. • Não existe nenhuma linguagem de inovação. • A perspectiva ou ciência externa é limitada.	Estimular a inovação	Organização de treinamento; conselho consultivo externo
Priorização e provimento de oportunidades	• A organização possui um modo de pensar sustentador. • As ideias de crescimento perdem impulso. • Rotineiramente os recursos são desviados das iniciativas de crescimento. • Iniciativas de crescimento inovador são desperdiçadas, passando a focar o negócio principal usual.	Conduzir ideias inovadoras	Conselho de crescimento; fundo para empreendedorismo

TABELA 9-1

Estruturas e desafios da inovação (*continuação*)

Elo "frágil" no processo de inovação	Desafios de inovação específicos	Exigência estratégica	Estruturas potenciais
Formação e construção de novos negócios	• Abordagens sustentadoras prevalecem em relação às estratégias disruptivas. • Ideias disruptivas deixam de atingir seu pleno potencial. • A inabilidade de administrar incertezas frustra tentativas de crescimento. • Rotineiramente, boas ideias não se transformam em bons negócios.	Conduzir novos negócios que gerem crescimento	Incubadora; grupo de crescimento autônomo
Lançamento de negócios e alavancagem de pontos fortes de terceiros	• As ideias sucumbem devido à falta de suporte dos canais de distribuição. • É difícil ampliar novos empreendimentos. • A falta de capacidades limita o sucesso. • Alianças e parcerias externas são subtilizadas. • A posição do canal de valores da organização torna difícil a captura de valores.	Fortalecer as iniciativas de inovação externas	Unidade de empreendimento corporativo; grupo de desenvolvimento de negócios

Nossa experiência diz que as unidades de treinamento funcionam melhor quando elas interagem com equipes que estão enfrentando ativamente desafios de inovação. Essas equipes poderiam ser equipes de projeto procurando desenvolver e comercializar uma nova ideia ou equipes de líderes experientes procurando elaborar uma estratégia de inovação coerente. Equipes ativas podem aplicar imediatamente aprendizado fundamental, levando a uma maior retenção de conceitos básicos de inovação, bem como a um impacto duradouro sobre a cultura organizacional.

Conforme já mencionado, a Syngenta possui um departamento dedicado para possibilitar que gerentes e equipes desenvolvam capacidades. Em 2007 ela criou um curso sobre inovação para ajudar as equipes a conceituar e comercializar com sucesso negócios geradores de crescimento disruptivo.

Os *conselhos consultivos sobre inovação* atuam como veículos para expandir a perspectiva de inovação da organização. Normalmente, os conselhos consultivos são formados por menos de dez pessoas. Estas podem ser elementos externos — consultores, clientes, fornecedores, estudiosos ou outros líderes esclarecidos —, bem como um punhado de representantes-chave internos. Um conselho consultivo ideal inclui representantes capazes de fornecer informações sobre a ampla gama de alavancas da inovação — modelos de negócios, abordagens gerenciais e tecnologia —, tornando-o distintivamente diferente dos grupos formados comumente como uma forma de incrementar a P&D. Os conselhos consultivos tendem a interagir com as empresas de uma forma relativamente desestruturada, permitindo o compartilhamento de ideias e um diálogo aberto.

A Infineum, uma *joint venture* multibilionária entre a ExxonMobil e a Shell, criou um pequeno conselho consultivo em 2007 para ajudá-la a explorar tendências externas. O conselho era formado pelo CEO e líderes das unidades de tecnologia, propriedade intelectual, cadeia de suprimento e recursos humanos, bem como consultores externos. Trimestralmente, o conselho mantém conversações semiestruturadas com os líderes de iniciativas de crescimento inovador da Infineum.

Algumas vezes o conselho pode ter representantes internos de outras partes da empresa. O conselho pode ser então um mecanismo para compartilhamento de informações proprietárias e pode ter uma administração e responsabilidade muito mais direta. Essa abordagem traz novas perspectivas, pois ela atrai gerentes de outras partes da empresa para o processo de inovação.

Conselhos de Crescimento e Fundos para Empreendedorismo para Conduzir a Inovação

As empresas cujos inovadores internos tendem a "empacar" podem criar estruturas que defendam iniciativas de inovação e removam obstáculos que de outra forma limitariam o potencial para ideias inovadoras serem bem-sucedidas. As duas estruturas "condutoras" aqui descritas — *conselhos de crescimento* e *fundos para empreendorismo* — ajudam a nutrir ou salvaguardar iniciativas de inovação e, ao mesmo tempo, exigem que as bases impulsionem iniciativas individuais. Essas estruturas são tipicamente necessárias quando as ideias perdem impulso em uma organização ou quando iniciativas de crescimento inovador são perdidas por haver uma concentração na atividade principal atual.

Os *conselhos de crescimento* congregam um grupo de líderes experientes de toda a empresa para desenvolver uma visão unificada das prioridades de inovação da empresa. Tipicamente, os conselhos de crescimento identificam áreas de interesse estratégico da empresa, examinam e priorizam *todas* as ideias em estágio inicial e conduzem, de forma ativa, ideias disruptivas através do processo de inovação.

Os conselhos de crescimento são formados, basicamente, por representantes internos. Sugerimos que as empresas resistam à tentação de envolver *todos* os líderes veteranos no conselho de crescimento. Se o conselho for uma imagem espelhada das estruturas do negócio principal, as reuniões começarão a parecer e soar como reuniões da liderança do negócio principal. Os membros do conselho precisam compartilhar um modo de pensar disruptivo e deixarem seus papéis relativos ao negócio principal do lado de fora. Essa abordagem oferece um contato mais suave do que algumas das demais estruturas. Embora o conselho revise todas as ideias, aloque recursos para as ideias e as acompanhe durante todo o seu ciclo de vida, ele não está envolvido na administração do dia a dia de qualquer iniciativa específica.

Na General Electric, o seu CEO, Jeff Immelt, criou um Conselho Comercial, uma equipe de aproximadamente doze de seus executivos mais experientes. O conselho realiza teleconferências mensais e reuniões trimestrais para discutir, priorizar e alocar recursos para estratégias de crescimento e propostas de inovação apresentadas por seus líderes comerciais.

Os *fundos para empreendedorismo* desempenham um papel mais ativo do que os conselhos de crescimento, subsidiando, dando "cobertura" e alocando recursos gerenciais a projetos disruptivos. Geralmente, a alta cúpula separa uma reserva para financiamento para ser alocada por um pequeno conselho formado por representantes internos e externos. Equipes dentro da organização propõem então ideias que não se enquadrem dentro dos procedimentos operacionais-padrão. As ideias podem ser tanto não solicitadas quanto respostas a desafios organizacionais específicos lançados pelo comitê de administração do fundo.

Os projetos que recebem financiamento normalmente recebem apoio de administradores talentosos que atuam como CEOs temporários para empreendimentos suportados por financiamento. Os fundos para empreendedorismo expõem os membros da organização principal a conceitos de inovação, portanto, ajudam a criar um espírito empreendedor e, ao mesmo tempo, fornecem uma base de treinamento valiosa para aqueles que tomam a iniciativa de trazer novas ideias.

No início de 2006, o vice-presidente sênior do Scripps Newspapers, Mark Contreras, alocou mais de US$ 1 milhão para criar um fundo para propostas que não se enquadrariam naturalmente nas operações características do jornal da empresa. Contreras indicou Bob Benz, na época diretor-geral da Interactive para o Scripps Newspapers, para supervisionar o fundo, que agora é administrado por Contreras, três outros representantes da Scripps e três elementos externos (um ex-executivo da Apple, um ex-executivo da Intel e um representante da Innosight).

O fundo se reúne regularmente para avaliar novas ideias e revisar o progresso das ideias por ele financiadas. Os investimentos iniciais podem ser pequenos, na casa dos US$ 5.000. Até outubro de 2007, o fundo havia avaliado perto de uma centena de propostas, financiado cerca de quinze e tinha quatro negócios com potencial de crescimento real.

Conforme descrito por Benz em 2006, "esses investimentos não são grandes apostas. Eles são pequenos desembolsos destinados a testar hipóteses-chave sobre as ideias que estão sendo propostas... Se falharmos, queremos ter certeza de que todo mundo aprendeu com nossos tropeços. E quando formos bem-sucedidos, queremos garantir que todos nossos papéis possam alavancar o sucesso ... Não achamos que temos todas as respostas, nem de longe. Mas acreditamos que estejamos na direção certa."[1]

Incubadoras e Grupos de Crescimento para Liderar a Inovação

Algumas vezes, iniciativas de supervisão e financiamentos não são suficientes para produzir resultados adequados. Quando as empresas descobrem que boas ideias não se transformam em bons negócios ou que ideias sustentadoras normalmente saem vitoriosas em relação a ideias disruptivas, elas deveriam considerar a alocação de recursos específicos para conduzir a inovação.

Uma abordagem seria formar um *grupo incubador* exclusivo, uma equipe multidisciplinar totalmente dedicada que pegue uma ideia rudimentar e despenda um período breve (quatro a oito semanas), transformando-a em algo maior e melhor. A teoria por trás das incubadoras é que, uma vez que ideias disruptivas tenham recebido um impulso inicial concentrado, elas podem ser reabsorvidas em processos de inovação básicos.

Uma equipe incubadora ideal incorpora um conjunto de habilidades único que abarca conhecimentos de desenvolvimento de negócios, marketing, estratégia e de tecnologia.

Geralmente, as equipes recebem apoio de áreas funcionais estratégicas conforme a necessidade. Todos os membros da equipe trabalhando em tempo integral precisam ter a capacidade de lidar com a incerteza, buscar a solução criativa de problemas e superar contratempos.

Encontrar pessoas com as escolas da vida necessárias para ocupar cargos em uma incubadora não é uma tarefa fácil, e as organizações muitas vezes têm de contratar pessoal de fora para desenvolver esse tipo de equipe especial interna. Geralmente, os membros desse tipo de unidade de crescimento assumem o "papel de incubador" por dezoito meses ou dois anos e aplicam habilidades especiais para um grande número de projetos.

A gigante do setor de petróleo e gás, a Shell, criou um programa denominado "Virada de Mesa" para ajudá-la a fomentar ou promover de maneira proativa ideias extraordinárias. Ao lançar o programa, a empresa reconhecia "que um rico veio de ideias inovadoras passava pela Shell Chemicals, mas que seriam necessários novos meios para fazer essas ideias virem à tona, levar em conta influências externas e fornecer financiamento escalonado apropriado para o seu desenvolvimento". Essa unidade se desdobra para desenvolver negócios reais. Ela foi criada especificamente para possibilitar que a Shell buscasse oportunidades que estão "fora e entre" as linhas de empreendimento existentes da empresa, seguindo um processo "não sujeito às restrições e prioridades do negócio do dia a dia da Shell".[2]

Grupos de crescimento autônomos envolvem um nível maior de capacidade de construção de negócios do que as incubadoras. Uma típica missão estratégica do grupo é comercializar iniciativas de crescimento inovador. Seu papel normalmente envolve tanto a identificação proativa quanto o desenvolvimento de conceitos não relacionados com a atividade principal atual, bem como esforços reativos para explorar os conceitos de interesse da atividade principal atual, mas para os quais não seria dada prioridade no curto prazo.

Tipicamente, os grupos de crescimento possuem um orçamento garantido e autonomia na tomada de decisão. Eles mantêm um pequeno grupo de generalistas empreendedores e exploram a reserva de talentos do negócio principal conforme a necessidade através de programas rotativos. Esses programas rotativos possibilitam que a energia inovadora do grupo de crescimento se espalhe pela organização principal. Alguns grupos recorrem a especialistas trazidos de várias áreas (por exemplo, financeira, normativa, legal) da organização principal, ao passo que outros evitam de forma consciente fazer uso de qualquer recurso da organização principal.

A Dow Chemical é um exemplo de empresa que possui um grupo autônomo com dedicação exclusiva para criar novos negócios geradores de crescimento. Esse grupo identifica e desenvolve conceitos de negócios não relacionados com a atividade principal e responde a solicitações da organização principal para explorar conceitos fora da zona de conforto do negócio principal. Ela possui um pequeno grupo de generalistas totalmente compromissados auxiliados por outros líderes de alto potencial que fazem um rodízio saindo do negócio principal para passarem um ano ou mais trabalhando com esse grupo. O grupo se apoia então na alocação parcial de especialistas da organização principal.

O orçamento exclusivo da equipe permite que ela itere soluções rapidamente em busca do sucesso, teste ideias no mercado e construa caminhos para a comercialização. Uma vez que um conceito de negócio tenha criado raízes, o grupo de crescimento pode passar o conceito para o negócio principal ou então solicitar recursos adicionais ao CEO para aumentar o negócio.

Em 2003, a Motorola lançou um grupo interno focado na comercialização de tecnologias e no crescimento de novos negócios denominado ESA (Early Stage Accelerator, ou seja, acelerador de estágios iniciais). A missão do grupo era dar impulso a oportunidades de crescimento emergentes específicas através de desenvolvimento interno e alianças externas. Um pequeno grupo de executivos da empresa administra as operações e providencia os fundos necessários em marcos definidos para a escolha de projetos de inovação. O ESA infunde "QI de Negócios" a esses projetos através de análise estratégica e de mercado, avaliação de propriedade intelectual, criação de planos de negócios e desenvolvimento de ecossistemas. Um "conselho de administração" ativo para cada projeto supervisiona e orienta, com foco na "eliminação dos riscos" dos projetos e conduzindo-os para a maturidade.

Os membros do ESA usam ferramentas e conceitos descritos neste livro para identificar áreas de risco cruciais e construir projetos para minimizar esses riscos. As ideias "evoluem" para unidades de negócios estabelecidas da Motorola ou então deixam a Motorola de forma apropriada (por exemplo, através do licenciamento da tecnologia a terceiros ou de desmembramentos). Entre os tipos de projetos desenvolvidos pelo ESA, temos a criação de novas oportunidades de negócios, a liderança de iniciativas envolvendo vários departamentos, o desenvolvimento adicional de propriedade intelectual que pode ser licenciada e a aceleração da comercialização de tecnologias.

Um exemplo de projeto do ESA é o Canopy, uma inovação para banda larga sem fio incubada na Motorola Labs e no ESA após um período de dez anos. O ESA ajudou a desenvolver protótipos para experimentos de campo e a formar uma equipe para lançamento do produto no mercado. A assistência durante essa última e essencial etapa do processo de comercialização ajudou a tecnologia a atingir maior exposição no mercado.

Ele cresceu para se tornar a base definitiva do portfólio do WiMAX (uma tecnologia de banda larga sem fio de alta velocidade) oferecido pela Motorola.

Empreendimentos Corporativos e Grupos de Desenvolvimento de Negócios para Fortalecer a Inovação

Empresas que estão tentando inovar não devem, e normalmente não conseguem, ser bem-sucedidas isoladamente. Mesmo a mais inovadora das ideias não se tornará um grande negócio se não tiver o apoio de fornecedores e a colaboração de canais de distribuição, alianças ou parceiros que licenciam sua tecnologia.

Para essa finalidade, as duas estruturas finais fornecem um meio de as empresas reforçarem seus ambientes externos para inovação. Empresas que adotam essas abordagens estão procurando maneiras de aumentar iniciativas internas sem desviar a atenção do negócio principal ou de reconhecer que elas precisam adquirir novas habilidades ou buscar a colaboração de outras empresas de modo a serem bem-sucedidas. Elas almejam alavancar os pontos fortes de outros e, ao mesmo tempo, oferecendo alguns dos seus pontos fortes, para criar valor para ambas as empresas parceiras. Além disso, elas também precisam ver que o sucesso gerado por suas iniciativas inovadoras beneficiará ambos os parceiros, oferecendo, portanto, uma oportunidade potencial de investimento para compartilharem o valor que estão criando.

As unidades *de investimento em empreendimentos corporativos* buscam ideias, propriedade intelectual ou oportunidades de crescimento que não surjam ou não poderiam emergir dentro dos confins do negócio principal. Elas também disponibilizam fundos de investimento para complementar alianças comerciais. Investidas desse poder, talvez elas invistam diretamente em uma empresa externa, em um parceiro com capital de risco independente ou procurem alinhamento com outros investidores privados. Talvez elas invistam em empresas que já possuam uma relação comercial com a controladora ou naquelas com potencial de se tornarem um parceiro comercial ou possível alvo para aquisição.

Os motivos por trás desse envolvimento às vezes são exclusivamente financeiros. Entretanto, a história sugere que grandes empresas que adotaram uma abordagem puramente financeira talvez não tenham tido a paciência necessária para alcançar retornos positivos. Em termos gerais, a maioria dos especialistas concorda que a melhor abordagem para empreendimentos corporativos envolve a busca de oportunidades que prometam retorno tanto financeiro quanto estratégico.[3]

Nesse contexto, uma unidade de empreendimento corporativo pode aumentar as iniciativas de inovação da empresa como um todo de várias formas:

- O envolvimento na comunidade de empreendedores gera uma consciência antecipada de novas ideias, tecnologias e estratégias de negócio que podem influenciar direta ou indiretamente a estratégia de inovação da empresa principal.
- Estratégias de coinvestimentos e parcerias mais formais com outros financiadores possibilitam o compartilhamento dos riscos em empreendimentos de grande potencial, mas de certeza limitada.
- O apoio de empreendimentos corporativos que impulsionam ou se beneficiam de atividades da empresa principal pode estimular a demanda por produtos da empresa principal ou possibilitar a participação em elos mais lucrativos da cadeia de valor que de outra forma estaria fora do escopo da empresa principal.

Empresas como Hewlett-Packard, Philips, Hearst, Motorola e Intel operam algumas das unidades de empreendimento corporativo mais famosas. Particularmente, a Intel Capital se destaca como uma unidade de empreendimento que desfrutou de uma ampla gama de benefícios estratégicos oferecidos por essa estrutura de inovação. Desde seu início em 1991, a Intel Capital investiu mais de US$ 6 bilhões em mais de mil empresas.[4] Com bom êxito obtido de investimentos em empresas como Clearwire, VMware, LANDesk e Groove Networks — apenas para citar algumas —, fica claro que a organização atingiu as metas gerais de lucratividade. A missão da Intel Capital descreve claramente sua busca tanto de objetivos financeiros quanto estratégicos: "A Intel Capital busca e investe em empresas com tecnologia promissora em todo o mundo. Focamos tanto em tecnologias já consolidadas quanto em novas tecnologias que ajudem a desenvolver soluções que sirvam de modelo para o setor, impulsionem o crescimento global da Intel, facilitem os modelos com novo emprego e provoquem o progresso nas plataformas computacionais e de comunicação".[5]

Essencial para essa abordagem é o objetivo implícito de estimular a demanda da oferta primária da Intel (microprocessadores) e preparando o terreno para uma ampla adoção das tecnologias da Intel fomentando o emprego de computadores e o desenvolvimento de padrões.

As *unidades de desenvolvimento de negócios* corporativas ou de divisões podem desempenhar um papel multifacetado no fortalecimento das iniciativas de inovação de uma organização. Tipicamente providas de uma forte equipe de estrategistas ou analistas financeiros, essas unidades trabalham em estreita colaboração com executivos de linha para desenvolver e estruturar uma série de relações que aumentem as chances de sucesso da inovação de várias formas:

- Elas identificam e facilitam a aquisição de empresas com habilidades fundamentais, *know-how* tecnológico ou relações capazes de acelerar as iniciativas da empresa em termos de inovação. Por exemplo, a Cisco Systems fez mais de cem aquisições para fortalecer produtos existentes e estendê-los para novas categorias.

- Elas estruturam *joint ventures* e alianças que alavancam os pontos fortes respectivos das empresas parceiras, possibilitam o compartilhamento dos riscos, garantem acordos de fornecimento estratégicos ou fecham contratos de distribuição exclusiva.

- Elas trabalham para criar "ecossistemas de mercado" que fomentam a adoção das ofertas da empresa e/ou encorajam o desenvolvimento de produtos complementares que estimulem maior demanda.

- Elas buscam acordos de tecnologia ou de licenciamento (com embasamento legal) que garantam a propriedade intelectual e gerem vantagem competitiva diferenciada.

Embora a lista acima não seja completa, o valor de uma unidade de negócios sólida não pode ser exagerado. Como exemplo, a Symbian Ltd., uma empresa de software com base no Reino Unido, foi fundada em 1998 como uma *joint venture* entre grandes empresas do setor de aparelhos celulares. A meta inicial da empresa era fornecer um sistema operacional alternativo para ser rodado em telefones celulares. Ao longo dos anos, tanto os investidores da empresa quanto seus licenciados e a estratégia do produto da empresa evoluíram, mas a Symbian emergiu como um protagonista no mercado de sistemas operacionais para celulares. Através de colaboração, as empresas participantes se capacitaram a criar uma entidade comercial para impulsionar a inovação em software para celulares que teria sido extremamente difícil, para não dizer impossível, de eles criarem individualmente.

De modo similar, os fabricantes de celulares dependem de um amplo grupo de desenvolvedores de aplicativos para fornecer funcionalidades cruciais para os telefones. Os jogos, navegadores para Web, aplicações de mensagens e outras tecnologias-chave na maioria dos celulares é normalmente desenvolvida por terceiros para os quais os fabricantes de telefones licenciaram a tecnologia. As unidades de desenvolvimento de negócios comumente escolhem parceiros apropriados, negociam acordos e administram relações com uma grande rede de empresas para complementar as capacidades de inovação das equipes de desenvolvimento principais.

Procter & Gamble: Múltiplas Estruturas em Ação

As empresas não são obrigadas a escolher uma única estrutura. A gigante do mercado de produtos de consumo embalados, Procter & Gamble, na verdade emprega várias estruturas ao mesmo tempo. No nível corporativo, a FutureWorks, seu *grupo de crescimento* autônomo dedicado a "construir as marcas de amanhã", tira proveito de inúmeras iniciativas da P&G cujo objetivo é reunir ideias e pontos de vista externos e se esforça por manter um fluxo contínuo de novos produtos.

Dentro de suas unidades de negócios, a P&G organiza novos grupos de desenvolvimento de negócios para *incubar* novas ideias. Em 2005, a empresa criou uma unidade de treinamento na forma de uma pequena equipe de "guias" para trabalhar com equipes de projeto que estavam trabalhando em ideias disruptivas. Os executivos seniores administram um "Fundo de Inovação Corporativo", que atua como um *fundo do empreendedor* para ideias que não se adéquam ao processo de determinação de prioridades normal. Finalmente, várias de suas principais marcas têm *comitês consultivos externos* para se manterem atualizadas com os principais avanços científicos.

Essa gama diversa de estruturas de inovação dá à P&G grande flexibilidade em garantir que grandes ideias não sejam negligenciadas e, ao mesmo tempo, formando as capacidades inovadoras da organização.

Avaliar o Ambiente de Inovação para Determinar a Intensidade de Ação

Uma pergunta natural que os executivos seniores fazem em relação à implementação de estruturas de inovação é a intensidade de esforço exigida. Precisam eles alocar uma grande quantidade de recursos ou um pouco já será suficiente? Os executivos seniores precisam estar envolvidos ativamente ou uma abordagem distanciada é apropriada?

Avaliar os ambientes interno e externo é um bom ponto de partida para resolver essas e outras questões relacionadas. Comece fazendo as seguintes perguntas sobre o seu ambiente externo:

- O seu setor é nascente ou maduro?[6] Em termos gerais, a inovação flui de forma mais natural em setores nascentes, embora empresas como CEMEX, no segmento de cimentos, e a Dow Corning, em silicones, demonstraram como a inovação pode prosperar negócios aparentemente maduros.

- O ritmo de inovação em seu setor de atividade é lento ou acelerado? Se a inovação acontece lentamente, é possível dar mais tempo para as equipes desenvolverem suas propostas e formularem suas estratégias. Se a inovação ocorre rapidamente e você estiver ficando para trás, sua estrutura organizacional precisará ter um impacto razoável rapidamente.

- O volume de ativos necessários é pequeno ou grande? Setores que precisam de um volume elevado de ativos muitas vezes exigem uma intervenção direta da gerência em todos os níveis hierárquicos da organização, pois o risco envolvido em qualquer iniciativa é significativo.

Em seguida, avalie o ambiente interno:

- A inovação pode ser isolada para determinados departamentos ou grupos (cada gerente pode "fazer por conta própria") ou exige coordenação meticulosa ao longo das várias partes da organização? Quanto mais dispersos pela organização estiverem as iniciativas de inovação, mais necessária é a coordenação.
- A cultura é aberta à inovação ou bitolada em sua visão de inovação? Quanto menos natural for o sentimento da inovação para a organização, mais envolvidos precisam estar os gerentes no desenvolvimento de estratégias inovadoras.
- Existe um grande número de gerentes partidários da inovação em sua organização ou os inovadores são poucos e raros? Quanto menos talento voltado à inovação existir, mais os líderes bem qualificados terão de orientar mais ativamente as iniciativas de inovação.

É necessário o envolvimento direto quando o setor de atividade for maduro, quando a inovação exigir coordenação, quando a inovação for um conceito estranho e quando uma empresa possuir poucos inovadores naturais em seus quadros.

As respostas a essas perguntas simplificam situações complexas e fornecem orientação útil na seleção, governança e operação das estruturas de inovação apropriadas. Use a planilha de pontuação simples da Ferramenta 9-1 para determinar o nível de envolvimento necessário para administrar as estruturas de inovação necessárias para ajudar sua organização a atingir suas metas de crescimento. Lembre-se, quanto mais exigente for o ambiente de inovação de uma organização, mais as iniciativas de inovação tipicamente exigirão maior alocação de recursos, abordagens mais estruturadas e maior autonomia organizacional.

FERRAMENTA 9-1

Exercício de aplicação: Avaliação do ambiente de inovação

Instruções

Escolha o quadro que *mais* se aproxima da situação de sua empresa. Adicione cinco pontos para cada escolha que fizer na coluna da esquerda. Subtraia cinco pontos para cada escolha que fizer na coluna da direita. Use os intervalos de pontuação para avaliar as implicações.

		Ambiente de inovação mais absorvente (+5 pontos)	Neutro (0 ponto)	Ambiente de inovação menos absorvente (-5 pontos)
Ambiente externo	Maturidade do setor	Mercado bem maduro mostrando sinais de comoditização	Mercado começando a mostrar sinais de maturidade	Mercado nascente com modelos de negócios pouco claros
	Dinâmica competitiva	Setor em progresso acelerado e/ou setor com ciclos de vida de produto curtos (por exemplo, biotecnologia)	Setor moderadamente em mudança (por exemplo, indústria automobilística)	Setor caminhando a passos lentos onde raramente ocorrem mudanças (por exemplo, indústria siderúrgica)
	Volume de ativos necessários	Bem elevado; a inovação requer capital investido em instalações e maquinário considerável (por exemplo, indústria farmacêutica)	Moderado; inovação possível com menos capital investido em instalações e maquinário (por exemplo, bens de consumo)	Pequeno; inovação possível com pouco ou nenhum investimento (por exemplo, mídia)
Ambiente interno	Escopo das atividades de inovação	Inovação possível apenas se coordenada de perto em todas as unidades de negócios, funções e regiões	Inovação capaz de ser isolada em uma única unidade de negócios com coordenação em todas as funções	Inovação possível em departamentos distintos da organização com coordenação mínima
	Cultura da inovação	Empresa em modo "operacional", onde a inovação é vista em grande parte como um desvio de foco	A inovação é vista como importante, mas não algo que seja responsabilidade de todo o mundo	Cultura empreendedora, onde a inovação é uma parte fundamental do DNA da empresa
	Amplitude do talento	Menos de 10% dos principais gerentes capazes de criar ideias legitimamente disruptivas	10%-30% dos principais gerentes capazes de criar ideias legitimamente disruptivas	Mais de 30% dos principais gerentes capazes de criar ideias legitimamente disruptivas

FERRAMENTA 9-1

Exercício de aplicação: Avaliação do ambiente de inovação (*continuação*)

Pontos acumulados	
20 a 30	*Ambiente de inovação muito absorvente*: Nesses ambientes muito provavelmente há uma necessidade de maior alocação de recursos, abordagens à inovação mais estruturadas, maior orientação por parte dos executivos mais experientes e autonomia organizacional total para as unidades de inovação escolhidas.
10 a 15	*Ambiente de inovação moderadamente absorvente*: Nesses contextos as circunstâncias sugerem concentrar-se em um ou dois aspectos do ambiente da empresa. Talvez seja necessária uma intervenção direta significativa da gerência para superar desafios internos e/ou talvez sejam necessários estrutura e processo bem definidos para fomentar uma inovação rápida e, ao mesmo tempo, administrando possíveis riscos de maneira efetiva.
–15 a 5	*Ambiente de inovação menos absorvente:* Nesse caso, as iniciativas de inovação focadas podem ser realizadas precisando-se de orientação limitada por parte dos líderes experientes e investimento mínimo. As condições de mercado e o pessoal na organização provavelmente possibilitam uma abordagem à inovação mais flexível e em um ritmo mais lento.
–30 a –20	*Ambiente naturalmente inovador:* A inovação nesses ambientes tende a ser inerente à cultura do negócio principal. Portanto, as iniciativas de inovação podem ser bem integradas com as linhas de negócios principais e podem ocorrer como consequência natural de se fazerem negócios. Nesses ambientes é importante não controlar em demasia ou reprimir a inovação através de estrutura excessiva.

Segredos para a Criação de Estruturas de Tomada de Decisão

Muitas das estruturas descritas anteriormente dispõem de um pequeno grupo de executivos mais experientes revisando ideias e alocando recursos. Não importa se esse grupo é chamado de conselho, conselho consultivo, equipe de comando ou comitê de administração de fundos, alguns princípios gerais podem ajudar a garantir sua operação bem-sucedida:

- **Dê oportunidades para que outros sejam ouvidos.** Não torne difícil para as pessoas sugerirem ideias, caso contrário elas jamais o farão. Elabore uma abordagem que promova o envio de ideias rudimentares para que o comitê possa ajudar a aperfeiçoar.
- **Escalone os investimentos.** Não inunde as ideias com capital. Em vez disso, forneça às equipes uma pequena quantia para testar hipóteses básicas. Vá aumentando o investimento à medida que eles forem aprendendo e remodele a estratégia deles para aumentar as chances de sucesso. Lembre-se da maldição do capital em excesso: investimento demais pode possibilitar que as equipes caminhem muito rápido e muito longe na direção errada.
- **Faça com que haja o envolvimento de pessoal externo.** A inovação quase sempre surge das intersecções, quando as pessoas juntam novas ideias e as analisam sob pontos de vista diferentes. Pessoal de fora pode ajudá-lo a moldar ideias de formas inesperadas. Considere a possibilidade de trazer especialistas do setor vindos de fora da empresa, quem sabe empreendedores ou professores, cujas "escolas da vida" os ajuda a identificar estratégias de crescimento de sucesso.
- **Saiba o que está buscando.** É fundamental construir um amplo consenso sobre o que é uma "boa" ideia e divulgá-la largamente. Alguns grupos usam listas de verificação de três itens, outros usam sofisticadas ferramentas de avaliação. Independentemente do mecanismo usado, certifique-se de que o conselho tomador de decisão está analisando as coisas da mesma forma e que aqueles que submetem ideias para apreciação compreendam completamente os critérios de avaliação.
- **Torne-a uma experiência agradável.** Os comitês de financiamento não devem criticar implacavelmente as ideias ou minar os gerentes que submeteram ideias para apreciação. Mesmo as ideias aparentemente piores merecem ter um *feedback* construtivo, pois é totalmente possível que elas contenham uma pepita de ideia brilhante que pode ser retrabalhada para se transformar em um poderoso negócio gerador de crescimento.

Outros Sistemas de Apoio e Modos de Pensar

Até mesmo as melhores estruturas de inovação podem falhar no estímulo à inovação caso não seja suportada por outros sistemas e modos de pensar. Empresas que são bem-sucedidas na geração desse ambiente desenvolvem ferramentas apropriadas para negócios inovadores, compartilham uma linguagem de inovação comum, recorrem a uma quantidade substancial de ideias externas e criam políticas e sistemas de reconhecimento e remuneração que encorajem as pessoas a assumir riscos calculados no caminho para o crescimento inovador.

Ferramentas Apropriadas

Empresas que são excelentes em gerir seu negócio principal normalmente acham que ferramentas desenhadas para gerenciar inovações sustentadoras ou relativas à atividade principal podem se constituir em obstáculo na criação de iniciativas de crescimento disruptivo ou não relacionadas com a atividade principal.

O problema é o nível de uso e interpretação, bem como a ferramenta em si. Afinal de contas, o intuito da maioria das ferramentas nas operações do negócio principal é o de administrar a alocação de recursos e ganhar alinhamento interno. Ferramentas precisas ajudam as empresas a certificar-se de que estão levando adiante os projetos corretos, a administrar apropriadamente sua cadeia de suprimento, alocar recursos internos no ritmo certo e desenvolver uma relação bem-sucedida com canais de distribuição importantes.

A verdadeira inovação é, necessariamente, imprecisa, particularmente nos estágios iniciais. Ferramentas que forçam precisão muito cedo podem acabar desperdiçando grandes oportunidades ou compelir os inovadores a seguir em direções mais sustentadoras para fazer com que os números pareçam suficientemente grandes para serem considerados interessantes.

Empresas cujo conjunto de ferramentas existente se mostrar inadequado para a criação de novos negócios geradores de crescimento têm duas opções. A primeira delas é mudar de ferramentas. Em vez de alimentarem uma previsão para o próximo decênio com resultados obtidos de uma pesquisa em larga escala, elas poderiam usar dados qualitativos para estimar o quão apaixonados estão os clientes em relação a uma ideia. Em vez de pesquisarem a propensão de um cliente para comprar um produto, elas podem realizar um teste transacional no qual os clientes têm realmente de comprar e usar um determinado produto. A segunda opção é usar ferramentas existentes de forma diferente. Por exemplo, em vez de produzirem uma estimativa pontual do volume e valor presente líquido, as empresas podem desenvolver cenários ou criar intervalos para cenários alternativos. Essa abordagem pode ser difícil para os administradores experientes que são treinados para olhar "os números", mas é uma estimativa mais realista do potencial de uma ideia.

Uma Linguagem Comum

Ser bem-sucedido na inovação disruptiva requer tomar atitudes que muitos executivos acham, na melhor das hipóteses, estranhas e, na pior das hipóteses, antiéticas. Nossa experiência sugere que uma linguagem comum ajuda as empresas a evitar algumas das muitas armadilhas de modo de pensar que dificultam atingir a disrupção como, por exemplo, perseguir a perfeição quando "razoável" já seria suficiente, superestimar o conhecimento de novos mercados e fazer apostas grandes quando um início modesto seria mais apropriado.

Tanto os gerentes do alto escalão quanto do escalão intermediário precisam superar esses modos de pensar. Pelo fato de eles tomarem grande parte das decisões em uma empresa, gerentes bem intencionados do médio escalão que fazem o que sempre fizeram podem adotar por *default* um comportamento característico da atividade principal quando, na verdade, seria necessário um pensamento completamente novo. Um gerente do alto escalão que não "pescar isso" pode destruir uma abordagem altamente inovadora ao fazer as perguntas erradas na hora errada. Uma linguagem de inovação comum pode ajudar as empresas a evitar esses perigos.

Caso esteja encarregado de estimular a mudança de cultura e de construir essa linguagem comum em sua organização, considere uma das seguintes opções:

- ***Desenvolva módulos de treinamento específicos.*** Descobrimos três tipos distintos de módulos de treinamento que ajudam as pessoas a aprender os principais modelos disruptivos. Um tipo de módulo estabelece as bases de princípios comuns. O segundo tipo constrói habilidades específicas ao projeto (por exemplo, realizando testes-piloto de baixo custo). O terceiro desenvolve habilidades específicas à liderança (por exemplo, lidar com a incerteza).

- **Crie material de apoio.** Guias simples — folhas de dicas de uma página, cartões de bolso ou glossários — podem ajudar a reforçar uma linguagem comum emergente. Guias contendo a prática usual recomendada podem ajudar equipes de projeto e líderes a lidar com questões previsíveis. Considere a possibilidade de criação de Webcasts ou Podcasts para facilitar a absorção do material por parte dos gerentes.

- ***Desenvolvimento de uma rede interna de inovadores.*** Toda organização possui indivíduos que foram bem-sucedidos na superação de alguns dos desafios comuns da inovação, seja durante sua atuação na empresa atual ou de uma experiência de trabalho anterior. Listas simples que indiquem os recursos internos para os inovadores podem ser muito úteis.

- ***Realize sessões de geração de ideias com um grupo formado por gerentes de vários departamentos distintos.*** Esses tipos de sessões podem efetivamente conquistar o interesse de grupos pela matéria da inovação. Eles tendem a trabalhar melhor se a discussão for em torno de um tópico ou tema específico. Uma abordagem seria sondar membros do grupo de antemão para descobrir três ou quatro problemas que eles estão enfrentando no momento e que estão ávidos por soluções inovadoras. A própria sessão pode então encontrar o equilíbrio de tempo dedicado para o ensino básico de princípios e para oportunidades para aplicação e discussão. Questões para discussão simples como "Qual o significado de inovação?", "Onde temos oportunidades para inovação?" e "Que capacidades ou incapacidades nos posicionam em termos de capturar ou perder oportunidades de inovação?" podem ser grandes formas de orientar a discussão.

O prefácio deste livro descreveu como uma linguagem comum se encontrava no centro das iniciativas bem-sucedidas da Intel para desenvolver o processador disruptivo Celeron. De modo similar, para formalizar suas prioridades de inovação e as habilidades necessárias baseadas nessas prioridades, a General Electric incorporou em seu currículo de treinamento sobre liderança (em Crotonville) sua visão sobre quais seriam as características de liderança para inovadores.

Embora as iniciativas para construir uma linguagem comum não deem um retorno sobre o investimento imediato, elas são uma parte importantíssima da organização inovadora.

Busque Amplo Insight Externo

Nos últimos anos, as empresas começaram a se dar conta do real poder daquilo que o professor da Haas School of Business, Henry Chesbrough, denomina "inovação aberta".[7] Mais uma vez, a P&G é um exemplo instrutivo. Historicamente, a empresa tinha uma reputação de ser altamente insular, embora há vários anos seu CEO, A. G. Lafley, tenha lançado um duro desafio: até 2010 pelo menos 50% das inovações da empresa deverão envolver alguma forma de conexão com o exterior. A empresa aumentou sua capacidade em pesquisa e desenvolvimento com a habilidade para "Conexão & Desenvolvimento". Conforme observado em um artigo de 2006 da *Harvard Business Review*, ela começou a mudar a sua atitude "de resistência a inovações 'não inventadas aqui' para entusiasmo por aquelas 'orgulhosamente encontradas em algum outro lugar'".[8]

Em termos genéricos, as empresas devem agregar profundamente perspectivas externas em seu processo de inovação. Elas devem ter maneiras bem definidas de interagir rotineira e repetidamente com seus principais clientes, aprender de não clientes, monitorar experimentos que estão ocorrendo no seu setor de atividade, fazer uma varredura em busca de tecnologias emergentes e aprender com outros setores de atividade. Estabelecer maneiras regulares de incitar esses tipos de estímulos (inclusive alguns dos mecanismos descritos anteriormente) pode revelar oportunidades para inovação que anteriormente eram invisíveis.

Desenvolvimento de Políticas de Recursos Humanos Habilitadoras

Finalmente, as empresas devem considerar a possibilidade de redesenhar suas políticas, incentivos e vias de desenvolvimento para torná-los propícios à inovação. Conforme observado no Capítulo 8, as empresas precisam estar propensas a buscar talento fora da empresa. Obter incentivos corretos para inovação claramente é um grande obstáculo para uma empresa já estabelecida também. Uma empresa iniciante pode emitir ações que permitam aos gerentes participar do potencial positivo de um empreendimento, mas seguir a mesma abordagem dentro de uma empresa estabelecida requer certa criatividade. As empresas precisam encontrar uma maneira de associar o ato de assumir riscos de maneira calculada a estruturas de pagamento, bônus, reconhecimento e/ou progresso na carreira. É improvável que um "empreendedor" terá os aspectos positivos puros de um empreendedor, mas essa diferença é apropriada, já que existe também um risco negativo significativamente menor. Apesar do grande destaque dado às histórias de sucesso, a grande maioria dos novos empreendimentos fracassa. Se um empreendimento interno falhar, os gerentes poderão facilmente mudar de cargo em vez de sair em busca de um novo emprego.

Considere também criar vias de desenvolvimento que tornem atrativo para funcionários de grande potencial despenderem tempo trabalhando em promissoras iniciativas de crescimento. Trabalhar em empreendimentos arriscados pode ser um excelente campo de prova para o surgimento de líderes, pois muitos dos desafios que o empreendimento enfrentará serão problemas gerais de gestão.

À medida que for desenvolvendo estruturas de recursos humanos que permitirão à sua organização atingir suas metas de inovação, considere o valor de aprendizado e incentivo oferecido pelos programas rotativos. Criar a possibilidade para funcionários de grande potencial ou membros de unidades de negócios com conhecimento relevante para participar em iniciativas de crescimento inovadoras pode dar a eles a oportunidade de ter contato com novas maneiras para resolução de problemas e novos desafios para tomada de decisão. No mínimo, essa experiência de trabalhar em tais iniciativas dará a eles uma rica fonte de aprendizado para ser usada na atividade principal após o término de suas participações. E talvez sejam criados os líderes de seu novo negócio principal.

Resumo

- Empresas em busca de construir amplas capacidades de inovação precisam criar estruturas e sistemas que tornem a busca pelo crescimento mais repetível.

- Para determinar a estrutura de inovação adequada para o seu caso, determine se as circunstâncias garantem estruturas para estimular o pensamento inovador, conduzir ideias inovadoras, encabeçar a criação de novos negócios geradores de crescimento ou fortalecer as iniciativas de inovação.

- Crie ferramentas apropriadas, construa uma linguagem de inovação comum, traga perspectivas de fora da empresa e garanta que as políticas de recursos humanos estejam alinhadas com a inovação.

Exercícios de Aplicação

- Analise abordagens organizacionais usadas pelos concorrentes em seu setor de atividade. Elas diferem das suas? Em que aspectos?

- Pergunte a cinco colegas se eles já propuseram ou não uma ideia para algum tipo de repositório interno. Caso tenham proposto, pergunte a eles o que aconteceu. Em caso negativo, pergunte a eles por que não.

- Convoque dois investidores (capitalistas de empreendimentos de risco, *angel investors*[1], investidores que procuram participação acionária em empresas de capital fechado), dois empreendedores, dois importantes fornecedores e dois importantes clientes em seu setor de atividade para solicitar a eles sua opinião em ações que valha a pena seguir; considere

---

[1] N.T.: *Angel investor* é aquele que fornece recursos para uma empresa em fase de formação. Normalmente esse investidor tem participação nos resultados da nova empresa. Tais investimentos se caracterizam por altos riscos e altos prêmios de risco em potencial. (Fonte: Dicionário de Termos Financeiros. Santander Banespa, 2003)

a possibilidade de convidar alguns deles para fazerem parte de um conselho consultivo.

Dicas e Truques

- Comece pequeno. Gerar mudanças em grandes organizações diversas, particularmente para aperfeiçoar o ato de assumir riscos de forma calculada e buscar novas maneiras para estimular o crescimento, é uma tarefa extremamente desafiadora. Além disso, montar uma equipe de inovação eficaz capaz de administrar a ampla gama de possíveis iniciativas de inovação é bastante difícil e pode levar algum tempo para acertar.

- Inove a abordagem. Leva algum tempo e várias interações para que qualquer grupo novo acerte o passo. Esteja disposto a mudar de abordagem à medida que for descobrindo o que funciona e o que não funciona.

CAPÍTULO 10

Métricas da Inovação

HÁ MAIS DE DUAS DÉCADAS, o guru da administração Tom Peters escreveu um editorial intitulado *"What Gets Measured Get Done"* (Aquilo que é Medido é Realizado). De fato, uma das descobertas da pesquisa de Peters sintetizada em seu clássico da administração, de 1982, *In Search of Excellence* (Em Busca da Excelência) é que as firmas de excelência usam medidas e métricas para ter certeza que as pessoas despendem tempo nas coisas que realmente interessam.[1]

A teoria é simples. Um gerente do alto escalão da empresa que deseje influenciar o comportamento de seus subordinados não tem uma alavanca mais efetiva que as medidas por ele escolhidas. As medidas servem como balizadores tangíveis que ajudam a média e a baixa gerência a tomar as decisões críticas e concretas sobre a alocação de recursos que — mais do que qualquer ordem emanada da alta gerência — determinam, em última instância, a estratégia de inovação de uma empresa.

O desafio enfrentado pelas empresas buscando melhorar sua capacidade de gerar crescimento através da inovação é o fato de as métricas adotadas por muitas empresas correrem, na verdade, um grande risco de levar as empresas para um caminho errado. Mesmo que elas escolham as métricas corretas, muitas vezes as empresas deixam de vincular métricas importantes à promoção e à remuneração de seus funcionários. Consequentemente, imagine por que as pessoas não têm a inovação como prioridade.

Para enfrentar esses problemas, o presente capítulo descreve importantes armadilhas de medição, explica em detalhes quinze possíveis métricas de inovação que as empresas poderão usar, além de dar dicas para executivos em busca de iniciar a implementação de seu próprio conjunto de métricas da inovação.[2]

Armadilhas da Medição

A aplicação de métricas à inovação é reconhecidamente difícil, pois a inovação é uma atividade complexa e difusa. Mesmo métricas que parecem fazer sentido podem, na verdade, induzir a condutas que são antagônicas à busca a longo prazo de crescimento lucrativo.

Consideremos uma empresa que controle seu investimento total em inovação. Faz sentido, não é mesmo? Afinal de contas, não se pode inovar caso não se invista. Entretanto, medir simplesmente o investimento em inovação pode levar as empresas a cair em uma clássica armadilha da inovação: "profanar" projetos por alocar capital em demasia. Lembre-se, algumas vezes a pior coisa a fazer é gastar demais em inovação. Empresas buscando "provar" que são sérias fazendo grande alarde podem acabar investindo em uma estratégia falha, se dar mal e jamais conseguir se recuperar.

Em termos mais genéricos, as empresas deveriam estar conscientes de três armadilhas da medição: um número muito pequeno de métricas, métricas que canalizam as atividades para atividades de baixo risco (e baixo retorno) e pender mais para os insumos em detrimento do produto.

Armadilha da Medição nº 1: Uma Variedade Muito Reduzida de Métricas

Muitas empresas se fixam em uma única métrica da inovação. Por exemplo, algumas empresas tentam calcular o retorno sobre suas atividades de inovação. Embora essa métrica possa ser bastante útil, *se usada isola-*

damente pode levar as empresas a priorizar inadvertidamente mercados mensuráveis em detrimento de mercados difíceis de serem medidos, mas de maior potencial.

Estamos por ver a métrica isolada que meça o objetivo correto e associe incentivos apropriadamente. A razão para tal inexistência é que as empresas boas em inovação dominam a capacidade de introduzir diferentes *tipos* de inovação. Elas também reconhecem que a obtenção de bons *resultados* da inovação requer monitorar os *insumos* e os *processos* corretos. Métricas inflexíveis podem levar ao estabelecimento de prioridades incorretas.

Armadilha da Medição nº 2: Encorajar Comportamento Sustentador

Muitas métricas encorajam as empresas a, implícita ou explicitamente, focar excessivamente nas inovações sustentadoras e que são próximas do negócio principal atual, prometendo, na melhor das hipóteses, retornos incrementais. Essas inovações incrementais não são ruins, mas são insuficientes para empresas em busca da geração de crescimento substancial.

Por exemplo, uma métrica muito popular é a porcentagem de receitas obtidas com novos produtos. Isso parece sensato. Afinal de contas, o intuito da inovação é criar algo novo que tenha impacto material e essa métrica garante que inovações levem a resultados reais.

Imagine, entretanto, que você seja um gerente de produto em um fabricante de pasta de dentes. Você sabe que movimentar o "ponteiro" dessa métrica aumenta o seu bônus de final do ano. Você tem a opção de trabalhar com uma pasta de dentes sabor framboesa, em que cada unidade dessas vendida irá substituir uma unidade de uma pasta de outro sabor ou então investir para criar uma nova categoria para melhoria da saúde bucal que levará cinco a sete anos para se consolidar. O que você faria?

Empresas que focam na porcentagem de receitas de produtos recém-lançados têm de tomar cuidado para não encorajar sutilmente inovações de baixo risco e muito próximas da atividade principal atual.

Armadilha da Medição nº 3: Focar nos Insumos em Detrimento dos Resultados

No final das contas, o objetivo das iniciativas de inovação de qualquer empresa é criar crescimento lucrativo. Empresas que monitoram apenas métricas relativas aos insumos correm o risco de fazer com que os recursos (particularmente aqueles científicos) sejam empregados em projetos interessantes, porém, em última instância, de baixo impacto.

Como um exemplo simples das limitações ao se concentrar nas medidas relativas aos insumos, consideremos um estudo de 2006 que destacava as empresas com os maiores orçamentos de P&D.[3] Na liderança desse grupo nos Estados Unidos estava a Ford, que — não obstante sua propaganda — não se encontrava em nenhuma lista de empresas inovadoras.

De forma similar, empresas focadas em tecnologia monitoram cuidadosamente o número de patentes concedidas a seus cientistas. A IBM alardeia o fato de obter mais patentes do que qualquer outra empresa. Ela deve se orgulhar desse fato. As patentes podem ser uma fonte de vantagem competitiva. Elas podem indicar que uma comunidade tecnológica se encontra no topo de sua concorrência. Porém patentes pelo simples fato de obter patentes podem ser uma perda de tempo. Lembre-se que há uma grande diferença entre invenção e inovação. Simplificando, questão de resultados.

Métricas Sugeridas

Organizações como o Boston Consulting Group, que estudaram as métricas da inovação, sugerem o emprego de um mix de métricas equilibrado para avaliar as atividades relacionadas à inovação de uma empresa.[4] Concordamos com isso. As métricas aqui descritas enquadram-se em três categorias: focadas nos insumos, focadas nos processos e focadas no produto. Implícitos nessas métricas estão vários conceitos discutidos neste livro, como, por exemplo, encorajar um portfólio de inovação equilibrado, fomentando a iteração e o aprendizado, garantindo que existam recursos dedicados à inovação e assim por diante.

Medidas Relacionadas com Insumos

- ***Recursos financeiros dedicados à inovação.*** Embora isoladamente essa variável possa ser perigosa, a inovação requer um comprometimento real dos recursos. Uma desvantagem: uma empresa que acaba de começar a focar na inovação não deveria alocar um orçamento enorme nesta. Uma empresa que segue essa abordagem pode ser vítima da armadilha da "grande aposta". Iniciar a jornada da inovação não significa, necessariamente, gastar muito. Na realidade, limitar os recursos pode ser exatamente a coisa certa a ser feita. Recursos escassos podem forçar as equipes a rapidamente se concentrarem nas hipóteses mais importantes, a encontrar maneiras baratas de testar tais hipóteses e a desenvolver estruturas enxutas e flexíveis. Portanto, comece com o "apenas suficiente" e vá acrescentando mais.

- ***Recursos humanos focados na inovação.*** Essa métrica garante a dedicação exclusiva das pessoas envolvidas em atividades de inovação. Em muitas empresas, o recurso realmente escasso não é dinheiro, mas sim tempo. As operações da atividade principal normalmente reduzem muito a capacidade que poderia estar disponível para outras atividades. Garantir que as pessoas despendam uma porção substancial de seu tempo em inovação pode ajudar as iniciativas de inovação a progredir.

- ***Recursos independentes e protegidos para inovações relativas a atividades que não sejam aquela principal atual.*** As duas métricas acima garantem que a empresa *geralmente* aloque recursos para a inovação. Mas também é importante que parte desses recursos possa ser aplicada especificamente em inovações relativas a atividades que não sejam aquela principal atual e, como tal, esses recursos devem ser protegidos com unhas e dentes, mesmo em tempos difíceis. Empresas que colocam todos os seus recursos em um único empreendimento normalmente descobrem que as iniciativas de baixo risco (porém de menor retorno) voltadas para a atividade principal atual acabam afastando investimentos de longo prazo, e com risco possivelmente maior, porém com maior potencial de crescimento. A Kennametal, uma empresa de US$ 2,4 bilhões, fabricante de ferramentas de corte e equipamentos para mineração, estabeleceu um grupo centralizado de alta tecnologia para se concentrar exclusivamente em inovações de longo prazo. O grupo avalia novas tecnologias e novos mercados, bem como novas maneiras para a empresa introduzir inovações com mudanças significativas nas regras de mercados existentes.[5]

- ***Tempo da alta gerência dedicado a inovações geradoras de crescimento inovador.*** Se a alta gerência estiver falando sério sobre a geração de crescimento inovador, ela terá de demonstrar seu comprometimento, alocando parte de seu próprio tempo em iniciativas inovadoras. As inovações que se afastam mais do perfil das iniciativas da atividade principal atual exigem cuidadoso acompanhamento e cultivo por parte da direção da empresa.

- ***Número de patentes registradas.*** Mais uma vez, por si só essa medida (ou algo equivalente para empresas não pertencentes ao setor de tecnologia) pode ser bastante insignificativa. Mas, combinadas com outras métricas, ela pode ser uma medida provisória importante que garante um esforço contínuo no desenvolvimento de novas tecnologias.

Métricas Relacionadas com Processos e a Supervisão

- ***Velocidade dos processos.*** Um processo de inovação ideal transforma rapidamente as ideias, que passam de um estado conceitual para pontos de decisão críticos. Esse ponto de decisão nem sempre é um lançamento no mercado; ele poderia ser uma decisão de abandonar um projeto ou entrar em um mercado de teste. Uma meta para essa métrica é, obviamente, específica ao segmento de atuação — alguns setores podem avançar do esboço inicial para um mercado-teste em questão de semanas, ao passo que outros exigem anos de trabalho científico para criar um protótipo significativo.

- ***Amplitude do processo de geração de idéias.*** A alta gerência não tem licença exclusiva para desenvolver boas ideias. Na realidade, as melhores ideias normalmente se originam de pessoas que estão em contato mais próximo com o mercado, como os representantes de vendas. A Starbucks, por exemplo, encoraja seus atendentes a fazer chegar á matriz da empresa ideias de clientes relacionadas a novos produtos e serviços. Um bom processo de geração de ideias procura ideias em toda parte — ideias de clientes, de canais de distribuição e até mesmo de concorrentes. Medir a porcentagem de ideias provenientes de fora da empresa é um excelente agente para a amplitude do processo de geração de ideias. Por exemplo, conforme observado no Capítulo 9, em 2004 a Procter & Gamble anunciou esperar que, até 2010, 50% de suas ideias viessem de fora da empresa.[6]

- *Equilíbrio no portfólio de inovações.* Um portfólio de inovações adequado deve ser equilibrado. O equilíbrio pode existir em várias dimensões, entre elas o estágio de desenvolvimento, o domínio-alvo e o grau de risco. A Clorox garante que os investimentos são equilibrados em diversas áreas, desde a introdução de extensões da linha de produtos existentes até a criação de novas categorias, classificando seus projetos em três categorias (sustentadores, grandes avanços e disruptivos) e investindo em conformidade com isso.

- *Gap de crescimento atual.* O Capítulo 1 observou que é importante que um CEO calcule o *gap* existente entre os objetivos estratégicos da empresa e os resultados esperados de seus investimentos de inovação. Pode ser útil atualizar regularmente esse número. Lembre-se, os resultados da análise precisam ser ajustados de forma razoável ao risco; se o sucesso for definido como fazer com que cada projeto de inovação atenda projeções otimistas, uma empresa deveria pensar em desenvolver mais projetos (ou projetos diferentes).

- *Processos, ferramentas e métricas distintas para diferentes tipos de oportunidades.* As ideias podem parecer diferentes de acordo com distintas visões das mesmas. Ferramentas que ajudam a proteger e moldar iniciativas relacionadas com a atividade principal atual podem, sem querer, descartar grandes (porém diferentes) ideias. O processo em estágio controlados de uma empresa pode transformar impiedosamente até mesmo a mais inovadora das ideias em algo que ela já tenha feito anteriormente. Essa métrica assegura que uma empresa tenha sistemas de seleção, ferramentas e métricas diversas para os diferentes tipos de inovação. Por exemplo, a IBM classifica as oportunidades de acordo com o tempo para colocação do produto/serviço no mercado e o nível de risco associado e aplica processos de inovação distintos para as diferentes oportunidades.

Métricas Relacionadas com o Produto [resultado(s) do processo]

- *Número de novos produtos ou serviços lançados.* É evidente que uma "máquina de inovação bem azeitada" deveria produzir resultados tangíveis. Monitorar o número de produtos garante que o mecanismo funcione de forma apropriada.

- *Porcentagem das receitas obtidas com novos produtos investida na atividade principal atual.* Conforme mencionado anteriormente, essa métrica pode, isoladamente, de forma não intencional, encorajar extensões de linhas de produtos desnecessárias. Associada a outras métricas, entretanto, ela pode garantir que uma empresa tenha capturado apropriadamente as oportunidades mais próximas do perfil da atividade principal atual que são cruciais para o crescimento.

- *Porcentagem de lucro obtido com novos clientes (ou ocasiões).* As inovações geradoras de crescimento novo deveriam criar legitimamente crescimento novo. Essa métrica monitora a porcentagem de lucros provenientes de novos clientes ou ocasiões de emprego novo. Por que lucros? Uma importante alavanca da inovação é o modelo de negócios (vide Capítulo 5). Concentrar-se nos lucros dá aos inovadores a liberdade de "brincar com" a fórmula de lucro, cobrar menos vendendo volumes maiores ou, até mesmo, cobrar preços mais elevados e ganhar margens mais atrativas.

- *Porcentagem de lucro obtido com novas categorias.* As empresas inovadoras não precisam apenas ser capazes de atingir novos clientes ou ocasiões de emprego novo. Elas devem ser capazes de criar (ou participar de) categorias inteiramente novas que não existiam há vários anos. Essa métrica força os inovadores a enxergar além do negócio atual para identificar novas oportunidades, lembrando que a maioria dos negócios geradores de crescimento bem-sucedidos começará com um afastamento pequeno do perfil da atividade principal atual.

- **Retorno sobre o investimento em inovação.** O retorno sobre o investimento também pode ser uma métrica perigosa se usado isoladamente, forçando os inovadores a fazer apostas conservadoras que prometem, na melhor das hipóteses, retornos modestos e acabam deixando de lado propostas mais arriscadas, porém potencialmente mais lucrativas. (O valor presente líquido, que não sofre desse problema de avaliação, possui outros tipos de problemas.) Não obstante, as empresas não deveriam desperdiçar recursos em atividades que não demonstrem ser capazes de gerar retornos.[7]

Conselhos para Executivos Experientes

Implementar métricas de inovação não é uma tarefa trivial. Apresentamos os seguintes conselhos para executivos em busca da criação e uso de métricas da inovação:

1. **Focar, focar, focar.** Em sua clássica parábola *A Revolução dos Bichos*, George Orwell escreveu: "Todos os animais são iguais, mas alguns deles são mais iguais do que outros". O mesmo é válido para as métricas. Todas as métricas anteriormente descritas interessam, mas algumas delas interessam mais. Além disso, aquilo que interessa depende muito das circunstâncias, capacidades e objetivos estratégicos de uma empresa.

    Para determinar as métricas que deveriam estar no "painel de controle" de todo executivo, a empresa precisa chegar a um consenso em relação à sua estratégia de inovação e identificar as barreiras específicas à empresa que inibem sua capacidade de gerar crescimento através da inovação. Tentar calcular o *gap* de crescimento, embora difícil, pode ser uma informação muito útil nesse processo.

Por exemplo, uma empresa de tecnologia estimou que precisaria gerar cerca de US$ 500 milhões em receitas para preencher uma lacuna em seu plano estratégico quinquenal. Esse entendimento ajudou a empresa a determinar quanta ênfase colocar em suas iniciativas de inovação. Além disso, a análise destacava a necessidade de encorajar diversas unidades de negócios a colaborar e adotar novos modelos de negócios para auxiliar na formulação de métricas específicas à empresa que monitorariam o progresso em relação à estratégia de inovação da empresa.

Além disso, nenhum administrador deveria se sentir responsável por ser contra uma dezena de métricas distintas. A lista de métricas para qualquer administrador precisa ser limitada de modo a poder fornecer um quadro mental que ajude a adotar o comportamento correto. Um número excessivo de métricas pode levar os gerentes a enfatizar aquilo que *eles* imaginam ser importante em vez daquilo que realmente importa.

2. **Lembre-se da relatividade.** Uma empresa pode parecer excelente segundo cada uma das métricas, mas ainda assim se encontrar atrás da concorrência. Ao empregar métricas é sempre importante analisar não apenas o progresso interno, mas também o progresso em relação a *benchmarks* externos.

Há de reconhecer que o fato de muitas das métricas descritas nesse capítulo exigirem conhecimento interno dificulta o monitoramento externo. Mesmo assim, o esforço vale a pena.

Ao pesquisarem externamente, as empresas devem avaliar não apenas seus concorrentes naturais, mas também, por exemplo, empresas de outros segmentos de porte similar que possuam necessidades de crescimento similares ou que sejam os melhores inovadores da categoria. Um código de Classificação Industrial Padrão nem sempre é a melhor maneira de classificar as empresas.

3. ***Rever constantemente as métricas.*** Qualquer empresa que instale um pacote de métricas precisa certificar-se de que está propensa a atualizar constantemente tais métricas. Geralmente, as métricas corretas se tornam disponíveis apenas *a posteri*; portanto, a direção da empresa deve sempre estar pronta para acrescentar, eliminar ou modificar qualquer métrica adotada. As mudanças não devem acontecer de forma descontínua, mas através de um processo regular que avalie o processo de avaliação.
4. ***Obter apoio em todos os níveis da empresa.*** Pode ser perigoso para uma unidade de negócios dentro de um conglomerado adotar métricas que difiram acentuadamente daquelas imaginadas pelo CEO do conglomerado. A unidade que tentar trilhar novos caminhos irá se ver, em última instância, forçada a voltar para o caminho corporativo. Podem ser realizadas sessões de preparação para criar uma harmonia e alinhamento em todos os níveis da empresa.
5. ***Alinhar as métricas com os sistemas de medição de desempenho.*** Lembre-se, aquilo que é medido é realizado. Se as medições não estiverem vinculadas aos sistemas de gestão de desempenho, elas serão rapidamente ignoradas. As prioridades estratégicas de uma empresa estão embutidas em seu sistema de reconhecimento e remuneração. Se a inovação não for reconhecida e recompensada, ela jamais será uma prioridade estratégica.

Modelo de Aplicação: O Futuro das Empresas Jornalísticas

Raramente as métricas são universais. O melhor conjunto de medidas varia consideravelmente de acordo com a empresa, seus valores, seu segmento de atuação e suas aspirações.

Em 2005-2006, a Innosight e o American Press Institute conduziram um projeto de treze meses para ajudar o setor jornalístico a enfrentar tempos cada vez mais turbulentos. A equipe de projeto revisou os resultados de relatórios, realizou dezenas de entrevistas primárias, conduziu pesquisas de opinião com gerentes do médio e alto escalão do setor, bem como projetos de demonstração em uma série de empresas jornalísticas americanas.

Em seu relatório final a equipe recomendou uma estratégia para empresas jornalísticas em busca de melhorar sua capacidade de gerar crescimento através da inovação.[8] Para ajudá-las a medir seu progresso na implementação dessa estratégia, foi criado um "painel de controle" com dezesseis métricas da inovação diferentes. Essas métricas abrangiam uma mescla de métricas relacionadas com insumos, produto e processos, visando ajudar os gerentes de jornais a garantir que estavam fazendo avanços no que tange algumas das recomendações sugeridas pelo relatório, como:

- *A porcentagem de funcionários que haviam sido treinados formalmente nos conceitos fundamentais de inovação do projeto Newspaper Next.* O relatório recomendava às empresas jornalísticas uma maneira completamente nova de pensar sobre inovação. Essa métrica relacionada com insumos procurava medir quantas pessoas dentro da organização haviam sido expostas a novas formas de pensamento sobre a inovação, indicando uma linguagem comum que pudesse ajudar as empresas a ir avante.

- *Número de usuários do produto principal atual que foram entrevistados, pesquisados ou contatados para aprender sobre suas "tarefas a serem realizadas".* Uma recomendação fundamental era que as empresas jornalísticas se tornassem muito mais centradas no cliente. Mais especificamente, a equipe havia recomendado que as empresas começassem a busca por oportunidades através da procura de importantes tarefas a serem realizadas ainda não satisfeitas. Essa métrica relacionada com processos monitorava se o processo de inovação envolvia apropriadamente o cliente (uma métrica relacionada monitorava o número de usuários não consumidores contatados).

- *Porcentagem da receita obtida com modelos de receitas não tradicionais.* Embora muitas empresas jornalísticas tenham criado sites Web vibrantes, poucas haviam dominado os modelos de receitas que caracterizam muitos de seus concorrentes *on-line*. A partir de 2006, a grande maioria das receitas *on-line* dos jornais provinha de classificados e anunciantes. O que estava faltando então? Fluxos contínuos de receitas como busca paga, geração de *leads* e leilões. Essa métrica relacionada com resultados monitorava o crescimento desses novos modelos de receitas.

O relatório fornecia a seguinte orientação aos gerentes que queriam usar o "N² Dashboard":

Os gerentes deveriam considerar modificar qualquer uma [das métricas] — e acrescentar ou eliminar qualquer uma delas —, de modo a oferecer uma reflexão acurada da situação e objetivos de suas empresas. Por exemplo, organizações tentando melhorar o fluxo interno de ideias inovadoras poderiam medir o número de ideias submetidas à apreciação geradas pelos funcionários.

Algumas medidas talvez exijam conjecturas feitas de modo organizado, pois dados precisos são difíceis de ser obtidos; o importante é usar o mesmo método cada vez que o N² Dashboard for atualizado. Nenhuma empresa deve esperar progredir igualmente em todas as áreas de uma só vez. As respostas do N² Dashboard podem ser usadas para designar as áreas "urgentes" e aquelas "que podem aguardar", estabelecendo metas apropriadamente em cada uma delas.

...À medida que as empresas forem planejando suas transições para modelos de portfólio diversificados, é aconselhável que o alto escalão da empresa se reúna e chegue a um acordo sobre as métricas e metas atuais daqui um e três anos. Elas devem enxergar além dos objetivos financeiros isoladamente, visando um painel de controle que equilibre crescimento obtido com a atividade principal atual e aquele obtido com inovações, estabelecendo metas ambiciosas, porém realistas, para criação de novos públicos-alvo, bem como acrescentando novos modelos de negócios e soluções de propaganda.

Em intervalos regulares — para a maioria das empresas trimestralmente deve ser suficiente —, os gerentes devem revisar o progresso alcançado. Deve ser completado um novo painel a cada ano, que reflita o progresso alcançado e conhecimento acumulado sobre que nível de progresso pode ser esperado para os próximos anos.

A Figura 10-1 mostra o modelo de painel de controle detalhado nesse relatório.

FIGURA 10-1

Painel de controle do projeto *Newspaper Next*

Maximização da atividade principal atual	Atualmente	Ano 1	Ano 3	Habilitadores da inovação	Atualmente	Ano 1	Ano 3
Alcance combinado do público-alvo proveniente de produtos da atividade principal atual				% do tempo do alto escalão da empresa dedicado a inovações			
Nº de usuários de produtos da atividade principal atual que forneceram informações relativas a tarefas a serem realizadas				% de funcionários treinados nos conceitos do projeto *Newspaper Next*			
Nº de produtos visados				Total despendido em inovação			

Construção de públicos-alvo	Atualmente	Ano 1	Ano 3	Cumprimento das tarefas a serem realizadas dos anunciantes	Atualmente	Ano 1	Ano 3
Alcance combinado do público-alvo proveniente de produtos não pertencentes à atividade principal atual				% de receitas obtidas com modelos de receitas não tradicionais*			
Nº de não consumidores que forneceram informações relativas a tarefas a serem realizadas				% de receitas obtidas com anunciantes nos últimos dois anos			
Nº de produtos no portfólio que não são focados em notícias				% de crescimento em número total de anunciantes atendidos			

Geral	Atualmente	Ano 1	Ano 3
% EBITDA obtido *on-line*			
% de receitas provenientes de produtos lançados nos últimos três anos			
% de funcionários com experiência fora do setor jornalístico			
Alcance combinado proveniente de todos os produtos			

*Entre os modelos de receitas tradicionais temos anunciantes, classificados e CPM (custo por milhar). Entre os modelos de receitas não tradicionais poderíamos ter pagamento por clique, pagamento por *lead* gerado, taxas de busca, taxas de acesso a bancos de dados, taxas de consultoria.

Resumo

- As etapas descritas neste capítulo podem ajudar as empresas a implementar uma série de métricas de inovação para dar a elas maior clareza referente a suas iniciativas de inovação. Uma métrica correta pode ajudar a obter o apoio dos gerentes de forma que, em última instância, aumentam as chances de uma empresa criar um portfólio de inovações robusto.

- As empresas precisam estar conscientes das armadilhas da medição, como se concentrar em um número muito pequeno de métricas, canalizar as atividades para atividades de baixo risco ou de baixo retorno e pender mais para insumos em detrimento do produto.

- Não existe nenhuma métrica mágica para a inovação. As empresas precisam garantir que suas métricas cubram insumos, produto e processos de inovação.

- Gerentes em busca da implementação de seu próprio conjunto de métricas devem identificar aquelas que importam mais para seu negócio, comparar seu progresso em relação a um grupo associado apropriado, atualizar continuamente suas listas de métricas e obter o apoio em torno da métrica escolhida.

Exercícios de Aplicação

- Sente-se com um colega para catalogar as métricas usadas atualmente por sua empresa para monitorar a inovação. Você e seu colega seriam capazes de ver sinais de que a empresa está caindo em uma das armadilhas da inovação discutidas neste capítulo?

- Realize uma sessão de *brainstorming* para identificar as principais barreiras à inovação em sua empresa. Tente identificar métricas que poderiam se concentrar na superação das barreiras.

- Identificar empresas em segmentos diferentes com receitas e aspirações de crescimento comparáveis. Faça uma pesquisa na Web para ver se você é capaz de identificar como eles medem a inovação.
- Avalie a vinculação entre as métricas e o sistema de medição de desempenho da empresa. Em que ponto eles estão associados e onde não?

Dicas e Truques

- Continue pensando da forma mais holística possível em relação à inovação, lembrando-se que problemas multifacetados exigem soluções multifacetadas.
- Não tenha receio em incluir métricas qualitativas.
- Certas métricas podem ser difíceis de ser calculadas. Conceba uma metodologia simples e concentre-se em mudanças na métrica em vez do resultado absoluto.

CAPÍTULO 11

Conclusão

Thomas Edison tem muito a nos ensinar sobre o pretenso disruptor. O Gênio de Menlo Park tem uma longa lista de invenções revolucionárias em seu nome. A impressora de fita perfurada, sistemas de telegrafia, o papel-manteiga, o toca-discos, a lâmpada incandescente, o fluoroscópio, as baterias alcalinas níquel-ferro, uma câmera cinematográfica e borracha vulcanizada foram apenas algumas de suas criativas ideias que se transformaram em sucessos comerciais. Todas essas ideias nasceram e foram nutridas em sua "fábrica de invenções", um lugar onde ele e cerca de sessenta colegas trabalhavam para conceber, estender, aperfeiçoar e ajustar mecanismos elétricos.

Edison não se considerava um gênio criativo. É famosa sua observação de que "a genialidade é composta por 1% de inspiração e 99% de transpiração". Ele era um ajustador obstinado que continuaria tentando, testando e falhando até encontrar algo que funcionasse. Ele colocava o cliente no centro da equação da inovação dizendo: "Jamais aperfeiçoei uma invenção que eu não achasse útil para as pessoas... Descubro o que o mundo precisa, então prossigo para a invenção". Ele encarava o insucesso dizendo: "Se eu encontrar 10.000 maneiras de algo não funcionar, isso não quer dizer que falhei. Não fico desanimado, pois cada tentativa errada descartada é naturalmente um passo avante".

Este livro tentou apresentar técnicas e dicas práticas para ajudá-lo a descobrir o seu Edison interno. A inovação não precisa estar envolta em uma névoa, nem requer uma centelha de criatividade. Isso não significa que a inovação seja livre de riscos e que a criatividade não seja importante. Os riscos continuam e a criatividade é fundamental. Mas seguir uma abordagem consistente pode levar a resultados mais significativos.

Concluímos o livro *Inovação para o Crescimento* descrevendo por onde passamos, destacando as principais armadilhas da inovação e dando alguns conselhos de despedida.

Por Onde Passamos

A mensagem fundamental deste livro é que o emprego dos processos e princípios corretos pode aumentar significativamente suas chances de gerar crescimento através da inovação. Sustentamos que a forma mais confiável de criar novos negócios que gerem crescimento é lançar inovações disruptivas — aquelas ideias simples, baratas, acessíveis e personalizáveis que tão frequentemente alimentam a criação de mercados e a transformação de setores de atividade. Os princípios e padrões da inovação disruptiva também fornecem orientação para inovadores em busca de novas maneiras para competir em mercados já estabelecidos ou para aperfeiçoar os processos internos.

O Capítulo 1 identificou três precursores fundamentais do crescimento:

1. Uma atividade principal que está sob controle.
2. Uma estratégia para o crescimento que inclua um objetivo global; um portfólio de inovações desejadas; um "horário de trens" para inovação, metas e limitações, bem como a identificação de domínios–alvo para iniciativas de inovação.
3. Recursos humanos e financeiros alocados — e protegidos — para a inovação.

Os sete capítulos seguintes do livro percorreram um processo de três etapas para criação de um novo negócio gerador de crescimento:

- ***Etapa 1: Identificar oportunidades de mercado.*** Identifique oportunidades para inovação, barreiras que bloqueiem o consumo, clientes saciados por ofertas existentes e, sobretudo, tarefas de inovação importantes que não são atendidas adequadamente pelas soluções atuais.
- ***Etapa 2: Formular e dar forma às ideias inovadoras.*** Use os princípios da inovação disruptiva para desenvolver uma ideia para vencer no espaço de mercado identificado. Avalie sua ideia em relação a padrões de sucesso para refiná-la e compreender o que fazer a seguir.
- ***Etapa 3: Levar as ideias adiante.*** Desenvolva e execute um "plano de aprendizado" através do qual rigorosamente aprendemos mais sobre as hipóteses mais importantes. Designe uma pequena equipe formada por gerentes com "escolas da vida" apropriadas para dar início à execução preliminar.

A Figura 11-1 apresenta as principais conclusões dessa seção do livro.

Criar um único produto ou negócio gerador de crescimento é importante. Para muitas empresas de grande porte, entretanto, um sucesso isolado não é suficiente. Eliminar *gaps* de crescimento e realizar surpresas agradáveis que os analistas não conseguem prever exige um fluxo contínuo de crescimento inovador. Os Capítulos 9 e 10 delinearam as estruturas, sistemas e métricas que empresas já estabelecidas no mercado devem fazer para tornar a inovação sistemática. A Figura 11-2 apresenta os princípios fundamentais discutidos nessa seção.

Principais Armadilhas da Inovação

O caminho a ser percorrido desde uma boa ideia até se chegar ao verdadeiro sucesso é difícil e cheio de meandros. Este livro detalhou alguns fatores específicos que podem fazer com que as empresas, sem querer, deixem de atingir os resultados esperados. As seções a seguir sintetizam seis armadilhas relacionadas a projetos e quatro relacionadas com as empresas.

FIGURA 11-1
Conceitos e riscos do processo de inovação

1. Identificar oportunidades
2. Formular e dar formas às ideias
3. Construir o negócio

Conceitos básicos

- Identificar se as habilidades, riqueza, acesso ou tempo restringem o consumo
- Procurar sinais indicativos de saciação
- Identificar tarefas a serem realizadas importantes e ainda não atendidas

- Usar princípios de inovação disruptiva para desenvolver ideias de grande potencial
- Considerar várias alavancas de inovação
- Avaliar ideias em relação a listas de verificação personalizadas

- Focar na realização de testes, no aprendizado e na adaptação
- Prover as equipes com as "escolas da vida" apropriadas
- Dominar as interfaces organizacionais

Possíveis riscos

- Considerar apenas os mercados existentes
- Queimar etapas tentando precocemente achar soluções
- Concentrar-se apenas nos melhores clientes

- Considerar apenas inovações de características/ funcionalidade
- Concentrar-se nas cifras prematuramente
- Avaliar uma estratégia de forma muito limitada

- Deixar de lado hipóteses importantes
- Pressupor que "o que há de melhor" na atividade principal atual é apropriado para iniciativas de crescimento através da inovação
- Deixar-se ser tragado pela atividade principal

FIGURA 11-2

Sistemas e estruturas de inovação: Princípios básicos

Organizando-se para a inovação

1. Crie uma estrutura apropriada para a inovação.

<table>
<tr><th colspan="3">Estruturas potenciais</th></tr>
<tr><td rowspan="4">Intuito estratégico</td><td>Estimular</td><td>Unidade de treinamento</td><td>Conselho consultivo</td></tr>
<tr><td>Conduzir</td><td>Conselho de crescimento</td><td>Fundo de empreendedorismo</td></tr>
<tr><td>Conduzir</td><td>Incubadora</td><td>Grupo de crescimento</td></tr>
<tr><td>Reforçar</td><td>Unidade responsável pela aquisição de empresas</td><td>Grupo de desenvolvimento de negócios</td></tr>
</table>

2. Implemente outros sistemas/estruturas de apoio.

	Buscar/Procurar...	Evitar...
Entrada externa	Entrada externa regular	Pensamento coletivo único
Ferramentas apropriadas	Ferramentas distintas para desafios distintos	Abordagem universal
Linguagem comum	Ponto de vista claro e consistente	Confusão que leva à perda de tempo
Habilitação de políticas de RH	Vinculação entre desempenho do pessoal e política de incentivos correspondente	Inovação como exterminador de carreiras

Métricas

Métricas relacionadas com insumos	Métricas relacionadas com processos	Métricas relacionadas com o produto [resultado(s) do processo]
• Recursos financeiros alocados	• Velocidade dos processos	• Nº de inovações lançadas
• Recursos humanos alocados	• Amplitude do processo de geração de ideias	• % de receitas provenientes de novas ofertas
• Recursos separados e protegidos para inovações relativas a atividades que não sejam aquela principal atual	• Equilíbrio do portfólio	• % de lucros provenientes de novos clientes
	• Gap de crescimento	• % de lucros provenientes de novas categorias
• Tempo do alto escalão da empresa	• Processos/ferramentas distintos para oportunidades distintas	• Retorno sobre o investimento
• Nº de patentes		

Conselhos para implementação

1. Criar um conjunto personalizado de métricas baseadas na lista acima.
2. Monitorar o desempenho ao longo do tempo e compará-lo com aquele do seu setor de atividade e com o praticado no mercado em geral.
3. Inovar continuamente as métricas de inovação.
4. Obter apoio em todos os níveis da empresa.
5. Vincular as métricas com os sistemas de gestão de desempenho.

Armadilhas Relacionadas a Projetos

1. *Gastar muito logo cedo.* Capital em excesso pode ser uma praga, pois ele pode levar equipes a ficar presas em uma estratégia falha. Raramente a primeira estratégia é correta, de modo que se deve concentrar em adiantamentos de investimentos limitados para atender às hipóteses e riscos mais críticos.
2. *Priorizar o "Podemos?" em detrimento do "Deveríamos?".* Nas empresas de tecnologia, os gerentes irão enquadrar a inovação em torno de resolver um problema tecnológico. Criar um negócio bem-sucedido requer ganhar dinheiro. Para ganhar dinheiro, é preciso ter clientes que consomem. Certifique-se de que existe uma necessidade de mercado para sua engenhosa solução.
3. *Buscar a perfeição inatingível.* Muitas vezes as empresas procuram lançar produtos absolutamente perfeitos. Décadas de pesquisa em inovação sugerem que mudanças repentinas feitas todas ao mesmo tempo normalmente acabam fracassando. O problema é que a perfeição pode ser articulada apenas após a concretização do fato; portanto, empresas que buscam a perfeição acabam perdendo oportunidades de *feedback* do mercado. Elas também tendem a colocar o desempenho tecnológico à frente da simplicidade, facilidade de uso e acessibilidade. Certas vezes, renunciar dimensões tecnológicas revela outras alavancas de inovação negligenciadas.
4. *Paralisia analítica.* Scott Cook, fundador da Intuit, acredita que a qualquer momento as equipes disruptivas deveriam concentrar-se em não mais do que duas questões críticas. Com tantos fatores desconhecidos, é fácil para uma equipe de projeto em uma empresa estabelecida acostumada a progredir metodicamente acabar empacando ao tentar fazer muitas coisas ao mesmo tempo.
5. *Emprego de ferramentas de previsão mercadológica tradicionais.* As empresas bem administradas adotaram técnicas detalhadas para estimar o potencial de mercado de suas iniciativas de inovação. Metas precisas são importantes para garantir que as empresas avancem os projetos corretos, administrem apropriadamente suas cadeias de suprimento

e aloquem recursos internos na medida exata. Entretanto, ferramentas e técnicas que funcionam em mercados mensuráveis e conhecidos normalmente produzem estimativas pouco confiáveis do potencial para iniciativas de crescimento inovador. Certifique-se de que a ferramenta selecionada atenda às circunstâncias desejadas.
6. *Fixar-se em competências básicas.* Competências básicas podem significar falta de flexibilidade. As empresas precisam definir suas competências básicas de forma abrangente e usá-las como alavancas, e não como grilhões. Com bastante frequência, as empresas dizem "Essa não é uma competência básica nossa", em vez de dizerem "O que precisamos fazer para desenvolver ou adquirir essa habilidade?".

Armadilhas Relacionadas à Empresa

1. *Portfólio desequilibrado.* Se não for verificado, as empresas muitas vezes acabarão com um portfólio repleto de oportunidades de baixo risco e próximas do perfil da atividade principal atual ou com iniciativas para crescimento compartilhando o mesmo risco sistemático. A disciplina pode ajudar a garantir que o portfólio de inovações seja equilibrado.
2. *Excesso de projetos persistentes.* É fácil iniciar um projeto, porém muito doloroso eliminar algum. Lembre-se, entretanto, que quando as empresas acabam com projetos, elas não eliminam pessoas. Algumas vezes encerrar um projeto pode ter um resultado bom, particularmente se existirem elementos de aprendizado fundamentais capazes de auxiliar em outras iniciativas.
3. *Deixar-se ser tragado pela atividade principal atual.* De formas incontáveis, a atividade principal atual pode exercer influência em iniciativas de crescimento inovador. Forças invisíveis podem sutilmente fazer com que até mesmo a abordagem mais diferenciada se pareça com aquilo que foi feito anteriormente. Rechaçar essas forças requer uma gestão ativa.
4. *Usar os critérios de tomada de decisão errados.* Muitas empresas tomam decisões usando critérios numéricos estritos como valor presente

líquido de uma oportunidade ou sua receita projetada total. Mercados que não existem podem ser difíceis de serem medidos e analisados. Caso tome decisões baseado exclusivamente em números, é quase garantido que estará perdendo oportunidades tremendas que talvez começassem pequenas.

Esperamos que este livro ajude os inovadores a evitar muitas dessas armadilhas. Trabalhos adicionais realizados por pesquisadores e profissionais visando questões ainda não resolvidas — como, por exemplo, estimar o potencial de um mercado desconhecido, atribuir um valor financeiro ao aprendizado e desenvolver sistemas de reconhecimento e remuneração individuais — permitirão que empresas avancem com confiança ainda maior.

Lições da Procter & Gamble

A introdução deste livro descreveu os esforços da Procter & Gamble para criar uma capacidade sistemática relacionada à inovação disruptiva. Em meados de 2007, a Innosight e a P&G realizaram uma audioconferência descrevendo quatro lições básicas reveladas dessa colaboração de três anos.

Lição 1: A Disrupção Tem de Ser uma Escolha Consciente

Uma empresa que espera prosperar através da disrupção precisa fazer uma escolha consciente para romper o curso normal das coisas. A disrupção não consegue ser bem-sucedida a menos que a maioria dos dirigentes do alto escalão da empresa crie o espaço organizacional apropriado, forneça os recursos adequados e se engage ao processo pessoalmente. Há inúmeras barreiras e forças internas capazes de descarrilar até mesmo a mais disruptiva das ideias.

Empresas em busca de liberar seu potencial disruptivo têm de dominar o processo de alocação de recursos. Sem intervenção, prioridades organizacionais implícitas levam esse processo a desviar tempo e dinheiro de projetos disruptivos, de forma silenciosa, mas consistente. Os projetos acabam minguando ou são forçados a mudar, de tal maneira que acabam fazendo com que eles pareçam menos transformacionais (e consequentemente menos interessantes) e fiquem mais parecidos com tudo aquilo que já foi feito anteriormente. Apenas os dirigentes do alto escalão da empresa podem assumir o controle do processo de alocação de recursos.

Os dirigentes do alto escalão da empresa também devem se dar conta de que a disrupção talvez não seja indicada para todas as partes do negócio. Uma unidade de negócios que não se encontra saudável muitas vezes não tem a liberdade apropriada para trabalhar em projetos disruptivos. Lembre-se também que o sucesso requer adotar uma abordagem de portfólio, com a vasta maioria dos recursos globais de qualquer empresa ainda concentrados na importantíssima tarefa de trabalhar em iniciativas que sustentem linhas de negócio existentes.

Lição 2: Ferramentas Estabelecidas Precisam Mudar — ou Serem Usadas de Formas Diferentes

Ferramentas e abordagens que funcionam tão bem quando se está inovando em um negócio principal tipicamente produzem resultados não tão úteis quando aplicados aos projetos disruptivos "recém-chegados ao mundo". Conforme discutido no Capítulo 9, empresas nessa situação precisam considerar a possibilidade de mudar de ferramentas ou então usar as ferramentas existentes de formas diferentes.

Lição 3: A Estrutura e o Gerenciamento da Equipe São uma Barreira Invisível para a Disrupção

A formação e o gerenciamento de equipes de projeto são um processo bastante formal dentro de várias empresas. Processos tradicionais podem levar a quatro problemas:

1. *Equipes demasiadamente grandes.* As empresas normalmente dotam as equipes com todas as funções necessárias para lançar um produto ou serviço. Entretanto, nos primórdios da jornada disruptiva, o foco preci-

sa ser na experimentação e no aprendizado, tentanto resolver hipóteses e desafios em áreas bem específicas. Ter um número muito grande de pessoas na equipe pode levar à difusão de esforços em que especialistas se voltam para suas respectivas áreas de especialização em vez de resolver o problema crítico sendo enfrentado pela equipe.

2. *"Escolas da vida" inapropriadas na equipe.* As empresas normalmente querem prover suas equipes com o que têm de melhor. Lembre-se, porém, que as pessoas que são as melhores para administrar o negócio principal atual talvez sejam as piores para gerenciar novos empreendimentos. Equipes de projeto disruptivas funcionam melhor quando seus membros possuem as escolas da vida apropriadas que maximizam suas chances de sucesso.

3. *Equipes explorando o que não deveriam e ignorando o que deveriam explorar.* Os projetos disruptivos talvez usem canais diferentes, criem novas marcas, usem técnicas de marketing diferentes ou até mesmo façam dinheiro de formas distintas. Algumas dessas escolhas podem ser aceitáveis para a organização, porém outras talvez não o sejam. Deixada para se virar por conta própria, uma equipe partindo do zero e sem experiência prévia nesse sentido pode ficar empacada, explorando graus de liberdade que não deveria e fracassando em enfrentar condições de contorno que deveria. A equipe e a alta gerência precisam determinar de forma bastante clara os objetivos e graus de liberdade logo no início do projeto.

4. *Falta de recursos exclusivos para a equipe.* A disrupção requer fazer as coisas de forma diferente. Os membros da equipe que dedicam apenas parte de seu tempo a empreendimentos disruptivos muito provavelmente irão se comportar de uma maneira que é apropriada para os projetos relacionados com a atividade principal da empresa, mas inapropriada para iniciativas disruptivas.

Todos esses problemas podem ser tratados, mas apenas se for adotada uma abordagem diferente na formação e na gestão das equipes. As equipes devem ser criadas de forma consciente e refletida para maximizar suas chances de sucesso.

Lição 4: É Preciso Mudar o Modo de Pensar

Ser bem-sucedido na disrupção requer não apenas ações diferentes, mas também modos de pensar diferentes. Os dirigentes do alto escalão que atuam como patrocinadores ou agentes da inovação para projetos precisam se ver como empreendedores, e não como executivos ou "meros incentivadores". Isso significa que eles têm de se sentir confortáveis fazendo, não delegando; rompendo barreiras internas; assumindo o controle de seus ambientes internos; agindo de modo obsessivo em relação à "velocidade com que queimam o combustível" [o dinheiro]; experimentando dados brutos; trabalhando duro para ter as pessoas certas na equipe; eliminando aqueles que se encontram abaixo do desempenho esperado; e procurando especialização seja lá onde ela se encontre. Os gerentes que lideram projetos precisam descobrir o próximo passo correto para seus projetos em vez de simplesmente seguirem procedimentos-padrão.

O modo de pensar não muda do dia para a noite. Empresas determinadas a transformar precisam investir substancialmente em treinamento e material colateral, de folhetos a comunidades *on-line*, bem como construir a linguagem comum que possibilita que uma iniciativa para mudança dessa magnitude possa ser bem-sucedida.

Conselhos Finais

As pesquisas e trabalho de campo que resultaram neste livro nos levaram coletivamente a acreditar de forma bastante firme em oito axiomas orientadores. Esses oito princípios sintetizam muitos dos conceitos que discutimos.

1. *As paredes das salas de reuniões bloqueiam mais do que protetor solar.* As paredes das salas de reunião bloqueiam grandes ideias. Caso queira realmente compreender as oportunidades existentes em seu mercado de atuação, saia do escritório para interagir com os clientes e os não consumidores. Você se surpreenderá com o que aprenderá.

2. *A resposta para a pergunta "Trata-se de um bom produto, solução, processo ou ideia?" deve ser sempre a mesma:* "Depende". Qualidade é um termo relativo. Podemos determinar se algo é bom ou ruim apenas se compreendermos o mundo com o olhar do cliente.
3. *A pior hipótese que podemos fazer é que estamos certos.* Sempre parta do pressuposto de que está errado. Só não sabemos em que proporção.
4. *As planilhas relatam hipóteses, não respostas.* Quando estiver inovando, não se oriente apenas por planilhas. Fazer com que um negócio pareça grande no papel é fácil. Fazer com que ele pareça grande na realidade é difícil. Lembre-se do *insight* de Scott Cook: "Para cada uma de nossas falhas, tínhamos planilhas que pareciam formidáveis na tentativa de justificá-las".
5. *Escassez é a vantagem do empreendedor.* Funcionários de grandes empresas normalmente nos perguntam: "Não dá pra você simplesmente misturar o DNA de um empreendedor com o meu? Aí serei mais inovador". Não acreditamos que os empreendedores sejam tão diferentes dos gerentes trabalhando em empresas. Eles são mais criativos, pois eles *têm de ser* assim. Algumas vezes as empresas podem condenar a inovação ao fracasso ao injetar dinheiro em demasia. Caso queira criatividade, imponha restrições.
6. *100% de dez vale mais que 10% de um milhar.* Parece que a matemática está errada, porém, acredite, não está. As empresas quase sempre descobrem que conseguem resultados bem melhores se tiverem um pequeno grupo de pessoas dedicando todo o seu tempo à inovação. Se você pedir para um monte de pessoas despender um pouco de seu tempo em inovação, a "força gravitacional" de seu negócio principal quase sempre irá levar a resultados decepcionantes.
7. *Onde você despende o seu tempo reflete suas prioridades.* Muitas empresas dirão a você que inovação é uma prioridade estratégica. Mas quando você verificar a fundo seus calendários, descobrirá que a maioria de seus executivos está despendendo trinta minutos por mês em inovação. Caso esteja pensando sério em relação à inovação, aloque tempo para ela.

8. *Advogados do diabo se proliferam, solucionadores de problemas são escassos.* Tom Kelley da IDEO argumenta eloquentemente que o culto do advogado do diabo é um dos maiores exterminadores da inovação existentes. Concordamos com isso. Ser um advogado do diabo não é difícil. Não é exclusivo. E não é particularmente útil. Por outro lado, ser um solucionador de problemas é difícil, único e inacreditavelmente útil.

A Era do Reconhecimento de Padrões

Os administradores em empresas estabelecidas que estão apenas inciando sua jornada de inovação devem ter consciência que institucionalizar realmente a inovação constitui um comprometimento de pelo menos três anos. Acreditamos firmemente que esse comprometimento valha a pena. Seguir as abordagens aqui detalhadas pode ajudar sua empresa a superar os desafios comuns enfrentados por empresas em busca da geração de crescimento através da inovação. Um processo de inovação imprevisível repleto de *trade-offs* entre velocidade, qualidade e investimentos necessários pode se tornar melhor, mais rápido e mais barato. Você poderá alocar recursos de forma mais eficiente, eliminando abordagens potencialmente falhas logo de início. Podemos acelerar as inovações de maior potencial tratando de riscos importantes logo cedo. Podemos criar uma vitoriosa rajada de sucessos de inovação. O ritmo resultante pode cada vez mais desconcertar seus concorrentes, pois sua empresa parecerá sempre estar um passo à frente.

O mundo de hoje apresenta imensas oportunidades para empresas em busca da construção de vantagem competitiva através da inovação. Em qualquer campo as pessoas resolvem os problemas de uma forma previsível. Ao encontrarem um novo tipo de desafio pela primeira vez, elas têm de resolvê-lo usando uma abordagem não estruturada, além da tentativa e erro. Ao longo do tempo, à medida que o entendimento sobre esse desafio aumenta, emergem regras claras para orientar os esforços para resolução do problema.

Acreditamos que o conceito de inovação se encontre em um estado de transição entre uma teoria aleatória de tentativa e erro, e regras perfeitamente previsíveis suportadas por dados. Consideramos esse período transicional como a "era do reconhecimento de padrões". Este livro descreveu padrões relacionados com a identificação de oportunidades, o desenvolvimento de ideias, a criação de negócios e a formação de capacidades. Através do emprego de suas ferramentas e estruturas você poderá enxergar o que outros não conseguem, poderá encontrar ordem onde outros encontrarão o caos, bem como criar repetidamente negócios que gerem crescimento através da inovação.

APÊNDICE

Perguntas Frequentes

MUITOS DOS CONCEITOS FUNDAMENTAIS que respaldam este livro são elegantes por sua simplicidade. Entretanto, o mundo real pode ser um lugar complicado. Este apêndice fornece respostas sugeridas para algumas das perguntas mais difíceis que nos são feitas mais frequentemente.

1. Disrupção *não é apenas uma palavra da moda? Será que ela não irá cair no esquecimento daqui alguns anos?*

O conceito de disrupção originou-se de pesquisas acadêmicas realizadas há mais de quinze anos; portanto não se trata de um conceito efêmero. Da mesma forma, os conceitos descritos neste livro, que vão muito além do modelo disruptivo fundamental, podem ajudar as empresas a resolver problemas eternos relacionados ao crescimento e à inovação.

2. *Não sou criativo. Como posso ser inovador?*

Muitas vezes, gerentes escolhidos para participar de trabalhos relacionados à inovação se sentirão deslocados. Eles comentarão que não têm o "lado direito do cérebro" suficientemente desenvolvido ou que não possuem a criatividade de um Steve Jobs, CEO da Apple. Nossas respostas para a questão:

- A inovação é menos casual do que muitas pessoas acreditam. Seguir um processo e usar padrões pode liberar o inovador latente que há em todos nós.

- A criatividade é importante, porém não é preciso ser um certo "tipo" criativo — qualquer um que siga o processo correto pode ser inovador.

- A inovação quase sempre acontece nas intersecções das disciplinas e duas pessoas que individualmente não são criativas, com diferentes perspectivas, podem ser coletivamente criativas.

3. O exemplo X é disruptivo?

Embora o material deste livro descreva vários exemplos diferentes de inovação disruptiva, muitas vezes as pessoas questionarão sobre um exemplo que não se encontra no livro. Normalmente, quando lhe é perguntado algo com o que você não está familiarizado, você irá pedir ao interrogante para revisar os tipos de listas de verificação descritas no Capítulo 6. O fator crítico é sempre voltar ao padrão, certificando-se de que as pessoas não estejam caindo nas clássicas armadilhas de pressupor que "diferente" ou "grande avanço" significa disruptivo.

4. Qual o significado para mim da abordagem "tarefas a serem realizadas" se o meu trabalho não está relacionado ao contato direto com os clientes?

O Capítulo 4 descreve como os conceitos de "tarefas a serem realizadas" podem ser usados em ambientes B2B. Entretanto, as pessoas ainda questionarão se o conceito é ou não relevante caso eles não ocupem um cargo de contato direto com o consumidor. Nossa resposta é que todo mundo tem um cliente. Na qualidade de funcionário interno, seu cliente poderia ser o seu chefe, seu assistente ou o membro de uma equipe de projeto; o conceito de "tarefas a serem realizadas" ainda pode ajudá-lo a identificar maneiras para realizar o seu trabalho de forma diferente.

5. Como posso dirigir-me à diretoria e dizer que não sei qual é a resposta? Que não possuo dados concretos para defender minha ideia?

Os conceitos aqui descritos sugerem que a primeira estratégia será uma estratégia incorreta e que o sucesso final requer deixar padrões, não cifras, orientarem a questão da inovação. Os gerentes algumas vezes ficam hesitantes em colocar suas ideias em prática, pois temem que os diretores irão refutá-las caso expressem qualquer sinal de incerteza ou não se baseiem em números concretos. Apresentamos os seguintes exemplos:

- Algumas vezes, admitir aquilo que não sabemos nos coloca em uma posição mais sólida do que demonstrar confiança em excesso e tropeçar quando pressionado. Isso demonstra que você pensou com prudência sobre aquilo que poderia dar errado. O segredo é seguir uma afirmação que descreva uma falta de conhecimento de uma forma, como, por exemplo, "Mas com recursos modestos, acredito que possa aprender mais sobre isso".

- Pense no que pode ser feito para criar dados sem procurar a aprovação da diretoria ou gastar muito dinheiro. Monte, por exemplo, um grupo de discussão informal conversando com familiares e amigos.

6. Devemos simplesmente "baixar o nível" de nossos produtos existentes para serem "apenas suficientes"? Usar conceitos disruptivos significa fabricar produtos ruins? Isso fará com que deixemos de atingir a meta?

Isso não significa que o segredo para o sucesso disruptivo seja introduzir produtos vagabundos. Produtos disruptivos não são produtos *ruins*. Na realidade, os clientes têm de considerá-los grandes produtos, caso contrário eles não os escolherão. Lembre-se:

- Qualidade é um termo relativo. Os clientes podem estar buscando simplicidade, preços acessíveis ou personalização. Nesse caso eles ficarão encantados com um produto que favoreça essas características em detrimento do desempenho bruto.

- "Apenas suficiente" pode ter um significado diferente em contextos diferentes. O conceito de inovação disruptiva não sugere oferecer produtos ruins para os clientes mais exigentes em mercados já estabelecidos. Esses clientes talvez exijam produtos tecnologicamente perfeitos.

- Nada é estático. Algo que não é muito bom ficará melhor — só não sabemos, a princípio, exatamente como isso acontecerá.

- Imagine o que é possível caso você fabrique algo adequado; o que pode ser feito caso um outro produto seja adequado também? Imagine quais alavancas de inovação você poderia acionar caso reduzisse o desempenho em uma das dimensões.

7. Posso tornar os clientes mais exigentes?

No modelo disruptivo fundamental, a saciação ocorre pelo fato de as empresas inovarem mais rapidamente do que o ritmo das mudanças na vida das pessoas consegue absorver, e que assim elas consigam tirar proveito desses avanços. O modelo disruptivo mostra uma linha pontilhada representando o desempenho que um dado grupo de clientes exige. Normalmente, as pessoas dirão que a saída para o dilema é movimentar essa linha pontilhada para cima, de modo a persuadir as pessoas a exigir mais.

- Embora existam exemplos de demanda crescente ao longo do tempo, pode ser muito caro tentar persuadir os clientes a querer aquilo que eles já demonstraram não querer. Um emprego muito mais eficaz dos recursos escassos é inovar para atender as reais necessidades dos clientes.

- Certas vezes, a invenção pode, na verdade, ilustrar como soluções existentes *não saciam* nem de longe a verdadeira tarefa a ser realizada. Por exemplo, o *e-mail* é na verdade uma forma muito mais eficiente de resolver muitos problemas comerciais importantes do que telefonemas ou memorandos. Até que o sistema de *e-mail* se tornasse fácil de ser usado, as limitações das soluções existentes não eram claras.
- Conforme discutido no Capítulo 4, o conceito de "tarefas a serem realizadas" pode ser uma maneira crítica de entender onde as soluções não são adequadas. Obter um entendimento profundo da tarefa a ser realizada pode ilustrar maneiras de agitar categorias aparentemente comoditizadas.

8. Certas vezes algo pode parecer ser disruptivo para uma empresa, mas sustentador para outra. Por que isso acontece?

A disrupção é realmente um termo relativo. De fato, se você estudar realmente os conceitos fundamentais, verá que a verdadeira disrupção ocorre quando uma empresa dá um passo no sentido de criar uma nova trajetória de desempenho. Após esse estabelecimento de posição disruptiva, cada passo seguinte é *sustentador* em relação ao modelo dessa empresa. Após a empresa estabelecer uma posição no mercado via disrupção, crescimento contínuo e sucesso ininterrupto exigem lidar com os desafios práticos das inovações sustentadoras.

9. Minha empresa deveria despender 100% de seu tempo em disrupção?

Definitivamente, não. Conforme discutido no Capítulo 1, o segredo para o sucesso é adotar uma abordagem de portfólio. Geralmente recomendamos que empresas já estabelecidas aloquem pelo menos 80% de seus recursos para inovação em melhorias sustentadoras. Trata-se de um desafio "e", e não "ou".

10. A disrupção não irá arruinar minha marca?

Os gerentes de empresas bem estabelecidas no mercado irão algumas vezes hesitar em seguir o caminho disruptivo, pois temem que irão arruinar suas marcas. Nossa resposta para isso:

- Certamente você não irá querer confundir os clientes dizendo-lhes que uma marca, ao ver deles, significava uma determinada coisa e agora significa outra.

- Entretanto, o uso correto das submarcas pode ser uma maneira útil de pensar em relação à atribuição de marcas a produtos disruptivos. A marca principal ou o nome da empresa pode significar que a solução é boa, ao passo que a submarca indica que o produto ou serviço visa solucionar um determinado problema. O uso correto da submarca (pense na câmera Fun-Saver da Kodak, no Wii da Nintendo ou no removedor de manchas instantâneo Tide to Go) pode permitir às empresas lançarem produtos disruptivos com sucesso sob os auspícios da marca principal.

- É fundamentalmente importante lembrar-se que a disrupção corretamente executada melhora a imagem da marca, pois ela pode ajudar os clientes a resolver um problema importante em suas vidas. Na realidade, você pode causar maior dano à marca através de saciação desnecessária.

- Ao visar não consumidores, vale a pena considerar se a marca original realmente agrega valor. Por exemplo, adolescentes talvez não respondam de forma positiva a um site Web de entretenimento juvenil que leve a marca de uma empresa jornalística que eles associam a seus pais.

11. Dar um caráter disruptivo ao meu próprio negócio criará uma profecia que se concretiza por si só?

Um motivo para as empresas já estabelecidas hesitarem em lançar uma inovação disruptiva é o receio de que o resultado final será a substituição do negócio com margem de lucro elevada por um com margem de lucro baixa. Nossa resposta para tal:

- O temor da canibalização é uma razão para sermos a favor de visar não-consumidores. Em vez de pensar no risco de arruinar o seu negócio, pense em todos os mercados que não consegue atingir. Se a disrupção for administrada apropriadamente, ela será positiva, e não canibalesca.
- É difícil frear as forças da canibalização e da comoditização. Mas, se você não o fizer, quem o fará? Normalmente, a escolha não está entre grandes ou pequenas margens de lucro, mas entre grandes margens ou *nenhuma*.
- Caso não haja nenhum concorrente disruptivo no horizonte, você poderá pensar em criar um plano disruptivo emergencial. Assim que vir sinais de um ataque iminente, tire o produto da prateleira. Esse passo pode tirar o oxigênio que um concorrente precisa para avançar para o mercado de alto nível.

12. Nossos acionistas irão se revoltar se fizermos isso?

Administrar as expectativas dos investidores é um desafio fundamental para os executivos. Conforme discutido no Capítulo 1, os dirigentes do alto escalão da empresa precisam ter um plano claro para comunicação com os investidores. Iniciar pequeno e dar liberdade organizacional também pode ajudar a administrar esse verdadeiro desafio.

13. É possível ganhar dinheiro com inovações disruptivas?

Empresas que monitoram disrupções em seu setor de atuação normalmente chegam à conclusão de que a disrupção é uma proposição em que se perde dinheiro. Na realidade isso pode acontecer caso a empresa tente forçar a mudança disruptiva em seu modelo de negócios. Caso esteja buscando lançar inovações disruptivas, certifique-se de harmonizar o seu modelo com a oportunidade.

14. Por que não deveria eu simplesmente "seguir o mercado logo"?

Pode ser tentador deixar que o mercado resolva primeiro quais inovadores disruptivos têm as maiores chances de sucesso. De fato, conforme discutido no Capítulo 5, acreditamos que aquisições de empresas disruptivas pequenas podem ser extremamente benéficas. Entretanto, há três problemas associados com esse tipo de abordagem:

- Como ter certeza de que estamos seguindo a coisa certa? Se seguirmos tudo o que aparece, acabamos dispersando nossos esforços. O modelo mental correto pode ajudar na identificação das coisas que deveríamos seguir de forma mais confiável.

- Aqueles que seguem o mercado logo em seguida têm pouca probabilidade de capturar crescimento disruptivo, pois tendem a procurar nos lugares errados. Aqueles que seguem o mercado logo em seguida algumas vezes têm que pagar altos preços de aquisição por ideias que são óbvias *a posteriori*.

- Se você acredita que a primeira estratégia está errada e há valor em aprender, uma estratégia de seguir o mercado logo em seguida sempre o deixará para trás, pois você não terá adquirido aprendizado importante e dependente do caminho seguido.

Isso dito, certamente existirão faixas ou segmentos de mercado onde você poderá fazer uma escolha estratégica de seguir o mercado logo em seguida, desde que o faça deliberadamente e alinhe suas expectativas com os prováveis resultados.

15. *"Investir pouco, ganhar muito" significa que estamos buscando pequenos negócios?*

Absolutamente não. Dado o risco inerente da inovação, é fundamental que as empresas criem negócios geradores de crescimento grande e explosivo. Nossa experiência, e a experiência de muitos empreendedores, é que a melhor maneira de criar um negócio de grande crescimento é começar pequeno. Afinal de contas, simplesmente não existem oportunidades de US$ 1 bilhão dando sopa por aí!

16. *O modelo disruptivo é uma excelente ferramenta em termos de avaliação histórica, mas podemos usá-la realmente em termos de perspectivas futuras?*

Acreditamos realmente que a disrupção possa ser uma ferramenta útil para se ter uma previsão da situação futura. A versão em papel do *The Innovator's Dilemma* identificou uma série de tendências disruptivas que estavam apenas começando a emergir. Embora nem todas as escolhas fossem precisas, a lista realmente incluía uma série de inovações que foram adiante e tiveram um grande impacto. O livro *Seeing What's Next* incluía capítulos específicos que analisavam o futuro de uma série de setores de atividade. Repetindo, algumas propostas não se confirmaram, porém várias sim. Rotineiramente a Innosight adota uma posição em suas publicações e temos acertado bem mais do que errado. Estamos longe da perfeição no que tange ao sucesso de nossas previsões. Porém seguir uma abordagem disciplinada para fazer as perguntas certas dá uma clareza estratégica significativa.

17. *Não estou envolvido diretamente em um projeto disruptivo. Mesmo assim esses conceitos ainda podem ser úteis?*

Absolutamente! Constatamos que muitos dos conceitos e ferramentas descritos neste livro ajudam os inovadores em todas as suas iniciativas de inovação. Geralmente é uma boa prática entender a tarefa a ser realizada para o seu cliente ou consumidor. Pensar no significado de "adequado" pode abrir outros caminhos para a inovação. E focar atividades iniciais em hipóteses fundamentais pode tornar os projetos bem menos arriscados. Embora os conceitos se baseiem em inovação disruptiva, eles são ferramentas efetivas para todo o espectro da inovação.

18. Estamos na liderança de nosso mercado e, portanto, não temos que nos preocupar com isso agora, não é mesmo?

Experiência passada demonstra que o melhor momento para começar a criar negócios geradores de crescimento inovador é quando eles não são necessários. Quando o negócio principal atual começa a decrescer, torna-se *muito* difícil fazer as coisas de forma diferente. Lembre-se, o melhor momento para crescer é quando ainda não é necessário fazê-lo.

Notas

Prefácio

1. FOSTER, Richard N. *Innovation: The Attacker's Advantage*. Nova York: Summit Books, 1986; GOVINDARAJAN, Vijay; TRIMBLE, Chris. *10 Rules for Strategic Innovators*. Boston: Harvard Business School Press, 2005.

2. CHRISTENSEN, Clayton M. *The Innovator's Dilemma: When New Technologies Cause Great Firms to Fail*. Boston: Harvard Business School Press, 1997.

3. CHRISTENSEN, Clayton M.; COOK, Scott; HALL, Taddy. "Marketing Malpractice", *Harvard Business Review*, nov. 2005.

4. CHRISTENSEN, Clayton M.; ANTHONY, Scott D.; BERSTELL, Gerald; NITTERHOUSE, Denise. "Finding the Right Job for your Product", *MIT Sloan Management Review* 48, nº 3, p. 38-47, 2007.

5. CHRISTENSEN, Clayton M.. "Continuous Casting Investments at USX Corporation", *Harvard Business Review*, Case 697-020. Boston: Harvard Business School Press, 1996.

6. CHRISTENSEN, Clayton M.; KAUFMAN, Stephen P.; SHIH, Willy C. "Innovation Killers: How Financial Tools Destroy Your Capacity of Doing New Things", *Harvard Business Review*, jan.-fev. 2008.

7. LEVITT, Theodore. "Marketing Myopia", *Harvard Business Review*, jul.-ago. 1960.

8. CHRISTENSEN, Clayton M.; OVERDORF, Michael. "Meeting the Challenge of Disruptive Change", *Harvard Business Review*, mar. 2000.

9. CHRISTENSEN, Clayton M.; RAYNOR, Michael. "Skate to Where the Money Will Be", *Harvard Business Review*, nov. 2001.

10. CHRISTENSEN, Clayton M. "Identifying and Developing Capable Leaders", Case 601-054. Boston: Harvard Business School, 2000.

11. Alguns leitores tiraram a infeliz conclusão que autonomia é a bala de prata que possibilita o domínio da inovação disruptiva pelas indústrias. Nós vimos diversas organizações autônomas falharem pelas mais diversas razões. A parte 4 deste livro descreve as chaves para dominar a disrupção além de simplesmente criar uma organização à parte.

Introdução

1. CHRISTENSEN, Clayton M.; RAYNOR, Michael E. *The Innovator's Solution*. Boston: Harvard Business School Press, 2003. O primeiro capítulo do livro fornece dados estatísticos tenebrosos, destacando os desafios da inovação. A pesquisa conduzida pelos Doblin Group e Boston Consulting Group, bem como muitas outras, corrobora a alta taxa de insucesso em iniciativas de inovação.

2. MAUBOSSIN, Michael; RAPPAPORT, Alfred. *Expectations Investing*. Boston: Harvard Business School Press, 2001.

3. CHRISTENSEN, Clayton M. *The Innovator's Dilemma: When New Technologies Cause Great Firms to Fail*. Boston: Harvard Business School Press, 1997.

4. THOMPSON, David G. *Blueprint to a Billion*. Hoboken, NJ: Wiley, 2006.

5. FOSTER, Richard N.; KAPLAN, Sarah. *Creative Destruction*. Nova York: Doubleday, 2001.

6. CHRISTENSEN. *The Innovator's Dilemma*; CHRISTENSEN; RAYNOR. *The Innovator's Solution*; CHRISTENSEN, Clayton M.; ANTHONY, Scott D.; ROTH, Erik A. *Seeing What's Next*. Boston: Harvard Business School Press, 2004.

7. Entrevista com a Innosight, 17 de maio de 2007.

Capítulo 1

1. Veja FOSTER, Richard N.; KAPLAN, Sarah. *Creative Destruction*. Nova York: Currency, 2001 e CHRISTENSEN, Clayton M.; RAYNOR, Michael E., *The Innovator's Solution*. Boston: Harvard Business School Press, 2003.

2. Isso é consistente com a pesquisa de Chris Zook na Bain & Co. Veja ZOOK, Chris; ALLEN, James, *Profit from the Core*. Boston: Harvard Business School Press, 2001.

3. Foster e Kaplan, *Creative Destruction*.

4. O estudo de caso da Intel é descrito tanto em *The Innovator's Solution* como em *Creative Destruction*.

5. Foster e Kaplan, *Creative Destruction*.

6. CHRISTENSEN, Clayton M. "We've Got Rhytm! Medtronic Corp.'s Cardiac Pacemaker Business", Case 698-004. Boston: Harvard Business School, 1997.
7. Zook and Allen, *Profit from the Core*.
8. Foster e Kaplan, *Creative Destruction*.
9. LEVITT, Theodore. "Marketing Myopia", *Harvard Business Review*, jul/ago, 1960.
10. BOWER, Joseph L.; GILBERT, Clark G. *From Resource Allocation to Strategy*. Nova York: Oxford University Press, 2005. Esse livro é um extraordinário compêndio de pesquisa sobre o processo de alocação de recursos.
11. O *Desert Sun* foi um dos sete projetos demonstrativos que fizeram parte do Newspaper Next, um projeto conjunto entre a Innosight e o American Press Institute. O relatório se encontra disponível em http://www.newspapernext.org.
12. Acreditamos que 10% de uma centena é menos que 100% de cinco, pois se pedirmos a cem pessoas para dedicarem 10% de seu tempo com inovação, 20% irão dedicar diligentemente os 10%, 40% não dedicarão nada e 40% acabarão gastando cerca de 5% de seu tempo. A regra dos 10% não apenas leva a um tempo menor dedicado à inovação, como também ao fato de aqueles empregados que estão meramente cumprindo formalidades dificilmente irão desenvolver alguma inovação significativa.
13. Refere-se ao Capítulo 9 de Christensen e Raynor, *The Innovator's Solution*, "There is Good Money and There Is Bad Money".

Capítulo 2

1. CHRISTENSEN, Clayton M.; ANTHONY, Scott D.; ROTH, Erik A., *Seeing What's Next*. Boston: Harvard Business School Press, 2004.
2. CHRISTENSEN, Clayton M.; RAYNOR, Michael E., *The Innovator's Solution*. Boston: Harvard Business School Press, 2003. Esse exemplo é discutido no Capítulo 4, "Quem são os Melhores Clientes para os Nossos Produtos?".
3. CHRISTENSEN, Clayton M.; ANTHONY, Scott D. "New Avenues to Growth", *Strategy & Innovation 2.*, nº 6, 2004.
4. BUCKINGHAM, Anne. "Voices of Disruption". *Strategy & Innovation* 3, nº 5, 2005.
5. PRAHALAD, C. K. *The Fortune at the Bottom of the Pyramid: Eradicating Poverty Through Profits*. Upper Saddle River, NJ: Wharton School Publishing, 2006.
6. HINDO, Brian. "Generating Power for Cummins", *Business Week*, 24 set. 2007, http://www.businessweek.com/magazine/content/07_39/b4051064.htm.
7. WUNKER, Stephen. "Innovating in Emerging Markets", *Strategy & Innovation* 4., nº 4, 2006.

8. Essa mudança teve efeitos adicionais. As empresas que costumavam concorrer tendo como base bibliotecas de informações centralizadas agora têm que concorrer baseadas na qualidade de seu *insight*, e não na qualidade de suas informações. Surgiram novos problemas. Os indivíduos precisam ajudar a filtrar e interpretar as informações que absorvem. A busca tabulada e outras soluções agora lidam com esses problemas. Vide BATTELLE, John. *The Search: How Google and Its Rivals Rewrote the Rules of Business and Transformed Our Culture*. Nova York: Penguin Books, 2005.

9. ANDERSON, Chris. *The Long Tail: Why the Future of Business Is Selling More of Less*. Nova York: Hyperion, 2006; TAPSCOTT, Don; WILLIAMS, Anthony D. *Wikinomics: How Mass Collaboration Changes Everything*. Nova York: Penguin Group, 2006.

10. Innovator's Insights #10: "Growing in New Contexts". 19 abril 2004. Disponível em http://www.strategyandinnovation.com/insights/insight10.pdf.

11. MAEDA, John. *The Laws of Simplicity*. Cambridge, MA: MIT Press, 2006. Veja também http://www.lawsofsimplicity.com.

12. Innovator's Insights #35: "The Heart of Disruption". 18 de abril de 2004. Disponível em http://www.strategyandinnovation.com/insights/insight35.pdf.

Capítulo 3

1. CHRISTENSEN, Clayton M.; ANTHONY, Scott D.; ROTH, Erik A., *Seeing What's Next: Using the Theories of Innovation to Predict Industry Change*. Boston: Harvard Business School Press, 2004.

2. Obviamente, na época em que este livro era escrito, fabricantes como Cray, IBM e Hewlett-Packard estavam em uma corrida para melhorar a qualidade dos supercomputadores, pois alguns usuários que precisavam realizar simulações avançadas (por exemplo, prever a ocorrência de *tsunamis*) ou criar modelos de realidade virtual ainda não estavam satisfeitos com o desempenho até mesmo dos melhores produtos e serviços. Como observa este capítulo, a saciação tende a se instaurar no meio de um dado grupo de clientes, mas é raro um mercado *inteiro* ser saciado.

3. O raciocínio por trás do motivo para as melhorias incrementais tornarem-se mais caras nos estágios finais do ciclo de vida de uma tecnologia é explicado de forma lúcida por Richard Foster em *Innovation: The Attacker's Advantage*. Nova York: Summit Books, 1986.

4. A lição a ser tirada desse episódio não é que defender a faixa de baixo custo do mercado *sempre* faça sentido. Em algumas circunstâncias, de fato faz perfeitamente sentido uma empresa se concentrar em outras oportunidades. Nossa recomendação é que deixar a faixa de baixo custo do mercado não deveria ser uma reação automática,

mas uma escolha estratégica premeditada, seguida por uma ação como encarregar uma equipe para monitorar continuamente a faixa de baixo custo do mercado ou investir em ações da empresa que possam vir a ser um disruptor.

5. Este conceito é descrito na versão em brochura do livro CHRISTENSEN, Clayton M. *The Innovator's Dilemma*. Nova York: 2000.

6. Este cálculo é bem simples de ser realizado no Excel ou PowerPoint. Simplesmente, clique no eixo, vá até a guia identificada por "Scale" e clique em "logarithmic scale". Basicamente, o que você está fazendo é pegar a clássica curva S que tão costumeiramente tipifica a adoção de um produto e fazendo com que ela apareça como uma linha reta.

7. DANN, Jeremy B. "Treating Diabetes: Improving Efficacy Through Convenience", *Strategy & Innovation* 4, nº 3, 2006.

8. CHRISTENSEN, Clayton M. "Eli Lilly and Co.: Innovation in Diabetes Care", case 696-077. Boston: Harvard Business School, 1996.

9. ANTHONY, Scott D. "Can You Spot the Early Warnings?" *Strategy & Innovation* 3, nº 2, 2005.

Capítulo 4

1. CHRISTENSEN, Clayton M.; RAYNOR, Michael E. *The Innovator's Solution*. Boston: Harvard Business School Press, 2003. O conceito de tarefas a serem realizadas é descrito no Capítulo 3.

2. JOHANSSON, Frans. *The Medici Effect: When Elephants and Epidemics Can Teach Us About Innovation*. Boston: Harvard Business School Press, 2006; KELLEY, Thomas; LITTMAN, Johathan. *The Ten Faces of Innovation: IDEO's Strategies for Defeating the Devil's Advocate and Driving Creativity Throughout Your Organization*. Nova York, Currency, 2005; HEATH, Chip; HEATH, Dan. *Made to Stick: Why Some Ideas Survive and Others Die*. Nova York: Random House, 2007.

3. JOHANSSON. *The Medici Effect*.

4. Innovators' Insights # 39: "Snaring the Sour Grapes", 14/jun/2005. Disponível em http://www.strategyandinnovation.com/insights/insight39.pdf.

5 WYLIE, Ian. "Talk to Our Customers? Are You Crazy?" *Fast Company*, jul/2006, 70.

6 NITTERHOUSE, Denise; BERSTELL, Gerald. "Let the Costumer Make the Case", *Strategy&Innovation* 3, nº 2, 2005.

7. Essa seção foi adaptada, com a permissão da American Marketing Association, de ANTHONY, Scott D.; SINFIELD, Joe. "Product for Hire", *Marketing Management* 16, n. 2, 2007.

8. Para maiores detalhes sobre essa abordagem refira-se a SINFIELD, Joe. "A Structured Approach to Technology Assessment", *Strategy & Innovation* 3, nº 5, 2005.

9. "From the Woodshop to the Kitchen to the Salon..."; *background* da empresa em Microplane USA, http://us.microplane.com/index.asp?PageAction=COMPANY.

10. SCHONFELD, Erick. "GE Sees the Light", *Business 2.0*, jul/2004, http://money.cnn.com/magazines/business2/business2_archive/2004/07/01/374824/index.htm.

Capítulo 5

1. CHRISTENSEM, Clayton M; ANTHONY, Scott D.; ROTH, Erik A. *"Seeing What's Next: Using the Theories of Innovation to Predict Industry Change"*. Boston: Harvard Business Press, 2004, capítulo 3, "Strategic Choices: Identifying Which Choices Matter."

2. Vide GILBERT, Clark G. "Dilemma in Response: Examining the Newspaper Industry's Response to the Internet" (dissertação de Ph.D. não publicada, Harvard Business School). Esse tópico também é discutido no relatório "Newspaper Next" de coautoria da Innosight e do American Press Institute. Veja http://www.newspapernext.org para maiores informações.

3. Veja, por exemplo, STALK, George; LACHENAUER, Rob; BUTMAN, John. *Hardball: Are You Playing to Play or Playing to Win?* Boston: Harvard Business School Press, 2004.

4. KIM, W. Chan; MAUBORGNE, Renée. *Blue Ocean Strategy*. Boston: Harvard Business School Press, 2005.

5. Esse número de 70% provém de um relatório da empresa de consultoria KPMG. A empresa conduziu duas pesquisas que considerou grandes fusões ao longo de um período de três anos e entrevistou executivos para obter suas perspectivas sobre as aquisições. De acordo com a pesquisa de 1999, 17% das fusões criaram valor, 30% não tiveram impacto significativo e 53% informaram que as transações destruíram valor. Na pesquisa de 2001, os números foram, respectivamente, 30%, 39% e 31%. Apesar desses números, cerca de três quartos dos executivos pesquisados disseram que as negociações que eles consumaram atingiram seus objetivos estratégicos. Refira-se a "World Class Transactions: Insights into Creating Shareholder Value Through Mergers and Acquisitions" (KPMG, 2001). Uma série de outros estudos sustenta a conclusão de que as aquisições podem destruir valor. Por exemplo, a McKinsey & Co. estudou cento e sessenta fusões em 1995 e 1996 e constatou que apenas 12% das empresas adquirentes conseguiram posteriormente acelerar suas taxas de crescimento ao longo de um período de três anos; vide BEKIER, Matthias M.; BOGARDUS, Anna

J.; OLDHAM, Tim. "Why Mergers Fail", *McKinsey Quarterly* 4 (2001). Um grupo de estudiosos examinou 12.023 aquisições e constatou que, em média, uma empresa perdia US$ 25,2 milhões em valor ao anunciar uma aquisição; vide MOELLER, Sara B.; SCHLINGEMANN, frederick P.; STULZC, René M. "Firm Size and the Gains from Acquisitions", *Journal of Financial Economics* 73, n. 2 (2004): p. 201-228. Um estudo realizado pela *Business Week* de fusões e aquisições de 1995 a 2001 constatou que 61% dos compradores empresariais destruíam a riqueza de seus próprios acionistas, pois eles "pagavam demais de forma desenfreada". Depois disso não conseguiam integrar as operações e sistemas rapidamente. E eles superestimavam os ganhos dos cortes em gastos e das sinergias que as fusões trariam." Vide "There's No Magic in Mergers", *Business Week*, 14 de outubro de 2002, http://www.businessweek.com/magazine/content/02_41/b3803160.htm.

6. HAFNER, Katie. "Netflix Prize Still Awaits a Movie Seer", *New York Times*, 4 de junho de 2007.

Capítulo 6

1. ANTHONY, Scott D.; EYREING, Matthew; GIBSON, Lib. "Mapping Your Innovation Strategy", *Harvard Business Review*, mai/2006.

2. Visite o site www.innosight.com/resources para ter acesso a essa e outras ferramentas.

3. Veja *Strategy & Innovation* 3, nº 5 (set/out 2005).

4. Existe, obviamente, um delicado equilíbrio toda vez que se começa a avaliar as capacidades de uma empresa ir em busca de uma oportunidade. Ficar muito próximo das competências do negócio atual pode fazer perder boas oportunidades. Além disso, algo que não seja uma competência do negócio principal atual talvez possa vir a sê-lo no futuro. Por outro lado, pesquisas demonstram que se afastar muito das competências atuais pode inibir as chances de sucesso.

Capítulo 7

1. Poder-se-ia argumentar que muitos desses inovadores tinham a ideia absolutamente correta. Mas as tecnologias inclusas nos dispositivos ainda não estavam prontas para o uso generalizado.

2. McGREGOR, Jena, "How Failure Breeds Success", Business Week, 10 jul, 2006, http://www.businessweek.com/magazine/content/06_28/b3992001.htm.

3. Para uma discussão mais abrangente sobre o exemplo da Euro Disney, veja McGRATH, Rita, MacMILLAN, Ian, "Discovery-Driven Planning", *Harvard Business*

Review, jul/ago, 1995. Esse artigo dá uma excelente visão geral de uma maneira de colocar uma estratégia emergente em ação.

4. Os relatórios de pesquisa de mercado relatam, obviamente, aquilo que já foi feito e os especialistas são especialistas naquilo que já foi feito antes, e não necessariamente naquilo que poderia ser feito no futuro. Na realidade, os especialistas podem falhar no que tange estimar o potencial de mercado de abordagens com verdadeiras mudanças de estratégia.

5. ROBERTS, Michael J.; TEMPEST, Nicole. "ONSET Ventures", caso 9-898-154 (Boston: Harvard Business School, 1998).

6. DILLON, Pat. "The Next Small Thing", *Fast Company*, mai/1998, http://www.fastcompany.com/magazine/15/smallthing.html.

7. CHRISTENSEN, Clayton M.; RAYNOR, Michael E., *The Innovator's Solution*. Boston: Harvard Business School Press, 2003. O estudo de caso da Prodigy é discutido no Capítulo 8, "Administrando o Processo de Desenvolvimento de Estratégia". Essa citação específica aparece na pág. 223.

Capítulo 8

1. Os professores Jeffrey Dyer da Brigham Young University e Hal Gregersen da Insead conduziram pesquisas fascinantes para identificar de forma precisa características específicas que os inovadores possuíam. Na época em que este livro foi escrito, eles estavam finalizando um artigo com Clayton Christensen intitulado "The Innovator's DNA". Acreditamos que essa pesquisa e ferramentas de diagnóstico associadas serão úteis para aqueles gestores em busca de formar equipes voltadas para a disrupção. Para maiores informações, envie um e-mail para jefff.dyer@byu.edu ou hal.gregersen@insead.edu.

2. CHRISTENSEN, Clayton M.; RAYNOR, Michael E., *The Innovator's Solution*. Boston: Harvard Business School Press, 2003. O estudo de caso da Pandesic pode ser encontrado no Capítulo 7, "Sua Organização é Capaz de Conseguir Crescimento Disruptivo?"

3. KELLEY, Thomas; LITTMAN, Thomas, *The Ten Faces of Innovation: IDEO's strategy for Defeating the Devil's Advocate and Driving Creativity Throughout Your Organization*. Nova York: Currency, 2005.

4. CHRISTENSEN Clayton M.; RAYNOR, Michael E., *The Innovator's Solution*. Boston: Harvard Business School Press, 2003. CHRISTENSEN, Clayton M.; ANTHONY, Scott D.; ROTH, Erik A., *Seeing What's Next*. Boston: Harvard Business School Press, 2004, particularmente o Capítulo 2, "Batalhas Competitivas".

5. Alguns estudiosos argumentam que o segredo para resolver esses problemas seria formar organizações "ambidestras" capazes de fazer coisas diferentes ao mesmo tempo e que a chave para o sucesso seria um executivo que supervisionasse e arbitrasse em diferentes processos. Refira-se a O'REILLY III, Charles A.; TUSHMAN, Michael L. "The Ambidextrous Organization", *Harvard Businees Review*, abr/2004.

6. GOVINDARAJAN, Vijay; TRIMBLE, Chris. *10 Rules for Strategic Innovators*. Boston: Harvard Business School Press, 2005.

7. Para maiores informações sobre essa seção, refira-se a ANTHONY, Scott D.; EYRING, Matthew; GIBSON, Lib. "Mapping Your Innovation Strategy".*Harvard Business Review*, mai/2006. ANTHONY, Scott D. "Making the Most of a Slim Chance", *Strategy & Innovation 3.*, nº 4, 2005.

8. CLARK, Kim B. e WHEELWRIGHT, Steven C. "Organizing and Leading Heavy-weight Development Teams", *California Management Review* 34 (1992): 9-28.

Capítulo 9

1. BENZ, Bob. "Voices of Disruption", *Strategy & Innovation* 4, nº 4, 2006.

2. Shell Chemicals. "Delivering on Our Commitment to Sustainable Development", folheto da empresa, mai/2003.

3. CARTER, Chris. "Can Venture Capital Help Companies Innovate?" *Strategy & Innovation* 4, nº 2, 2006.

4. Veja http://www. intel.com/capital/about.htm.

5. Ibid.

6. McGAHAN, Anita M.; SILVERMAN, Brian S. "How Does Innovative Activity Change as Industries Mature?" *International Journal of Industrial Organization* 19, p. 1141-1160, 2001. Nesse artigo, McGahan e Silverman indicam que a velocidade de inovação e a ênfase colocada na inovação, medida pelo número de patentes emitidas por ano em um determinado setor de atividade, não alteram significativamente em setores maduros, conforme definição clássica, em relação aos níveis de atividade observados em setores emergentes. Nossa perspectiva é que as habilidades e a estrutura organizacional de apoio para operar e inovar em um setor de atividade maduro muda efetivamente. Além disso, poder-se-ia argumentar que a natureza das inovações tende a mudar de disruptiva, ou radicalmente sustentadora, para cada vez mais sustentadora ao longo do tempo, abrindo caminho para uma nova disrupção.

7. CHESBROUGH, Henry. *Open Innovation: The New Imperative for Creating and Profiting from Technology*. Boston: Harvard Business School Press, 2003.

8. HUSTON, Larry; SAKKAB, Nabil. "Connect and Develop: Inside Procter's Gamble New Model for Innovation". *Harvard Business Review*, mar/2006.

Capítulo 10

1. PETERS, Thomas J.; WATERMAN Jr., Robert H. *In Search of Excellence: Lessons from America's Best-Run Companies*. Nova York: HarperCollins, 1982.

2. Para maiores informações veja ANTHONY, Scott D.; WUNKER, Steve; FRANSBLOW, Steven, "Measuring the Black Box", *Chief Executive*, dez/2007.

3. Veja JARUZESKI, Barry; DEHOFF, Kevin; BORDIA, Rakesh. "Smart Spenders: The Global Innovation 1000", disponível em http://www.boozallen.com/media/Global_Innovation_1000_2006.pdf.

4. Boston Consulting Group, "Measuring Innovation 2006", disponível em http://www.bcg.com/publications/files/2006_Innovation_Metrics_Survey.pdf.

5. A Kennametal foi uma das empresas de destaque que figuraram no relatório da APQC sobre inovação, "Innovation: Putting Ideas into Action" (APQC, 2006), disponível em http://www.apqc.org.

6. HUSTON, Larry; SAKKAB, Nabil. "Connect and Develop: Inside Procter & Gamble's New Model for Innovation". *Harvard Business Review*, mar/2006.

7. É interessante notar que muitas empresas exigem que as equipes produzam previsões de retorno sobre o investimento, mas deixam de olhar para trás para ver se a equipe atingiu realmente a previsão. Aquelas que o fazem, muitas vezes acham que as previsões das equipes são visionárias, e não a ferramenta de tomada de decisão mais útil.

8. O relatório completo do projeto *Newspaper Next* se encontra disponível em http://www.americanpressinstitute.org/newspapernext.

ÍNDICE REMISSIVO

A

abordagem dos baldes de oportunidades, 210
Acelerador de Estágios Iniciais, Motorola, 293
advogado do diabo como exterminador da inovação, 263
Amazon.com, 180-181
ambiente para inovação, 298-301
America Online (AOL), 249
American Press Institute, 73, 321
análise das margens, 110-113
análise de participação no mercado, 110-112
análise de preços, 110-112
análise estratégica baseada em padrões
  abordagem de considerações financeiras, 214
  avaliação da adequação, 201-205
  avaliações como oportunidade, 213
  bem-sucedidas, 195-197
  comparação entre várias estratégias, 210-212
  componentes críticos das estratégias
  consideração das circunstâncias de mercado, 200-201
  consideração de várias perspectivas, 199-200
  determinação de riscos e fatores desconhecidos, 206-209
  Disrupt-o-Meter, 202-205
  exemplos de aplicação de conceitos, 194, 197-200
  importância das condições de contorno internas, 200-201
  necessidade de apoio apaixonado, 198-199
  pensando a curto e longo prazos e, 215-216
análise estratégica. *Vide* análise estratégica baseada em padrões; objetivo estratégico; estratégias para mercados incertos
Anderson, Brad, 276
Anderson, Gary, 43
aplicando engenharia reversa nas cifras financeiras, 227
Apple, 32, 215, 221
árvores de tarefas, 139
Ashe, Reid, 80
AV Audiovisions, 185
avaliação das melhores práticas internas, 232

B

balancete de capacidades
  categorias de capacidades, 268
  estruturação de um novo empreendimento, 267
  exemplo de jornais gratuitos, 270
barreiras ao consumo
  deficiências de habilidades relacionadas com a produção, 83-85
  restrições relacionadas com o acesso, 90-93
  restrições relativas a habilidades, 82-83
  restrições relativas ao tempo, 93-96
  resumo das restrições ao consumo, 96-97
benchmarking externo, 232
Benz, Bob, 290
Berstell, Gerald, 146
Best Buy, 185, 275
BlackBerry, 179
Blue Cross of California, 144
Blue Ocean Strategy, 175
Blueprint to a Billion, 34
Boston Consulting Group, 314
brainstorming, 140-141, 225
Burton Snowboards, 141

C

câmera de vídeo digital (DVR), 172
Canopy, Motorola, 293
CCR (pesquisa de estudos de caso de clientes), 146
CEMEX, 298
Chesbrough, Henry, 306
Christensen, Clayton, 34, 83, 106, 164, 262
ciclo de vida da inovação
   captando valor, 155
   defendendo sua fatia de mercado, 156
   identificação de oportunidades, 152-154
   otimização de soluções, 154-155
   revitalização do crescimento, 156-157
Cisco Systems, 186, 275, 296
clientes saciados
   análise de produtos existentes para identificar, 110-112
   análise do lançamento de novos produtos para identificar, 113-117
   caso do mercado de insulina, 117-120
   curvas de substituição, 112-113
   definição, 104-105
   identificação de dimensões de desempenho, 106-107, 121-122
   implicações da saciação, 103, 120-121
   interação direta com o cliente para identificar, 109-110
   oportunidades para consolidação criadas por, 122-124
   princípio da saciação na inovação disruptiva, 37
Clorox, 317
Coca-Cola, 130-131
comoditização, 157
compartilhamento da experiência de tirar fotos, 136-137
conceito de "equipe de peso", 276
conceito de "escolas da vida", 257-260
conceito dos cartões de "processo de aprovação rápido", 274-276
conselhos consultivos para a inovação, 286, 297
conselhos de crescimento, 288-290
consumo dos clientes, modificando o. *Vide* barreiras ao consumo; modelo tarefas a serem realizadas; não consumidores
consumo, identificação de restrições ao. *Vide* barreiras ao consumo
contratos dependentes para diminuir riscos, 238
Contreras, Mark, 290
Cook, Scott, 37, 224, 332, 338
Creative Destruction (Foster), 53
Credit Suisse, 145
Crest Whitestrips, 100, 178, 215
Crest, pasta de dentes, 65
criação de "horário de trens", 58-60
Crystal Ball, software, 55
Cummins, 89
Curriculum Vitae de Ideias, 174
   almeje clientes saciados ou não consumidores, 166-167
   dicas para geração de ideias (vide geração de ideias inovadoras)
   padrões e princípios para o sucesso, 166-172
   redação do sumário de ideias geradas, 174
   resumo, 191
   uso do mapa de desempenho, 175-176
curvas de substituição, 112-113, 114, 115-116
CVS Caremark, 186

D

deficiências de habilidades relacionadas com a produção, 83-85
Dell Computer, 178
Delta Airlines, 52
desenvolvimento de ideias disruptivas
   defendendo-se de um disruptor emergente, 179-180
   erros de previsão e, 187
   etapa de determinação do espaço-alvo, 174-176
   etapa de determinação do objetivo estratégico, 177-180
   faça o que os concorrentes não irão fazer, 170-172
   meta para o "razoável", 168-170
Desert Sun, 68

Desfibriladores Externos Automatizados (DEAs), 85
Disrupt-o-Meter, 202-205
divisão de DRAMs da Intel, 53
Dobler, Ken, 197
Dow Chemical, 292-293
Dow Corning, 39, 43-44, 86, 125, 179, 298
Dulcinea Farms, 183
Duracell, 53
DVR (gravador de vídeo digital), 172

E

Eastman, George, 98
eBay, 35, 93, 204, 245
Edison, Thomas, 328
EES (Ethicon EndoSurgery), 197-198
Eli Lilly, 117-120
Ellison, Larry, 122
"entulhar", 167-168
equipes de projeto
　advogado do diabo como exterminador da inovação, 263
　balancete de capacidades, 268
　balancete de capacidades, jornais gratuitos, 270-271
　brainstorming na identificação de tarefas, 140-141
　busca de objetivos e graus de liberdade, 254-255
　caso de perda de indícios dados pelo mercado, 260-261
　conceito de "equipe de peso", 276
　conceito de "escolas da vida", 257-260
　criação de um empreendimento separado, 266-267, 271-272
　criação dos estatutos da equipe, 256
　custos ocultos no uso de ativos da empresa, 272
　em busca de um agente da inovação, 265-266
　identificação de pontos de conflito, 267-268
　importância do apoio do CEO, 262
　papel do apoio da direção em iniciativas de crescimento, 264
　potencial para descobertas interessantes, 265-266
　provisão de pessoal, 257-260
　sugestões para as equipes, 265-266
　técnicas para evitar conflitos, 273-277
　unidades de treinamento em novação, 286-287
　zona de aterrissagem para a equipe, 277
equipes. *Vide* equipes de projeto
era do reconhecimento de padrões, 339-340
estatutos da equipe, 254
estimativas incorretas sobre o tamanho do mercado de *MP3 players*, 234
estratégias emergentes
　ajuste e redirecionamento, 241-244
　como algumas empresas deixam de atingir os resultados esperados, 221
　definição, 222-223
　identificação de áreas de incerteza críticas (vide estratégias para mercados incertos)
　aprendendo com o insucesso, 247-248
　caso bem-sucedido de redirecionamento, 245-246
　como acelerador da inovação, 244-245
　perigos a serem evitados, 249-250
　realização de experimentos engenhosos (vide experimentos engenhosos)
　tendência das grandes empresas de adotarem uma estratégia errada, 245-246
estratégias para mercados incertos
　aplicando engenharia reversa nas cifras financeiras, 227
　priorizando hipóteses e riscos, 224, 228-230
　questionando hipóteses, 224-227
　sessão de brainstorming sobre hipóteses, 225
estruturas para a inovação
　adoção de uma linguagem comum, 304-306
　ambientes interno e externo como avaliação, 298-299
　conduzindo estruturas de inovação, 288-290
　determinação da intensidade de ação necessária, 298-299
　encabeçando estruturas de inovação, 291-293

estimulando estruturas de inovação, 285-288
fortalecimento das estruturas de inovação, 293-297
objetivos estratégicos de estruturas, 284-285
políticas de recursos humanos e, 307
princípios básicos de estruturas e sistemas, 331
segredos para a criação de estruturas de tomada de decisão bem-sucedidas, 301-302
solicitação de insight externo, 306
estudo de caso "escolas da vida", 260-261
estudo de caso de compartilhamento de experiências, 135-137
estudo de caso de redirecionamento bem-sucedido, 245-246
estudo de caso de sinais indicativos de estratégia emergente, 248-249
estudo de caso do mercado de insulina, 117-120
Ethicon EndoSurgery (EES), 197-198
exercícios de construção de conhecimento
mantra "investir pouco, ganhar muito", 238-239
opções experimentais de baixo custo, 239
sugestões para experimentos, 232-241
testando hipóteses fundamentais de forma barata, 239
experimentos engenhosos
mantra "investir pouco, ganhar muito", 238-239

medindo mercados inexistentes, 233-234
opções experimentais de baixo custo, 239-240
sugestões para experimentos, 232, 247-248
testando hipóteses fundamentais de forma barata, 240

F

fabricantes de celulares, 296-297
Fair Isaac, 88
Fluhr, Jeff, 245
Foster, Richard, 53, 186
fundos para empreendedorismo, 288, 297
Fuson, Scott, 44
FutureWorks, P&G, 284, 297

G

gap de crescimento
cálculo, 54-57
definição, 32-33
Geek Squad, 185, 275-276
Genentech, 119
General Electric, 289, 306
General Mills, 91-92
General Motors, 243
geração de ideias inovadoras
analogias, 188
ideias rejeitadas, 189
sessões de ideação, 188-189
sugestões internas e externas, 189-190
gerenciamento de conflitos
através da criação de uma unidade separada, 271-272

através da otimização de procedimentos, 274
blindando a inovação disruptiva, 275-276
evitando processos demorados, 273-275
técnicas para evitar conflitos, 276
Gestão do Relacionamento com Clientes (CRM), 170
Giancarlo, Charlie, 275
Go-Gurt, 92
Google, 244
Govindarajan, Vijay, 272
Grace Manufacturing, 152
Grove, Andy, 53, 111
grupo incubador, 291-293
grupos de crescimento, 291, 297
grupos de desenvolvimento de negócios, 293-297
grupos de discussão
como um experimento engenhoso, 236
para identificar tarefas a serem realizadas, 141-144

H

HeartStart Home Defibrillator, 85, 98
High Flyers (McCall), 258
Hill-Rom Industries, 157
Home Depot, 183, 184
Howell & Associates, 185
Humulin, 119

I

IBM, 314
Immelt, Jeffrey, 157, 289
In Search of Excellence (Peters), 311

Índice Remissivo 365

Infineum, 288
ING Direct, 260, 283
Innovator's Dilemma, The (Christensen), 34, 164, 234, 349
Innovator's Solution, The (Christensen), 34, 72, 127, 223, 249, 254, 260, 268
inovação disruptiva
  armadilhas relacionadas à empresas, 333-334
  armadilhas relacionadas a projetos, 329, 332-333
  axiomas orientadores, 337
  conceitos e perigos dos processos, 329
  definição, 34-36
  desenvolvimento de ideias (vide desenvolvimento de ideias disruptivas)
  era do reconhecimento de padrões, 339-340
  erro de confundir um grande avanço com disrupção, 40-41
  erro de pressupor que diferente significa disruptivo, 41-42
  histórias de sucesso, 42-46
  lições tiradas da P&G, 334-337
  modelo básico, 49-50
  precursores fundamentais do crescimento, 328
  princípio da quebra de regras, 37-39
  princípio da saciação, 36-37
  princípio do poder dos modelos de negócios, 39-40
  princípios básicos de estruturas e sistemas, 331
  processo para criação de novos negócios geradores de crescimento, 328-329
  registro para acompanhamento da evolução para o sucesso, 34
  regras da disrupção, 87-88
inovação do modelo de negócios
  definição, 182-183
  emprego de novos canais, 183-184
  novas fontes de receitas, 181-183
  novos modelos de geração de lucros, 180-181
inovações sustentadoras, 34-35
Intel Capital, 295
Intel, 53, 110-111, 179, 260-261
interação com o cliente para identificação de tarefas, 141-144
Intuit, 37-38, 98, 128, 173, 224
investimentos em empreendimentos corporativos, 293-294
iTunes da Apple, 39

J

Jellicoe, Roger, 274
jogos de guerra competitivos, 235
John Deere, 183-184
Johnson & Johnson, 64, 186, 197
jornais gratuitos como inovação disruptiva, 270-271

K

Kelley, Tom, 263, 339
Kennametal, 316
Kent, Phil, 72-73
Kim, Peter, 248
Kohlberg Kravis Roberts (KKR), 53
Krans, Michelle, 68
Kuhlman, Arkadi, 260

L

Lafley, A. G., 46, 147, 240, 306
Laws of Simplicity, The (Maeda), 98
Legal Sea Foods, rede de restaurantes, 66
Levitt, Theodore, 65, 132
líderes experientes. *Veja também* apoio da direção no processo de inovação
  análise do gap de crescimento e, 55
  conselhos para implementação de métricas, 319-321
  conselhos para precursores da inovação, 72-74
  importância do apoio do CEO, 262
  o papel do apoio a iniciativas de crescimento, 263-264
LifeScan, 186
Linksys, 186, 275
lista de verificação para identificação de estratégias. *Vide* análise estratégica baseada em padrões
Innosight, 34, 45, 61, 73, 109, 140, 174, 194, 202, 225, 321

M

Maeda, John, 98
mantra "investir pouco, ganhar muito", 238-239
mapa de desempenho, 176, 177
mapa de potencial disruptivo, 211
marcos usados para diminuir os riscos, 230
McCall, Morgan, 258
Media General, 80
Medtronic, 58-60
mercado de imagens digitais, 136-137
mercados de teste, 237
mercados inexistentes, riscos ao medir, 233
Merck, 247-248
mesa redonda com líderes de opinião, 236-237
métrica do portfólio de inovações, 317
métricas para medição da inovação
  armadilhas, 312-314
  relacionadas com insumos, 315-316
  relacionadas com o produto (resultado(s) do processo), 318-319
  relacionadas com processos e a supervisão, 316-318
Metro International, 94, 270
Microplane File, 154
MinuteClinic, 36, 186
modelagem/simulações de negócios, 232
modelo tarefas a serem realizadas
  análise de comportamentos compensadores, 145-146
  aplicação do ciclo de vida da inovação (Vide ciclo de vida da inovação)
  atribuição de prioridades em uma lista de tarefas, 148-151
  brainstorming em equipe para identificação de tarefas, 140-141
  compartilhamento de experiências versus o caso de tirar fotografias, 135-137
  criação de árvores de tarefas, 138
  definição, 127-128
  emprego de grupos de discussão, 141-144
  identificação dos objetivos dos clientes, 134-135
  segredos para o sucesso, 147-148
  soluções levadas em consideração pelos clientes, 134-135
  tarefas B2B, 158
  uso da observação de clientes, 236
  uso de pesquisas com clientes, 236
  visão baseada em necessidades versus, 131
  visão baseada nas categorias dos produtos versus, 130-131
  visão demográfica versus, 129-130
módulos de treinamento, 305
Moore, Gordon, 53
Mossberg, Walter, 98
Motorola, 89, 141, 143, 172, 221, 273-275, 292-293
Mr. Clean Magic Eraser, 142, 159
MySpace, 186
MySQL, 123

N

N² Dashboard, 323
não consumidores
  benefícios comerciais de almejar, 80-82
  deficiências de habilidades relacionadas com a produção, 83-85
  definição, 80-82
  erros ao visar, 81-82
  princípio da simplicidade, 98
  princípio do algo simples é melhor do que nada, 98-100
  razões para considerar não consumidores, 79
  restrições relacionadas com a riqueza, 89-90
  restrições relacionadas com habilidades, 83-85
  restrições relacionadas com o acesso, 90-93
  restrições relacionadas com o tempo, 93-96
Netflix, 168-169, 190
News Corporation, 186
Newton PDA, 221, 222-223
Nitterhouse, Denise, 146
Novo Nordisk, 119-120

O

objetivo estratégico
  criação de um novo mercado, 178-179

Índice Remissivo

defendendo-se de um disruptor emergente, 179-180
expandindo um mercado existente, 178
transformando um mercado existente, 177-178
observação de clientes, 236
OnStar, 243-244
Oracle, 122-124
organizando-se para a inovação. *Vide* estruturas para inovação

P

Palm, Inc., 221, 242
Pandesic, 260-261
parcerias para diminuição de riscos, 238
Parenting, revista, 230, 238
Patel, Kal, 125
patentes
  análise de, como experimento engenhoso, 237
  proteção usada para diminuir os riscos, 238
PeopleSoft, 122
Pepsi, 131
pesquisa de estudos de caso de clientes (CCR), 146
pesquisa de mercado quantitativa, 236
pesquisa de mercado secundária, 232
Peters, Tom, 311
Pfizer, 247
Philips, 85, 98
pirâmide de consumo, 89
plano de crescimento
  cálculo do gap de crescimento, 54-57

criação de "horário de trens", 58-60
definição de dimensões, 61-63
evitando o caos, 59-60
identificação de metas e limitações, 60-63
planejamento de um portfólio de inovação equilibrado, 57-58
seleção de domínios de crescimento, 64-66
poder da marca, 158-159
Prahalad, C. K., 89
precursores da inovação
  atividade principal sob controle, 52-54
  conselhos para executivos experientes, 72-74
  conselhos para gerentes de linha, 71-72
  processo de alocação de recursos, 66-71
princípio da quebra de regras na inovação disruptiva, 37-39
prioridades no balancete de capacidades, 268
processo de alocação de recursos
  determinando a alocação apropriada, 66-68
  disciplina necessária nos financiamentos e o, 70-71
  recursos humanos e o, 68-70
processos no balancete de capacidades, 268
Procter & Gamble
  apoio da direção no processo de inovação, 262-264

avaliações como oportunidade, 215
expandindo em um mercado existente, 178-179
identificação de tarefas, 142
lições aprendidas sobre inovação, 215, 297-298, 306, 316, 334-337
organizando-se para a inovação, 284
revitalização do poder da marca, 158-159
sucesso ao inovar, 37-38, 43-45, 100, 147-148
Prodigy, 248-249
projeto *"Newspaper Next"*, 322-324
protótipos, 236-237

Q

Quicken/QuickBooks, 37-38, 128, 173, 177-178

R

recursos humanos
  alocação de, para inovação, 68-69
  impacto das políticas de, nas estruturas de inovação, 307
recursos no balancete de capacidades, 268
redes internas de inovadores, 305
Research In Motion, 179
restrições ao consumo relacionadas com a riqueza, 89-90
restrições ao consumo relacionadas com o acesso, 90-93

restrições ao consumo relacionadas com o tempo, 93-96
restrições ao consumo relativas a habilidades, 82-85
restrições relacionadas com a riqueza, 89-90
Richmond Times-Dispatch, 141
Ronn, Karl, 263-264

S

Salesforce.com, 170
SAP, 260-261
Schumpeter, Joseph, 79
Scripps Newspapers, 290
Seeing What's Next, 34, 80, 104, 268, 349
seleção de domínios de crescimento, 64-66
sessões para geração de ideias, 305
setor da mídia, 31-32
setor de assistência médica, 83, 85
setor de discos rígidos, 35
setor de videogames, 95
setor médico, 83-85
Shell, 288
Silberman, Steve, 68
Sildenafil, 247
Simply da Vodafone, 129
Sistema de Avaliação de Oportunidades Innosight, 207
Skype, 202, 204-205
Southwest Airlines, 88-89
Speakeasy, 186
Starbucks, 317
Stevenson, Howard, 65

StubHub, 245-246
Sun Microsystems, 123
suporte à inovação por parte da gerência
advogado do diabo como exterminador da inovação, 263
em busca de um agente da inovação, 265-266
estruturas de tomada de decisão, 301-302
gerenciamento de conflitos (Vide gerenciamento de conflitos)
importância do apoio do CEO, 262
iniciativas de apoio ao crescimento, 264
potencial para descobertas interessantes, 264-265
sugestão para precursores da inovação, 71-72
sugestões para as equipes, 265-266
Swiffer, 38, 44, 178-179
Symbian Ltd., 296
Syngenta, 181, 183, 284, 288

T

Tanimura & Antle, 183
telefone RAZR, 273-275, 283
Ten Faces of Innovation (Kelley), 263
Terry Bicycles, 146
testes de conceito, 236
Turner Broadcasting, 72-73
TV a cabo, 177

U

unidade de Aprendizagem & Desenvolvimento, Syngenta, 284
unidades de treinamento em inovação, 285-288, 297
unidades de treinamento em inovação, 285-288, 297
UPS, 181

V

Viagra, 247
"virada de mesa", Shell, 291
Vodafone Group PLC, 129
Vonage, 202, 204-205

W

Wagoner, Rick, 243-244
Wii da Nintendo, 36, 121-122, 173
Wii da Nintendo, 39
Wolaner, Robin, 230, 238

X

Xiameter, 39, 43, 173, 179

Y

YouTube, 176

Z

Zander, Ed, 274
Zara, 181
Zook, Chris, 61